천덕용의 세상 다시 보기

역사의 진실을 찾아서

전덕용의 세상 다시 보기

역사의 진실을 찾아서

초판 1쇄 인쇄 2025년 11월 24일
초판 1쇄 발행 2025년 11월 28일

지 은 이 전덕용
펴 낸 이 정연호
편 집 인 정연호
디 자 인 이가민

펴 낸 곳 도서출판 우리겨레
주   소 서울시 은평구 연서로 304-1 3층
문의전화 02.356.8417
F A X   02.356.8410
출판등록 2002년 12월 3일 제 2020-000037호
전자우편 urikor@hanmail.net
블 로 그 http://blog.naver.com/j5s5h5
인스타그램 instagram.com/urikor0927
페이스북 facebook.com/urigyeorye

Copyright ⓒ 전덕용 2025

ISBN 978-89-89888-39-0 (03300)

이 책은 저작권법에 따라 보호받는 저작물이므로 무단전재와 무단복제를 금합니다.
이 책의 전부 또는 일부를 이용하려면 반드시 저작권자와 도서출판 우리겨레의 동의를 받아야 합니다.

전덕용의 세상 다시 보기

역사의 진실을 찾아서

전덕용 지음

도서출판 우리겨레

추천사
전덕용 의장, 우리 세대의 마지막 사자후

　전덕용 의장의 "역사의 진실을 찾아서"의 원고를 보니 새삼 옛날 기억이 떠오른다.

　전덕용 사월혁명회 전 의장을 뵈올 때마다 반가워 다가서면 우선 악수부터 하는데 그 지압이 너무나 강해서 허약체질인 나로서는 손이 으스러질 듯하다. 나보다 3년 연장인데도 온몸이 근육체로 탄탄한 그는 대뜸 아우슈비츠의 유태인처럼 바짝 말라버린 내게 "왜 이리 몸이 부실하냐?"라며 살이 빠진 내가 무슨 죄인이라도 되는 듯 나무라면서도 반가움에 포옹까지 하노라면 그 근육질 팔에 내 허리뼈가 으스러지지 않을까 싶을 정도라 그의 장사다움이 자못 부럽기만 하다.

　부러운 건 몸만이 아니다. 목소리는 또 얼마나 우렁차고 센지 웬만한 규모의 청중들 앞에서는 아예 마이크도 사양한 채 강당이 쩌렁쩌렁 울릴 정도로 포효한다. 민주투사들의 모임이란 청중이나 연사들 양쪽 다 정치평론가 수준이기에 논리적이고 설교조의 연사보다는 우선 우렁찬 분노의 사자후에 박수갈채를 보내기 마련이다. 다들 알고 있는 뻔한 사실이지만 자신과 생각이 같은 말을 들으며 동지애와 투사로서의 공감대를 형성하고 싶어 집회나 모임, 혹은 강연장에 참석하는지라 괜히 지식인들이 계몽조나 설교조의 논리를 펴면 청중들은 눈을 감고 침묵 모드로 진입해 버린다.

이렇게 가수면 상태로 바다의 침묵이 흐르다가 청중들이 눈을 뜨고 박수갈채를 보내며 환호작약하는 순간은 연사가 웃기거나 기상천외한 사실을 폭로하는 경우, 그리고 우선 목소리 자체가 천둥처럼 우렁차서 함성을 지르지 않을 수 없도록 유도하는 때다. 이 중 명상형 침묵 모드에 빠진 청중을 천둥처럼 깨워 함성을 지르게 만드는 마력을 가진 게 바로 전덕용 의장이다. 시대가 어지러울 때마다 이런 사자후가 등장하여 대중집회를 이끌어 주었다.

저 뜨거웠던 1980년대의 거의 모든 집회에서 최고 인기였던 문익환 목사나 백기완 선생, 이에 뒤지지 않았던 고은 시인이 바로 그랬다. 이들 삼총사는 한 시대를 풍미한 위대한 선동가였다. 어쩌면 이들의 선동이 1987년 6월항쟁을 성공으로 이끌었다 한들 과장이 아닐 것이다.

그 이후 촛불혁명과 빛의 혁명시대에는 이런 정치적인 선동의 영웅은 사라지고 시민연대의 위력이 주도하면서 역사는 점차 변천상을 보여 주었다. 모든 시민 누구나가 다 연단에 나서서 호소하는 빛의 혁명 시대라 참가자들은 저 1980년대의 사자후들 같은 연설은 아예 알지도 못하는 데다가 그런 포효보다는 동지애로 대화하는 동무로서의 출연자들에게 더 공감대가 깊어지기 마련이다.

그러나 이런 가운데서도 나 같은 영감 세대들은 저 80년대의 포효하던 선동자가 등장하기를 은근히 동경하기도 했는데, 그 아련한 기대가 이루어지지 못하다가 늦판에 등장한 게 바로 전덕용 의장이다.

이처럼 변해버린 K-컬처로서의 집회 풍토에서 그나마 사자후를 토해내는 연사라면 촛불혁명의 주도자인 김민웅 교수가 외로이 저 80년대적인 향수 어린 포효 형 대중집회의 외로운 늑대 역할을 수행해 왔다.

매가리 없는 모임, 반 졸음 청중들을 첫 마디부터 확 깨워서 환영과 지지의 함성을 촉발하도록 만드는 마력을 가진 외로운 황야의 늑대 대열에 전덕용 의장이 등장한 건 결코 우연이 아니다.

1960년 사월혁명 때부터 변혁과 혁명에 전력투구한 전덕용 의장은 1971년 4월 명동 대성빌딩에서 발족했던 민주수호국민협의회(김재준, 이병린, 천관우 대표에 함석헌, 지학순, 장일순, 법정, 이호철 등 운영위원)의 사무국장을 맡았다. 그때 백면서생인 나에게 전 의장은 너무나 위대하게 보였다. 이미 그는 사월혁명 10주년을 맞은 1970년 4월에 창간호를 냈던 함석헌의 『씨올의 소리』 편집장을 지냈기에 민주화 운동권에서는 그 투지와 명성이 자자했다. 당시 3대 잡지를 꼽는다면 앞의 『씨올의 소리』와 내가 깊이 관여했고 정치인 김상현이 DJ 대통령 만들기를 목표로 했던 월간 『다리』, 그리고 가톨릭교계가 주관했던 월간 『창조』라 할 수 있는데, 이 3개 잡지가 정립하며 박정희 군사정권과 정면 대결하던 시기였다. 이후 가장 오래 남은 건 역시 『씨올의 소리』였으나 온갖 박해를 당했다.

박해의 시기에 전 의장은 낙향하여 정치에도 야망을 갖는 등 혁명의 불씨를 키우기 위해 지속적으로 노력했고, 상경할 때면 꼭 작가 남정현을 만나 점심 식사를 함께하며 반제 민족 주체의 민주화와 통일 의지를 다졌다. 전 의장이 그 자리에 행여나 나도 한번 끼워주려나 기대했으나 끝내 내 바람은 무산되었지만 사월혁명회 의장직을 맡으면서 우리 사이에 오랜 연대가 되살아났다.

그의 변치 않는 꿈은 민족 주체로 한반도 평화와 민주화, 복지를 이룩하는 것이며, 그러려면 반외세는 필수 전제 조건이다. 이런 전 의장의 포부에 가장 뜻이 맞은 게 한도숙 전국농민회총연맹 의장이었다. 민족 주체를 세우기 위해 반외세 투쟁에 앞장섰던 투사들이 가장 소중한 것에 공감하며 의기투합하고 있다.

이제 미수를 맞은 전 의장이 그 투지의 불꽃으로 출간하는 이 책이 만년의 불쏘시개로 활활 타오르기를 기대한다. 우리 세대의 마지막 사자후 전 의장의 건투를 빈다.

임헌영 민족문제연구소 소장

책머리에

　이 글은 인터넷 신문 '현장언론 민플러스'의 '전덕용의 한마디'에 실렸던 것과 '양심수후원회'에서 발행하는 소식지의 '전덕용의 세상 다시 보기'에 연재되었던 단평(短評-칼럼) 형식의 글들을 모은 것이다.
　나는 본디 재주가 모자라고 생각도 깊지 못해, 사람들의 마음을 움직이고 '그렇다'는 공감을 얻는 일에는 늘 부족함을 느끼며 살아왔다.
　일제 36년 미(米) 자본제국 강점 80년, 실로 일백십육 년 동안의 길고 긴 식민 종속의 땅, 내가 발 딛고 선 내 조국의 남녘 현실에서, 역사의 진실에 목말라하며 일평생을 살아야 했다.
　아무리 못생겼기로, 그래도 내게도 눈이 있고 귀가 있고 양심이 있다. 눈으로 보이는 것, 귀로 들리는 것, 창자 깊숙이서 외쳐대는 양심의 부르짖음을 모른 척하고 산다는 것은 자기기만이다. 거짓 삶이고 허위 인생이고 더러운 인격이다. 눈에 보이는 것, 귀에 들리는 것을 안 보이고 안 들린다고 하는 것은 양심을 속이는 비겁함이고 치욕이다.

　나, 자아, 자의식이 없는 인간은 두 발로 걷는 짐승에 지나지 않는다. '나'의 집단 자아인 나라 국가도 주권 자주가 없는 국체(國體)는, 그것은 이미 나라가 아니다. 제국의 한 부분 예속체일 뿐이다. 노예, 종의 몸뚱이다.

　해달(붉돌) 민족 배달겨레인 우리는 일천삼백여 년 깊은 예속의 잠에서 깨어나야 한다. 이제 우리는 종살이의 굴레를 벗어내치고, 나, '나'가 살아 있는 동포(同胞)의 무더기, 참 나라를 일으켜 세워야 한다.

2025. 11. 11.
전덕용

추천사 _5
책머리에 _9

1부 | 우리가 발 딛고 사는 땅_15

1장 근본부터 뒤틀린 나라의 틀거리_17
1. 단군 신화 _17
2. 나라이름 대한민국(大韓民國) _22
3. 잘못 알려진 호남(湖南)의 강역(疆域) _27
4. 나라 깃발 태극기(太極旗) _33
5. 무궁화(無窮花) _38
6. 애국가(愛國歌) _44

2장 전래 풍습과 언어 생활_49
1. 한복(韓服)과 조선옷 _49
2. 김치에 대하여 _53
3. 조선 굿, 농악이 사라져 버렸다 _58
4. 식사(食事)와 사망(死亡) _64

3장 왜곡된 국가 조형물(造形物)의 참뜻_70
1. 대한민국의 동상(銅像)과 역사 형상물들 _70
2. 앉아 있는 혁명가 _76
3. 천하 괴물, 서울시청 건물과 서울역 청사 _81

4장 원로와 헌법재판소 _87
    1. 정치, 사회계의 원로라는 사람들 _87
    2. 민중 정서와 법(法) 집행 현실 _93

5장 점령군과 대한 사람 _100
    1. 미군(米軍)의 조선반도 남녘 강점 _100
    2. 동무동무 어깨동무 새동무 _105

2부 | 대한민국의 현실 _111

1장 미 점령군의 모습 _113
    1. 미군의 조선 남녘 땅 강점 75년 _113
    2. 흉악한 제국주의의 얼굴 _122
    3. 주한미군 사령관의 망언 _129
    4. 미군 군대의 전쟁 연습 _134

2장 일본 군국주의와 반민족 토착왜구 _143
    1. 악독한 이웃 일본 _143
    2. 밀정 밀대 뉴라이트와 반민족 토착왜구 _148

3장 한국은 주권 국가인가? _154
    1. 국격도 주권도 없는 나라 _154
    2. 불법 강제점령 주둔군에 돈을 준다? _159
    3. 남녘 동포들의 두 가지 우상 _164

4장 사대매국세력의 발호(跋扈) _169

1. 희대의 요령꾼 이승만 _169
2. 외세의존 사대매국세력의 준동 _173
3. 사대매국 언론들의 반란선동 _179
4. 밀정 밀대 사이비들의 세상 _183

5장 혼돈의 세상 _189

1. 핵 재배치 핵무장을 떠벌리는 철부지들 _189
2. 대선판, 갈가리 찢긴 우리 사회 _194
3. 미꾸라지 놀음의 정치판 _199
4. 제멋대로 되어버린 막가는 세상 _204
5. 언제쯤, 이 땅에 먹구름이 걷히고 _208

3부 | 새 하늘과 새 땅을 찾아 _215

1장 점령군을 몰아내고 통일의 길로 _217

1. 그 더러운 짝사랑 한미동맹 _217
2. 미군 주둔 비용은 한 푼도 줄 수 없다 _220
3. 독일은 통일이 되었는데 _224
4. 진정한 종전선언 _229

2장 일본은 과연 우리에게 무엇인가? _237

1. 왜(倭), 너희는 우리의 원수이고 적이다 _237
2. 일본과는 한판 전쟁을 _242
3. 정한론은 있는데, 왜 정일론은 없는가? _246

3장 도도한 항쟁의 물결 _252

    1. 3·1혁명 일백이 주년의 각오 _252

    2. 8·15해방 일흔일곱 해 _258

    3. 광주는 피바다, 민중이 총을 들다 _263

    4. 74세의 무장봉기 _268

4장 생각을 바꾸자, 비정상에서 정상으로 _273

    1. 부끄러운 서울대 출신 1만인 선언 _273

    2. 노동민중 바닥사람의 시대를 _278

    3. 사람은 왼발, 오른발 두 발로 걷는다 _285

5장 새 시대, 새 세상을 향해 _290

    1. 한 해의 저물녘에서 _290

    2. 통일세력에 고한다 _294

    3. 세상이 달라졌다 _299

1부 — 우리가 발 딛고 사는 땅

1장
근본부터 뒤틀린 나라의 틀거리

1. 단군 신화

23. 11. 30. 정의·평화·인권을 위한 양심수후원회 소식지

역사가 오래된 나라들은 거개가 다 개국신화를 가지고 있다. 세상의 모든 사람은 자신을 낳아준 부모님을 존경하고 사랑하듯이, 제가 태어난 나라를 경외하고 받드는 마음을 갖는다. 따라서 제나라 개국(건국)에 얽힌 설화나 전설, 나라를 처음 세운 인물에 대한 일화들을 신성시하거나 매우 중히 여기는 경향이 있다. 우리 조선 사람들 역시 단군신화를 신성시하고 큰 흥미와 호기심을 갖는다.

아직 글자가 없던 시대에 우리 조상들은, 나라를 처음 연 국조(國祖), 씨족이나 부족의 첫 할아버지인 시조를 존경하는 마음에서 신격화하고, 국조신과 시조신으로 추앙을 하고, 이 조상신에 얽힌 이야기들을 신화나 설화로 후세대에 남겼다. 부족국가는 말할 것도 없고 인간군집 덩어리가 더 커지면서, 피붙이 겨레붙이가

모여 민족국가를 형성하게 되고, 이들 신화 설화는 민족 단위의 필수 전래 전설이 되었다. 나라를 처음 연 개국절의 제천의식(祭天儀式), 겨레 민족 단위의 민속 행위는 입에서 입으로 구전된 조상신에 대한 신화 전설이 구창(口唱)되거나, 민속 행위의 몸동작으로 희연(戱演)되었다.

겨레의 시원(始原)이고 배달민족 역사의 요람인 단군신화는 어머니의 탯집과도 같은 존재이다. 그만큼 근원적으로 중요하고 거룩하고 신성하다. 이런 역사 근원, 신성하고 거룩한 민족혼, 조선의 얼, 배달의 얼·넋이 어린 단군신화야말로 더없이 귀하고 귀한 역사 사실이다. 피붙이들의 입과 입으로 전해오다가 나중 거대 겨레 민족국가의 공식 기록이 되어 오늘에 이른 것이다. 문자 이전 사람들은 그림으로 자기 생각을 나타내거나 소리(입·말)를 통해서 어떤 일이나 정신의 움직임을 표현했다. 그것이 선사시대의 동굴 벽화이고 온갖 신화·전설·구전설화이다.

우리 민족이 갖고 있는 단군신화는, 지구상에서 오랜 문화와 역사를 가진 여러 중심국가 중에서도 가장 뛰어난 개국 조상신화 중 하나다. 나라를 연 바탕 정신과 목적이 세상 사람들을 널리 이롭게 하는 홍익인간이라 했다. 이 하나만 보아도 인류 역사상 비할 데 없이 높고 지극히 순수한 개국 정신이고 건국 혼이다. 이는 지금까지 인류가 추구해 온 가장 훌륭한 인류의 이상이었다. 우리의 첫 조상들이 얼마나 품격 있고 격조 높은 미래국가를 계획하고 꿈꾸었는가를 미루어 짐작할 수 있다.

이런 격조 높은 정신적 근거와 겨레 혼을 가진 단군신화는, 일본인들의 악의적인 역사 조작·왜곡 계획에 의해 꿈과 이상, 인류

애의 지고한 덕성을 지닌 인간사가 아닌 절반 동물 신화, 고리타분하고 저질스런 미신, 샤먼, 설화로 변신 전락되고 말았다. 뿐만 아니라 일인들은 조선을 강점해 국권 강탈을 기회로 삼아, 단군신화의 왜곡 조작에 그치지 않고 실증사학이라는 명목하에, 아예 단군신화는 역사 사실이 아니라고 했다. 순전히 미신스런 설화 전설이고, 따라서 단군은 실재 인물이 아니며, 단군이 통치했던 고조선은 없는 것이고, 배달민족의 역사는 신라부터 시작된다는 주장이었다. 일제는 총독부 산하 친일 사대매국 학자들을 동원 '조선사편수회'를 조직 운영하였다. 이들을 시켜 단군을 부정하고 BC 2333년에 나라를 연 단군조선(古朝鮮) 47대 2096년간의 역사를 통째로 부정하고 드는 것이다.

  일제 강점으로부터 해방이 된 지 78년, 100년에 가까운 세월이 지났는데도 아직도 조선 남녘 사학계는, 이런 야만적 엉터리 식민사관의 미몽에서 깨어나지 못하고 있다. 이런 썩어빠진 식민사관의 형성에는, 중국인의 세계관인 중화적(中華的) 천하관(天下觀)에 의한 역사 왜곡과 사대 굴종주의자 김부식(삼국사기 저자)의 역사 망해 먹기식 신라 중심 사관도 크게 한몫을 했다.

  본래 단군신화는 전 우주적 큰 뜻을 품고 있었다. 물론 부족국가 초기, 지금으로부터 5천여 년 전 낭시 사회는 미신과 샤먼의 시대였다. 곰 토템이나 호랑이 토템, 큰 나무나 바위 숭배, 산·강·하늘·땅 모든 자연물이 다 경이로웠다. 이런 의미에서 상식적이고 일차원적인 신화 해석이 가능하다. 단군신화에서 가장 두드러진 존재가 곰(熊) 신화인데 지금까지 이런저런 해석을 모두 다 인정한다. 그중에서도 곰 토템 부족과 환웅족(桓雄族)과의 정략결합 또는 정복결합설이 가장 합리적인 풀이가 된다.

그런데 여기에서 발을 멈추고 다시 한번 생각해 보자. 단군이 처음 환웅이 땅에 첫발을 디딘 신단수 아래 태어나서, 실제 나라를 제대로 편 곳은 아사달이었다. 이 나라의 개국 모토가 홍익인간이다. 세상 사람을 널리 이롭게 한다는 말은 쉬운 것이 아니다. 보통 수준의 나라에서 이런 지고지순한 도덕 언어, 윤리 언어가 쓰여질 수 없는 것이다. 요즘 말로 바꾸면 인도주의, 차원 높은 휴머니즘 언어가 쉽게 쓰일 수는 없는 것이다. 미신적 분위기에서 샤먼이 판을 치는 세상에서, 세상의 중심에 인간을 내세우겠다는 것이다. 제정일치시대 샤먼 사회에서 '하늘' 아닌 '인간', 인본주의를 국가통치 이념으로 내세울 수 있는 사회 집단이라면 대단한 수준이 아닐 수 없다. 그렇다면 이에 걸맞은 수준의 개국 신화가 나와야 한다는 것이다.

곰(熊)은 검다는 뜻이다. 검은 것은 신성한 것이었다. 검은 것의 근본은 하늘이다. 하늘은 높고 거룩한 곳이다. 하늘은 영원한 어두움, 곧 근본 어두움, 영원한 검음이다. '일시적인 어두움', 검은 밤(夜)이다. 우주(하늘)는 밝음과 어두움을 동시에 품고 있다. 환(桓: 흰)한 것과 어두움, 검은 것의 영원한 혼합(카오스) 실체이다. 하늘은 일시적인 밝음인 해와 달을 낮과 밤을 달리하여 내놓는다.

단군은 해달님감(검), 해는 낮을 달은 밤을 밝힌다. 단(檀: 붉돌, 배달), 군(君: 님 검 감), '님'은 받들어 고인다는 존칭이고 검은 신성하다·거룩하다는 존칭이다. 존칭(접미사)이 2개 겹쳐 붙었다. 그러니까 '영원히 밝은' 환웅과 '영원히 어두운' 곰이 교접해서 '일시적인 밝음' 단군(밝은님검, 감)을 탄생시켰다. 여기서 단군은 밝달님금, 붉돌금, 밝고 밝은 임금이다. 우주 생성에 인류 역사 시작의 오묘한 뜻을 담았다. 신화 설화는 모두가 상징이다.

환(桓)한 것은 하늘(우주)을 다스리고 단(檀, 일시적 밝음)은 땅을 다스린다. 환웅은 천신적(天神的) 존재이고 단군은 지신적(地神的) 존재이다. 영원한 것과 일시적인 것은 천격(天格)과 지격(地格)으로 구분된다. 그러나 단군은 천신인 환웅의 아들이어서 그의 상징적 존재격이 태양이 되는 것이다. 그는 반신(半神) 반인(半人) 격이기도 하다. 그래서 태양은 하늘과 땅 중간인 공중에 있다.

옛 부여나 고구려의 신화에 나오는 해부루, 해모수, 동명(東明)이니 하는 것은 해와 불의 관계, 해와 불의 위격(位格)을 말하는 것이다. 해는 하늘에 있고 해의 아들인 불은 그 아래 땅에 있다는 말이다. 해는 성씨이고 불은 이름이다. 해부루는 해의 아들 부루(火)이고, 해의 머슴아(아들)는 해모수이다. 동명은 새밝, 새불이니 새로운 해의 아들 또는 새로 태어난 불이란 뜻이다. 부여는 불의 음운이완으로 지금도 함경도에선 불을 '부르'라 소리낸다.

이처럼 우리 핏줄 배달겨레의 개국 건국신화들은, 단군신화를 비롯하여 모두가 다 인류의 높은 이상을 상징화한 과학이고 실화이고 역사 사실 기록이다. 우리는 이 금덩어리 같은 개국(건국) 신화·설화·전설에 대해 확신과 긍지를 가지고 자주독립 주체사관 확립에 새로운 지혜를 다 모아야 할 것이다.

※ 참고로, 북은 1990년대 이미 평양 근교의 단군릉을 발굴, 과

학적인 근거를 위해 유물(유골)들을 탄소 측정한 바 있다. 이에 근거하여 고기(古記)나 옛 문헌의 기록과 수천 년 생명력을 잃지 않고 전해오는 구전신화·설화·전설이 역사적 사실임을 공인, 단군릉을 크게 복원해, 역사 유적으로 일반에 공개 중이다.

2. 나라이름 대한민국(大韓民國)

23. 12. 31. 정의·평화·인권을 위한 양심수후원회 소식지

인류 역사에서 맨 처음 생긴 것이 사람 이름이었을 것이다. 너와 나의 이름이 정해지고 그다음이 너와 나의 생활 주위에 있는 모든 자연물과 일반사물이었을 것이다. 우선 자고 새면 맞닥뜨리는 너, 나의 상대 대상인 너에 대한 호칭이 가장 절실하게 필요했다.

인지하고 느끼는 것은, 생각의 주체인 '나' 내가 우선이요, 맨 첫 번째였겠지만 객관적인 자리매김 호칭만은 '나' 내가 아닌 '너' 네가 먼저였을 것이 확실하다. 발달한 문명시대에 사는 지금도 사람들은 자기 자신을 객관적으로 호칭하거나 자신의 이름을 잘 부르지 않는다. 호칭, 이름은 애초부터 상대가 불러주거나 내가 대상에 붙여주고 또 상대를 향해 불러주거나 제삼자에게 나의 대상 상대를 '나' 내가 지칭해 주었을 것이다.

사람들이 집단화되어 가면서 씨족 부족들의 이름이 생기고 고대국가를 형성하면서 나라 이름, 국가별 호칭이 생겼을 것이다. 각 국가별 호칭은 그 민족의 특성이나 그 나라가 위치한 자연환

경, 국가 목표에 따라 거기 걸맞게 정해졌을 것이다. 또 다른 면에서는 가까운 이웃 나라나 가장 빈번하게 상대하며 살아가는 그 어떤 민족에 의해 불리고 정해질 수도 있었으리라. 고대에서 중세, 근현대로 내려오면서 자아의식, 독립의식, 주체의식이 강해지면서 대부분의 나라들은 자기 나라 이름, 국가 명칭을 스스로의 의지, 자아적 주체의식에 의해 결정, 세계를 향해 반포하는 일이 되었다.

우리가 사는 대한민국(大韓民國) 역시 그렇게 선택 결정된 나라 이름이다. 나라 이름 大韓民國은 1919년 4월 11일 중국 상해에서 선포한 임시정부의 이름을 그대로 이어받은 것이다. 헌법 전문에 명시되어 있듯이 大韓民國은 그 이름은 물론 역사적 국가 법통 역시 망명 임시정부를 그대로 이어받은 것이다.

조선 민중이 일제에 항거해 들고 일떠선 기미년 3월 봉기에 자극을 받아 중국 상해에 세운 망명 임시정부는 그야말로 얼기설기 임시방편으로 세워놓은 가건물이었다. 여기 참여한 대부분 인사들은 왕정복고나 이씨왕조 부활에 대한 미몽에서 아직 깨어나지 못한 상태에 있었다.

8·15해방을 그들은 광복(光復)이라 말한다. 이런 낱말은 왕정복고의 시각을 떨쳐버릴 수 없는 것이다. 일반 민중의 언어는 어디까지나 일제로부터 해방(解放)이고, 해방은 혁명의 의미를 내포하고 있다. 상해 임정 대한민국은 바닥 백성, 인민에 의한 인민이 세운 인민의 정부이기보다는, 백성 위에 군림하고 인민을 통제했던 대한제국(大韓帝國)의 이미지를 벗어버리지 못하는 것이 사실이었다.

1897년 10월 12일 고종 임금이 개화파와 독립협회 등에 의해 원구단에 나아가 大韓帝國을 선포했는데 이 국호 명칭이 알고 보면 크게 문제가 있는 것이다. 대한제국의 韓(한)은 한문에서 온 말이 아니고, 그냥 우리말 '흔 한'이고, 밝고 환하고 크다는 뜻의 이두문자 韓(한)이다. 서울의 한강 역시 漢江(한강)이 아니고 우리말 흔ᄀ룜(한가람) 한강이었다. 한양(漢陽), 한성(漢城)의 '한' 또한 마찬가지다.

1392년 이성계가 선포한 나라는 조선(朝鮮)이었고, 고대 단군이 세운 나라의 이름 그대로 본따온 것이다. 그 조선의 제26대 임금 고종은 전주 이씨 이성계 혈통의 후손이다. 옛 봉건 왕조는 씨족 혈통의 정통성을 절대시했었고, 신성불가침의 왕조·왕권 승계 정당성의 상징이었다. 따라서 왕조의 이름과 동일시·동의어였던 국호 역시 개국시조 당시의 처음 이름으로 왕조 말까지 이어가는 것이 상례였다.

지금까지 세계사에 등장한 수많은 왕권 국가 중, 나라 이름을 중간에 변경하거나 변칭한 예는 찾아보기 어렵다. 이씨왕조의 경우 내우외환으로 실질적으론 왕권이 다 무너지고, 허울뿐인 조선 왕조의 이름을 大韓帝國으로 바꾸었을 뿐이다. 아무튼 나라 이름이 바뀐 것만은 사실이다. 이성계가 세운 조선왕조가 나라 이름을 만부득이 바꿀라치면 제대로 개국 건국 선례에 맞게 국격을 갖추고 조선의 정신과 역사 법통을 지켜야 하는 것이다.

大는 당시 국제 조류가 대영제국 대일본제국 하니까 겉치레로 붙인 것이지만, 韓은 전 세계를 향해 이미 문호를 개방하고 세계 열강과 어깨를 나란히 하는 근대국가를 지향하는 입장에서 내건 나라 이름치고는 매우 부적절한 것이었다. 여기서 韓은 원래 마한·진한·변한의 '한'이다. 중국인들이 '한(韓)'이란 말을 쓸 때는, 고조선이나 부여, 고구려, 발해와 같은 대륙국가가 아닌, 저 변방 변두리, 한강 이남의 땅 오랑캐 지역을 가리킨다.

몇 년 전 중국의 시진핑 주석이 한국의 박근혜(당시 대통령)를 만났을 때 "삼한에 인물 났다"라고 했는데 매우 의미심장한 말이었다. 박근혜 따위가 이 말의 함축 의미를 알았을 리가 없겠지만 듣기에 매우 불편하고 모욕적인 빈정거림이었다. 중국인들은 아직도 이와 같은 전통 역사 관점에서 만주의 광개토대왕릉과 호태왕비(碑)를 관리, 동북공정을 추진 중이다.

조선왕국을 적어도 대제국으로 바꾸어 경영하려 했으면 대조선국(大朝鮮國)이라 칭해야 맞다. 이태조가 세운 조선국이 영토·민족적으로 확장 발전되어 대조선제국이 되어야 이치에 맞고 나라 법통을 제대로 지키고 세우는 것이다. 왕조 운영 인물들이 케케묵고 머리통에 곰팡이가 끼어 넓은 세상을 볼 수 없었던 것이다. 지리 못나게 옛땅 요동에 한 발짝도 딛어보지 못하고 압록강 아래 움츠려 왕권을 구걸했던 그 할배에 그 손자답게, '大朝鮮' 소리 한번 못하고 大韓이라고 목을 움츠렸다. 지극히 자기 비하적이고 스스로 동이(東夷) 오랑캐 나라 변방 속국을 자임한 꼴이 되어버린 것이다.

제국이라, 소리는 겨우 끼룩거렸으나 머릿속엔 중국의 속국, 제후국, 소중화의식의 잔재를 씻어내지 못하고 있었다. 오백 년 길이 든 타성에 오금이 저려, 대륙국가 대조선이 아닌, 저 변두리 오랑캐 부족의 소국 마한, 진한, 변한에 대(大) 짜 하나를 붙여 대한이 되었다. 하루살이에게 아무리 내일을 일러줘도 알 수 없듯이 이씨왕조에게 아무리 '제국'을 일러주어도 대국 황제 폐하의 황은(皇恩)밖에는 알 길이 없었다.

　물론 대조선제국(大朝鮮帝國)이라 못한 것은 일본의 협박이 주효했다. 우선 일본은 조선을 중국의 손아귀에서 **빼내는** 일이 급했다. 그래야 자기들이 조선을 먹는 데 국제적으로 무리가 없다. 그래서 일제는 고종을 충동질하여 대한제국을 선동하도록 연극을 꾸몄다.

　그러는판에 조선이 더 크게 부활하는 인상을 주어서는 안된다. 그리하여 대조선제국이 아닌 구차한 대한제국(大韓帝國)이라 칭하도록 고종을 협박하고 들었던 것이다.

　임시정부 사람들 역시 그 물에 그 밥이어서 朝鮮民國이 아닌 大韓民國이 되었다. 중국이 신해혁명 후 중화민국이라 하니 거기에 따라 민(民)을 추가로 넣어 大韓民國이 된 것이다. '민'의 진정한 뜻과 그에 맞는 사회 제도나 나라 체제를 깊게 전체적으로 생각한 것이 아니다. 불과 1년 5개월여 전 1917년 10월 러시아 대혁명으로 전 세계 역사가 새로운 흐름으로 일대의 대변혁을 요구하고 있었다. 임정 사람들은 이에 대해 캄캄한 상태에 있었다. 또 여기 부응할 만한 새로 깨어나는 의식, 진취적인 시대정신도 없는 상태였다.

　나라이름 大韓民國은 삼한(三韓)보다 큰 나라, 기껏해야 김부식의 신라 중심 사관인 한강 임진강 선의 강역, 이성계의 위화도 회군 정신에 의한 영토를 가리키는 국토 범위의 나라임을 명시하고 있다. 삼족오(三足烏)로 상징되는 태양 숭배의 해달, 붉돌·배달민족, 단군조선, 부여, 고구려, 발해 정통사관에 웅혼한 대륙적 주체, 자주독립 국가가 아니라는 국호, 나라 이름이다.

참으로 치욕스럽고 창피한 일이다. 三韓, 신라, 이씨왕조로 이어지는 사대매국의 피는 변두리 부족국가 소국 韓, 기껏해야 '이를 통합한 大韓'이라 이름했다. 김춘추, 김범민, 김인문의 '삼국 망해 먹기'에 이어, 조상의 뼈가 묻힌 대륙을 고토 회복하려는 고려혼의 마지막 영웅, 최 도통의 목을 잘라 죽인 이성계의 나라는, 처음 조선이라는 이름을 내세워 진노하는 백성을 속이고 들었다.

속 창자 뼛속까지 찌들은 사대모화 근성은 오백 년 왕조 끝자락에서 그 마각을 드러내고 '朝鮮 아닌 韓'이라고 다 망해가는 와중에서도 大國에 대한 그 예(禮)를 다했다. 오늘의 그 이름, 1948년 8월 15일 이승만이 선포한 나라 대한민국은 '미(米)군정' 별 3개 하지의 바짓가랑이에서 기어 나온 양키 사생아다. 20세기 인류사에 등장하지 말았어야 할 귀태(鬼胎)국가가 아닐 수 없다.

3. 잘못 알려진 호남(湖南)의 강역(疆域)

24. 6. 30. 정의·평화·인권을 위한 양심수후원회 소식지

현재 우리 사회가 잘못 알고 있는 것이 한두 가지가 아니지만, 그중에서도 불행한 우리 민족 역사와 직접 관계가 있고 사대 매국 세력과 외세가 결탁하여 끈질기게 왜곡 조작 공작을 해온 문제가 호남세(湖南勢) 억압 축소 문제이다.

원래 호남(湖南)이란 이름은 중국의 지역 구분 풍습에 따른 자

연 경계 이름이다. 관서, 관북, 영동, 영남 등도 중국의 경계 구분에서 본따온 이름이다. 외세에 빌붙은 신라가 당(唐) 문물을 그대로 추종하면서 생긴 현상으로, 우리 전래의 부드럽고 아름다운 땅이름은 없어지고, 어감이 딱딱하고 얼른 알아듣기 어려운 한문 이름이 우리 강산 곳곳의 지역을 지칭하게 되었다. 호남이니 영남이니 하는 것은 행정구역 이름이 아니고 자연 현상에 따른 지역 구분이고 경계이다. 산과 영마루, 강과 호수 등 기후 현상에 따른 지역 경계의 이름인 것이다. 충청, 전라, 경상은 고려 중엽 행정구역 정리 개편에 의한 인위적 정치·행정 편의를 위한 관제(官制) 명칭이다. 그러므로 호남 영남은 관제에 의한 지역 명칭이 아니고, 그보다 훨씬 오래전에 자연 현상에 따라 불린 땅이름인 것이다.

호남이란 이름은 중국의 동정호(洞庭湖) 이남, 모택동의 고향으로 잘 알려진 호남성의 지명을 그대로 따온 이름이다. 동정호 북쪽은 호북성이라 이른다. 중국은 땅이 크고 넓기 때문에 자연 현상에 따른 땅덩어리 구분이 명확하고, 기후 현상도 확실하게 다르기 때문에 이런 이름이 행정구역 지명으로 그대로 굳어져 버린 것이다. 우리나라의 경우, 땅덩어리가 너무 작아서 자연현상에 의한 지역 구분보다는 행정 편의에 의한 지역 구분 명칭이 더 적당한 것인지도 모른다.

오랜 예부터 호남은 지금의 충청북도 제천 의림지 이남의 강역, 대체로 북위 37도 조선반도 서남쪽을 가리키는 땅이름이었다. 그러던 것이 점점 시대가 내려오면서 강성했던 백제와 견훤의 후백제가 쓰러지고 전통적인 '히붉민족' '히들겨레'의 한 갈래인 부르(火)족, 부여족의 몰락을 맞는다. 해밝민족, 해달겨레의 장자권(長子權)을 거머쥔 왕건의 고려는 고구려의 핏줄을 그대로 잇는다는 나라 법통과 대의(大義)를 천명한다. 하늘 아래 떳떳하고 공명정대한 선택이었다.

한데, 세 불리로 인해 정권을 갖다 바친 신라의 경순왕 일당을 편애, 너무 기특히 여겨 민족분열 외세추종의 씨앗이 되는 지역 편가르기에 휩쓸리게 된다. 이른바 왕건의 훈요십조라는 유훈인데, 차현(車峴-車嶺) 이남 공주강(公州江) 금강 외의 산형지세는 배역(背逆)하여 인심도 그와 같음으로 등용치 말라는 것이다.

이 구절은 일본인 학자 이마니시(今西龍)의 지적대로 후에 조작한 것이 여러 정황으로 보아 정설일 것으로 생각된다. 고려 조정의 실권을 쥔 김부식 등 신라 패거리들의 나중 역사변조의 행동을 보아서도 충분히 짐작되고도 남는 것이다.

아무튼 이 훈요십조 이후, 호남세의 몰락·폄하·축소·홀대가 공공연하게 진행되었다. 이성계의 조선시대에 와선 힘을 얻고 극심해져 호남강역의 축소와 함께 호남강역을 '개땅'이라 칭하고 호남인을 '개땅쇠'라 천칭(賤稱)하였다. 1589년 전주사람 정여립의 반란을 계기로 호남인의 등용이 제한되었고, 근세 갑오동학혁명으로 호남이란 이름 자체가 반역·반란의 대명사처럼 터부시되었다. 따라서 조선시대 말 호남의 강역은 좁아들고 줄어들어서 충청남도 성환 이남의 지역으로 축소되어 호칭된 것 같다. 특히 1894년 동학혁명 때, 손병희가 전봉준의 호남창의에 대가되는 호서(湖西)창의라는 깃발을 들어서, 당시의 조선 조정과 일(日), 청(淸)의 민족분열 공작에 지능적으로 동조하는 바람에 호남의 강역은 더

줄어들어, 평택 이남, 음성 진천 이서(以西) 지방의 지명으로 국한되는 현상을 보였다.

참고로, 6·25전쟁이 한창이던 52~53년으로 기억한다. 충남 대전에서 〈호남 농구대회〉가 개최되어, 목포 제2중학(木工, 현재 유달중학) 농구부가 우승을 하여 우승기와 악대(밴드부)를 앞장세워 목포 시내를 행진한 기억이 있다. 또한 〈호남장사 씨름대회〉가 충남 논산(강경)에서 열려, 목포 평화극장 기도(문지기)를 보던 덩치 큰 장사가 출전, 역시 우승을 하여 중송아지를 앞세우고 시내를 각 학교의 밴드부와 학생들이 보무도 당당히 행진을 했었다. 그러니까 1950년대까지만 해도 호남강역은 천안 이남, 대전, 공주, 논산, 강경이 다 포함되어 있었던 것이다. 대전 논산(강경) 지 자체의 체육행사 기록이나, 충남이나 대전의 옛 지방신문, 목포일보를 검색하면 당장 확인될 수 있는 일이다.

또 한 가지 그 증거를 정확하게 댈 수 있는 현상이 지금 우리 사회에 남아 있다. 예를 들면, 방송국에서 일기예보를 한다. 호남지역에 장맛비가 오늘 몇 밀리 오고, 영남지역에는 몇 밀리가 오겠다고 말하고, '충청지역'에도 몇 밀리가 오겠다고 예보를 한다. 두말할 것도 없이 잘못된 이율배반적, 서로 모순된 표현의 등장이다.

'호남'과 '영남'은 산과 강 기후현상에 따른 자연에 의해 구획된 지명이다. 충청, 전라, 경상은 행정구역을 확정한 인위적 관제 이름이다. 전혀 이치에 맞지 않는 표현이다. 전라도와 경상도는 자연현상에 따른 이름으로 호칭되는데, 어찌하여 충청도만 생뚱맞게도 행정구획에 따른 이름으로 불리는가? 충청도는 산·강·기후의 현상에 의한 분류지명이 없었다는 말인가?

아니다. 충청도는 원래가 호남강역이었다. 예부터 호남으로 불리어 왔다. 이런 역사 사실을 역사학자 지리학자들은 너무 잘 알고 있을 것이다. 그런데 곡학아세하느라 비겁하고 추잡하게도 모른 체하고 있는 것이다. 일제 때에도 친일 역사학자 친일 지리학자들은 변조된 조선역사, 고조선이나 고구려의 강역, 만주 간도(間島 사잇섬) 역사와 강역의 오류를 바로잡으려 하지 않았다.

박정희는 5·16 군사쿠데타를 감행하고 그의 타고난 사대매국 핏줄기대로 친일친미의 깃발을 높이 들었다. 기세등등하여 한창 조상의 역사를 빛낸다며, 신라고도 경주의 왕릉들을 대대적으로 정비복원에 나섰다. 또 신라의 옛 강역을 넓히고자, 강원도 울진군을 경북에 편입시키고, 호남세 축소를 위해 전북 금산군을 충남에 갖다 붙였다. 그리곤 조국 근대화를 위해 민족사를 바로 세운다며, 경주에 거대한 한국정신문화연구원 건물을 세웠다. 막대한 예산을 들인 이 사업의 중심자리에 어용 사학자 이선근을 모셨다.

이선근이 한국정신문화연구원장에 앉아, 거대한 세계대백과사전에 준하는 27권짜리 '한국문화대백과사전'을 편찬하였다. 여기에 이르기를, 호남지방은 전라남북도의 별칭이라고 못을 박고, 북쪽으로는 금강이, 동쪽으로는 소백산맥이 경계가 된다고 풀이하였다. 만약 그렇다면 최소한 진천, 청주를 뺀다고 해도, 조치원, 보은, 옥천, 공주, 신탄진, 대전, 부여, 논산, 강경 등이 이에 속한다. 이들은 충청도 행정구역인데 도저히 이치에 맞지 않는 풀이인 것이다.

이러고저러고 말할 것 없이, 민족분열 역사왜곡 반민족 사대매국 무리들과 시비할 것 없이, 이조 중후반 18세기를 살았던 천재 성리학자 안정복(安鼎福)의 입을 빌려 정확한 湖南강역의 증언을 들어보자.

순암 안정복은 실학적 관점 주체사관의 우리역사 〈동사강목東史綱目〉을 쓴 저자이다. 동사강목은 우리 모두가 존경하는 민족 주체사학자 단재 신채호 선생이, 독립투쟁을 위한 구국의 대륙 망명길에 이 책만을 가슴에 품고 갔다는 역사서이다. 그 〈동사강목〉 서문에 "책이 이루어진 지 20여 년 되도록 정서하지 못하였더니, 병신년(1776년) 겨울에 호남의 한 읍(邑) 수령으로 나가서 … 書成二十有 餘年而久未繕寫 丙申冬承之湖邑(서성이십유 여년이 구미선사 병신동승지호읍"이라고 쓰여있다. 이때 안정복이 수령(현감)으로 나간 곳은 지금의 충남 천안 독립기념관이 있는 목천읍(木川邑, 木州)이었다. 유관순의 고향 아우내장터가 지척이다.

생각 있는 여러 사람들, 특히 역사학 지리학을 전공하신 눈 둘 달린 학자님들은 눈 제대로 뜨고 잘 읽어보시길 바란다. 자기의식, 자주정신, 스스로 섬, 스스로 함을 모르는 인격 객체의 군집 사회, 독립의지 주체성이 없는 민족국가는 그 존립 자체가 치욕이고 불명예이다.

1950년 6·25전쟁으로 북의 인민군대가 호남지역에 들어왔다. 이것은 역사 상황이었고 전쟁 현황이었다. 어떤 지역이 그런 상황을 만들었거나 그 지역 민중이 자초한 일도 아니었다. 이래서 호남은 또다시 홀대·학대·억압의 대상이었다. 세상에 이런 억울하고 분통 터지는 일이 또 어디에 있다는 말인가.

역사의 물굽이가 휘몰아칠 적마다 호남정신, 호남혼은 조선반도에 뿌리내린 겨레 공동체를 지키고 보호하는 방패였고, 끈질긴 생명력으로, 몸통째로 저항하고 희생해 왔다. 호남의 투혼 공동체 정신, 전라도의 피는 유구한 조선반도의 역사와 함께 있었고, 그 역사를 지켜왔다. 이제 역사는 대답해야 한다. 앞으로도 계속 호남은 전라도의 별칭이고 홀대·학대·억압·축소의 대상인가를….

4. 나라 깃발 태극기(太極旗)

24. 2. 9. 정의·평화·인권을 위한 양심수후원회 소식지

나라 깃발은 그 나라의 존엄과 권위의 상징이다. 나라 깃발은 한마디로 그 나라의 얼굴이고 국체, 국격, 민족성 등 모든 것을 종합적으로 축약해 놓은 단순 그림이다. 유엔에 가입한 일백구십여 개 국가는, 한 나라도 빼놓지 않고 각기 제 나라의 축약된 상징 그림인 국기를 다 가지고 있다. 그 많은 나라의 국기 중 대한민국이라는 나라의 태극기처럼, 뜻이 거창하고 아주 어마어마한 우주 생성·운행 이치를 종합적으로 내포하고 있는 나라 상징 깃발은 태극기가 유일하다.

전 세계에서 가장 단순하고 그리기 쉽고 알기 쉬운 국가 깃발은, 밉지만 어쩔 수 없이 자타가 공인하는 일본 국기이다. 흰 바탕에 붉고 둥근 태양 하나가 오뚝하고 뚜렷하다. 그리기 쉽고 그냥 한번 보면 그 나라의 국가 이미지가 곧바로 떠오른다. 다음으로 별 하나의 베트남, 중국의 오성기, 달과 별의 터키, 단풍잎의

캐나다, 낫·망치·별의 쏘련기 등이 특색 있고 눈에 잘 들어온다. 단순하기로는 스위스, 핀란드, 스웨덴, 파키스탄, 방글라데시, 폴란드 등의 깃발을 들 수 있을 것이다.

그 이름도 거창한 대한민국의 태극기는 1882년 박영효가 일본에 수신사(修信使)로 갈 때에 배 안에서 고안·창제하여 처음 사용하였다고 전해진다. 이를 다음 해인 1883년 조선 정부가 정식으로 채택 발표한 것을, 1949년 3월 25일 대한민국의 문교부 심의위원회에서 오늘의 태극기 문양, 음(陰)과 양(陽), 사괘(四卦)의 배치안을 결정하였다. 陽은 상천(上天) 陰은 하천(下天)으로, 각각 적색과 청색으로 정하고, 四卦는 검은색으로 정하였다.

그림으로 그리면 태극(○), 음양(◯)이고, 4괘는 건(乾)☰, 곤(坤)☷, 감(坎)☵, 이(寓)☲이다. 태극은 우주의 생성 원리를 상징하고 위 절반의 적색은 존귀와 태양, 아래 절반의 청색은 남성과 희망을 뜻한다.

    4괘는 건(乾)☰ 하늘(天), 봄(春), 동(東), 어짐(仁)
        곤(坤)☷ 땅(地), 여름(夏), 서(西), 의로움(義)
        감(坎)☵ 해(日), 가을(秋), 남(南), 예의 바름(禮)
        이(寓)☲ 달(月), 겨울(冬), 북(北), 지혜로움(智)을 뜻한다.

태극기 문양과 이 문양이 상징하는 태극 사상은 중국 고전 주역(周易)과 송(宋)나라 유학자 주돈이(周敦頤)의 '태극도설'에서 나온 것이다. 주역은 사서삼경 중의 하나인 매우 난해하고 복잡한 고급 점술서이고, 태극도설은 우주의 생성과 인륜(人倫)의 근원을 논한 249자의 짧은 글로, 주자학의 성전(聖典)으로 추앙을 받는다.

나라 깃발은 그 나라의 존엄과 권위의 상징으로, 간단명료하면서도 품위가 있고, 전 국민 또는 전 세계인의 보편적 시각과 인지능력으로 곧장 인식할 수 있어야 한다. 다시 말해서 국기는 언어나 문자로 설명 표현한 것이 아니고, 그 나라의 특색·특성, 지난 역사와 미래의 이상 등 나라의 모든 것을 종합 축약한 상징 그림이다. 일종의 단순 상징 도안이어서 이에 맞게 표현되어야 한다.

그럼에도 불구하고 우리 태극기는 이에 정반(正反)하는 상징 그림이 되었다. 너무 이해하기 어렵고 그림에 담긴 의미와 이치가 너무 깊고 복잡하고 여간 산만한 것이 아니다. 주역이라는 책을 다 읽고 이해하는 데는 최소한 1년 반 정도 시간이 필요할 것 같은 느낌인 것이다. 주역이 가지고 있는 이치와 의미를 통달하고 태극도설의 핵심 이론인 무극이태극(無極而太極), 음정양동(陰靜陽動), 오행(五行: 金木水火土), 건곤남녀(乾坤男女), 만물화생(萬物化生)의 원리를 모두 터득하는 데는 한 사람의 일생을 다 바쳐도 부족할 판인 것이다.

이런 우주 생성·운행과 조화, 인간사의 우연과 필연, 길흉화복의 얽힘과 풀림, 맺힘과 전기를 다 알아내고 이것들을 맞이하고 피하는 '재주'를 머릿속에 다 담아내기란 쉬운 일이 아니다.

무극(無極)의 진(眞)과 리기오행(理氣五行)의 정(精)과 묘합(妙合)으로 건곤남녀를 낳고 만물이 화생하나, 만물은 결국 하나의 음양으로, 음양은 하나의 태극으로 돌아간다. '무극이태극'이라는 일원론(一元論)에서 기일원론(氣一元論)이 나오고, 리기이원론

(理氣二元論)도 나온다. 도대체가 헷갈리고 왔다 갔다 하는 학설이고 무설(巫說)이고 주술이다. 축구공만 한 머리통 하나 달고 이 광막한 무한공간 허허로운 우주 벌판에 선, 미미한 인간의 공포와 고통을 덜어주기는커녕 더욱 막막하고 허망하게만 만드는 것이다. 거룩하고도 거룩한 대한민국의 태극기에 담긴 원리와 뜻은 여기에서 끝나지도 않는다. 태극과 음양의 뜻은 무한하게도 깊고 크고 높아서, 어지간한 녀석은 겁에 질려 아예 쳐다볼 엄두조차 낼 수 없는 차원에 있는 것이다.

그런데 그것을 둘러싸고 있는 4괘가 있는데, 이것은 애들 자치기하는 그냥 막대가 아니다. 하늘에 있는 옥황상제가 손 씻은 물에 오만 년을 세 번 곱한 햇수 동안 담갔다가 또 오만 년을 다섯 번 곱한 햇수 동안 말려낸, 귀신 찜쪄먹는 막대라는 것이다. 한 개의 막대를 일효(一爻)라고 하고, 이것 세 개(三)를 합한 것을 일괘(一卦)라고 한다. 한쪽(━)으로 된 것을 양효(暘爻)라 하고, 두 쪽(━ ━)으로 된 것을 음효(陰爻)라 한다. 이 양효와 음효를 이리 붙이고 저리 붙이고, 위아래를 옮겨놓은 괘들을 응용하여 4괘도 만들고 8괘도 만든다. 8괘를 8번씩 변형하여 64괘를 만든다. 몇백 몇천으로 더 변형할 수도 있고 사실 무한번식이 가능하다.

각각 모양을 달리 배열한 64괘는 오만 잡소리, 별별 요망하고 황당무계하고, 밥 먹고 헛배 부른 소리, 전봇대로 이빨 쑤시는 소리가 끝도 없고 한도 없다. 각 괘마다 이름이 붙어 있는데, ① 건위천(乾爲天), ② 곤위지(坤爲地) 하는 식으로, 무겁고 대단하고 세상에서 가장 어려운 말을 골라서 괘명을 붙여놓은 것이다. 그 이름 속에 담겨진 뜻이란, 온 우주 천지만물의 오묘한 진리가 거기 다 있고 잡다한 인간사 길흉화복이 거기 다 있다. 오만 가지 꾸꿈(꿈꿈)스런 잠꼬대 넋두리에 도대체가 '귀신 씻나락 까먹는 소리'가 거기 다 쌓여 있는 것이다.

글 모르는 놈들 속여 먹고 조롱하기, 유식을 돋보이기 위한 식자 계급의 철학유희, 자기만족의 정신 놀이, 지적(知的) 장난질이다. 아무것도 없는 텅텅 빈 우주·자연 공간에 허황된 정신 낙서, 주자학이니 성리학이니 된 소리 안된 소리, 배부른 흰소리를 전개해 내놓는다.

옛 서당에서 한학(漢學)의 마지막, 유학·주자학·성리학 최고의 경전인 주역은, 음양철학이고 음양의 논리를 떠나선 존재할 수 없다. 괜스레 이러고저러고 말 돌리고 비비 꼬고 어렵게 문자 쓸 것 없이 암과 수의 생식기능 원리를 난해화(難解化)한 것이다. 주역의 양효인 (━)는 남자의 생식기를 형상화한 것이고, 음효인 (--)는 여자의 생식기를 말한다.

이렇게 간단한 원리와 이치를, 황금 덧칠을 하고 온갖 채색을 덧씌워 높디높은 하늘 위에 올려놓는다. 우주 자연 속 깊이 숨기거나 세상사 길사나 흉사에 연(緣)을 달아 옭아매 놓는다. 우주 자연 인간사의 근본은 그대로 있는데 성현 학자라는 사람들이 헛소리 공리공론을 늘고나와 혹세무민에 열을 올린다.

물론 주역이 가지고 있는 우주 생성·운행 원리나 모든 사물의 존재와 일의 가변성, 음양의 협합(協合)에 의한 진화·발전, 행(幸)과 불행에 대처하는 주체적 인간, 끝없이 열려 있는 인간 지혜의 세계…. 이런 것들에 의한 수신수양 인격인성 도야의 이로움을 모르는 바가 아니다. 주역이나 태극도설의 학문적 가치를 폄하하고 싶은 것도 아니다.

　그러나 그 깊고 높고 거창하고 방대한 역(易)의 진리와 이치를, 단순 그림(도안)인 나라 깃발에 축약해 표현한다는 것은 무리도 보통 무리가 아니다. 그것을 작은 한 덩어리로 뭉뚱그리고 요약하여, 나라 상징 도안으로 내세운 것은 도대체가 허황된 짓이다. 주역과 주역의 원리 사상은 우리 것이 아니고 중국인들의 것이다. 중국 시골마을 공중변소 문짝에도 태극 그림이 그려져 있다. 한국 시골 무당집 대나무 깃발에 만(卍)자가 그려져 있듯이, 중국인들의 살림집 담벼락이나 세간살이에서도 태극무늬를 흔하게 볼 수 있다. 태극은 근본적으로 온통 통째로 중국인들의 혼이고 그들에게 친근하고 사랑받는 민속 그림이다.

　한국인들에게 나라 깃발 태극기는 하나의 부적(符籍)이다. 국민 전체가 친근감을 느끼고 사랑하고 가까이하는 애정 그림이 아니다. 요령부득, 도통 뜻을 알 길이 없는 무속 도안이고 그것은 부적 개념인 것이다. 한국인으로서 제 나라 깃발 태극기가 갖는 의미를 제대로 아는 사람이 몇이나 될까? 하물며 외국인이 알까 보냐. 실로 골이 아프고 저절로 하품이 나온다. 한심한 일이 아닐 수 없다.

5. 무궁화(無窮花)

24. 3. 31. 정의·평화·인권을 위한 양심수후원회 소식지

　세상에서 가장 아름다운 것을 꽃이라고 한다. 인간이 감상할 수

있는 자연물 중에서 꽃처럼 매혹적으로 사람의 마음을 사로잡는 것은 없다. 함초롬히 아침이슬을 머금고 피어나는 꽃을 보고 밉다고 할 사람은 아무도 없다. 꽃은 생명을 탄생시키고 이어가는 매개체, 도구로서도 귀하고 아름답다.

그래서인지 각 나라들은 제각각 나라꽃을 정하고, 나라깃발과 함께 각자 제 나라의 상징으로 사랑을 쏟고 국제적으로 널리 알리는 데 힘을 쓴다. 그 나라꽃의 아름다움을 선양하고, 꽃에 얽힌 그 나라와의 특별한 관계들을 자랑하고, 그 꽃과의 특수관계를 매우 자랑스러워하는 것이다. 나라의 크기, 국제적 영향력 즉 국력에 비례해서, 나라꽃과 해당 나라와의 관계가 잘 알려지기 마련이다.

우리나라의 국가상징꽃은 다 아는 대로 무궁화이다. 이 무궁화가 대한민국 나라꽃인데, 세계 사람들이 얼마나 명확하게 대한민국과 무궁화와의 관계를 잘 알고 있는지 알 수 없다. 중국의 나라꽃은 모란으로 알려져 있는데 아니다. 1929년에 법령으로 정하여 매화로 바뀌었다. 영국의 국화는 보통 장미라고 한다. 그러나 스코틀랜드는 엉겅퀴이고, 웨일스는 원래 부추의 일종이었는데 수선화로 바뀌었다. 독일의 국화는 센토레아라는 아주 낯선 꽃이고, 프랑스의 국화는 흔히 백합으로 알려져 있으나, 루이 왕조의 문장인 아이리스라는 꽃이다. 인도 하면 부처·불교를 떠올리고 연꽃이 연상되지만, 엉뚱하게도 화사한 양귀비꽃이 국화다. 연꽃은 스리랑카의 나라꽃이다. 네덜란드의 튤립은 너무 잘 알려져 있다. 그런데 야생 튤립이 터키의 나라꽃이라는 건 잘 모른다. 해바라기는 페루와 쏘련의 나라꽃이다. 달리아는 이탈리아 나라꽃 같은데

멕시코 국화다. 이탈리아는 데이지라는 국화과의 키 작고 잎이 넓은 식물(꽃)이다. 모두가 잘 아는 고산식물 에델바이스는 스위스와 오스트리아의 나라꽃이다.

참 세상 이치가 묘하다. 나라 깃발에서는 일본의 일장기가 세계에서 가장 잘 알려진 국기라고 했다. 나라꽃 역시 일본의 벚꽃이 국제적으로 가장 잘 알려지고, 수많은 사람들의 사랑을 받고, 특색 있는 나라꽃 중의 하나인 것이다.

그렇다고 해서 너무 상심하고 부러워할 것은 아니지만, 마음이 찜찜하고 어쩐지 입맛이 떨떠름하다. 꽃 자체의 생김새와 특색이 뛰어난 것은 그만둔다 치더라도, 똑같은 나라꽃인데, 나라꽃을 대접하고 관리하는 국민들의 태도, 정신자세가 너무 판이하게 다른 것이다. 무궁화는 천하가 다 아는 대한민국 나라꽃이다. 그런데 과연 나라꽃 무궁화가 대한민국이라는 나라로부터 국화의 위상을 지키고, 나라꽃 대우를 받고 있는 것일까?

무궁화에 대한 기록은 서기전 8~3세기 춘추전국시대(春秋戰國時代)의 동진(東晉) 때, 곽박(郭璞)이 지은 지리서 산해경(山海經)에 처음 등장한다고 한다. 신라 효공왕 때, 최치원이 작성한 당나라에 보내는 국서(國書)에도 근화향(槿花鄕), 즉 "무궁화의 나라"라는 말이 쓰여 있다고 한다. 조선 세종 때, 강희안의 양화소록(養花小錄)에도 목근화(木槿花) 근역(槿域)이라는 말이 나온다. 일제의 왜기(倭記)에는 "무궁화는 조선의 대표적인 꽃이고, 고려시대에는 전 국민으로부터 열광적인 사랑을 받았으며, 문학상·의학상 진중한 대우를 받았다"라는 기록이 있다는 것이다. 그러나 조선시대엔 이씨왕조의 상징문장이 이화(李花)라서, 무궁화는 세력을 잃고 조선민족으로부터 소원해졌다고 쓰여 있다. 무궁화의 원산지는 처음에는 시리아로 알려졌으나, 지금에 와서는 '인도·중국·한국설'이 더 유력하다.

해방 후 수원농대 유달영 교수 등의 연구 번식 품종개량에 의해, 전 세계 그 종류가 이백여 종에 이른다. 중국에선 무궁화를 목근(木槿), 순영(舜英), 순화(舜華) 등으로 부른다. 조신 김정상의 무궁화보(無窮花譜)에 의하면, 전남 완도 소안면 비자리(榧子里)에선 "무우게"라 부르며, 수필가 이양하는 호남 출신 친구의 말에 따라, 자신이 어린 시절 무궁화를 '무강나무'로 알고 있었다고 기록했다. 일본에서는 "무쿠게"나 "모쿠게"로 부르는 것이 현실인바, 아무런 뜻도 없이 소리로만 불리는 것으로 보아, 한국에서 건너갈 때 전해진 이름이 확실하다. 중국 문헌에 맨 먼저 등장하고, 중국의 이름이 '목근'인 것으로 미루어, 이에서 무궁화란 이름이 생긴 것으로 추측된다. 더구나, 한국인들이 무우게, 무강나무라 불렀다니, 그 비슷한 유사음에 뜻이 깊고 좋은 무궁화로 호칭되었다고 보는 것이 가장 타당할 것이다.

무궁화 하면 진딧물이 연상된다는 사람들이 많다. 한국 사람들의 무궁화에 대한 인상은, 친근감이나 자랑스러움, 아름다움이기보다는, 그 정반대의 인상과 느낌을 말한다. 초라하고 지저분하고, 화려하거나 창창한 느낌이 없다는 것이다. 해방이 되고 대한민국 건국 후로도 제대로 나라꽃으로 존중되고 관리되거나 대접을 받지 못한 것이 사실이다. 일제 강점기를 겪은 조선인들에게 무궁화는 저주의 꽃이었다. 그땐 원시에 가까운 비위생적인 환경과 개인 위생상태가 말이 아니었다. 어린아이들의 성장환경은 비참할 정도로 질병에 노출되어 피부병이 만연하고 있었다. 몸뚱이에는 각종 버짐과 옴, 등창, 뾰루지, 종기가 나고, 아이들 머리통에는 기계독(기계충)과 부스럼이 돋아 진물이 흐르고 악취가 났다. 흙을 만지고 흙먼지 속에서 살아야 했던 시절, 오염된 손으로 눈을 비비고 만져서 벌겋게 충혈된 눈병을 앓는 아이들이 많았다. 이에 발상해, 일제는 조선국화 무궁화를 "눈에 피꽃"으로 악선전을 해댔다. 동네 아이들은 고샅길 울타리 가에 피어 있는 무궁화를 보면, 손바닥으로 눈을 가리고 뜀박질을 하여 그곳을 서둘러서 도망질을 쳤다. 그래서 나라꽃 무궁화는 조선인들에게 안질을 옮겨주는 저주의 꽃이 되었다. 그 꽃이 조선의 나라꽃, 무궁화라는 것을 아는 사람은 아무도 없었다. "눈에 피"를 옮겨주는 꽃, 안질꽃으로만 알고 해방을 맞았다. "눈에 피꽃"은 그렇게 소외되고 홀대받고, 천둥이 중에 천둥이가 되어, 시골동네의 울타리 가에 초라하고 초라한 모습으로 버려져 있었다.

  만약 무궁화가 예부터 나라꽃으로 대접받을 만큼 민중과 가까운 꽃이었다면, 참으로 너무 지나친 홀대·학대에 가까운 대우를 받고 있었을 리가 없을 것이 아닌가 하는 생각이다. 울 밑에 선 봉선화만큼도, 담장 곁의 채송화만큼도 사랑하지 않았다. 장독대의 접시꽃, 맨드라미만큼도, 길가의 민들레만큼도 사랑하지 않았다. 봄의 선도자이고 고결한 지조, 품격 높은 향기를 자랑하는 매화, 절조와 지조의 푸른 솔 낙락장송(落落長松), 백설분분한 엄동의 푸른 절개 곧은 성품의 청죽, 감히 범접을 불허하는 고고하고 청아한 기품의 난초, 찬 서리를 이겨내는 고졸(古拙)한 모양새 맑은 향기의 보랏빛 들국 황국(黃菊)은 오랜 옛날부터 우리겨레의 사랑을 듬뿍 받아온 꽃과 나무였다.

두만강·압록강 기슭에서 지리산 한라산까지 지천으로 피어나는 연분홍 참꽃 진달래, 앞동산 뒷동산 뻐꾸기 울음소리와 함께 피어나는 철쭉 두견화, 이른 봄 뒤란의 앵두·살구꽃, 앞마당의 동백·목련화, 싸리문께 개나리·탱자나무꽃, 샘가의 목단·해당화, 모두 다 우리 민족과 살을 비비며 함께 살아온 꽃이었다. 사월훈풍 봄이 오면 남한 팔도강산에 하얀 벚꽃이 핀다.

진해군항제를 비롯하여, 하동포구 쌍계사길, 전주에서 군산·장항 가는 길, 서울 여의도 윤중제에서 벚꽃 축제가 벌어진다. 남한 천지사방이 벚꽃 세상이요, 벚꽃 길, 벚꽃 명소이다. 아, 자랑스런 대한민국, "덴노헤이카"의 나라 대일본제국의 나라꽃 사꾸라 대축제, 세계 제일의 화려하고 거대한 잔치마당이 열리는 땅이다. 벚꽃 사꾸라는 대일본제국의 국화이다. 군국주의 침략약탈주의 일본국의 국화이다. 대한민국의 나라꽃은 무궁화이다. 무궁화는 한국의 국화이다. 남한천지 팔도사방 어디를 가도 무궁화는 보이지 않는다. 대한민국의 나라꽃 무궁화는 눈을 씻고 눈을 까뒤집고 보아도 눈을 크게 뜨고 보아도 찾아볼 수가 없다. 대한민국의 식자층은 벚꽃이 제주 한라산이 원산지라고 제법 유식한 소릴 한다. 왕벚나무의 고향이 힌국이리고 궁색한 변명을 한다.

세계 어느 나라를 가서 물어보아도, 벚꽃의 원산지가 한국이라고 동의를 해주는 사람은 한 사람도 없다. 지구상의 입 달린 사람은 다 하나 같이, 벚꽃은 일본 꽃이라고 말한다. 또 그것이 명백한 사실이고 현실이며, 세계 식물학계에서 공인된 정설이기도 하다. 일백 보, 천만 보를 양보해서 왕벚나무 원산지가 한국이라

하여도, 벚꽃이 일본 나라꽃임에는 틀림이 없고 변함이 없다. 하늘 아래 밝은 사실이다. 도대체가 대한민국이라는 나라는 어떻게 된 나라일까? 제 나라꽃은 한 포기 심어 가꿀 생각이 없고, 사랑하고 아끼고 대접해 줄 생각이 전혀 없다. 이웃 일본제국의 나라꽃을 제 나라꽃이라고 생떼를 쓰며 우긴다. 그리고 남의 나라꽃 사꾸라를 제 나라 온 강토, 길거리, 공원에 심고 가꾸고 즐기며 사랑스러워한다. 삼천리강산의 남녘 일천오백 리 우리 조국강산은, 오늘도 사꾸라 축제로 흥에 겨워 먹고 마시고 춤을 추며 노래한다. 아, 대한민국 민주공화국, 사꾸라 공화국의 앞날이여.

6. 애국가(愛國歌)

24. 4. 30. 정의·평화·인권을 위한 양심수후원회 소식지

1894년 동학혁명 후 개화파에 의한 갑오경장이 단행되고, 일본과 미국을 비롯한 서구 세력이 물밀듯이 조선반도를 짓밟고 밀려들었다. 이에 자연반사적으로 조선 민중들 사이에서 애국사상이 움터 오르기 시작했다. 자기를 보호하기 위한 자기정체성 확인운동이 사회 밑바닥에서부터 타오르기 시작한 것이다.

이런 사회현상의 일환으로 민족국가, 나라사랑의 충정을 담은 여러 가지 형태의 애국가가 여기저기서 불리고 있었다. 1896년에 불린 애국가만 해도, 나필균의 애국가, 새문안교회 애국가, 평양 김종섭의 애국가, 배재학당의 애국가 등, 십여 종의 나라사랑 노래가 민중사회에서 열창되고 있었다.

이 중에서도 그해 11월 21일 독립문 정초식(定礎式)에서 배재학당 학도들이 부른 애국가와, 1898년 독립협회 주최 개국기원(朝鮮) 506년 경축식에서 무관학도(武官學徒)들이 부른 애국가는 당시의 대표적인 나라사랑 노래였다. 배제학도들이 부른 애국가의 내용은, 조선황실 찬양과 국토사랑, 이천만 인민의 단결과 생업 충실을 노래했다. 후렴은 "무궁화 삼천리 화려강산, 조선사람 조선으로 길이 보전하세"였다. 다음 무관학도들의 애국가는 예수교의 찬송가를 연상케 했다. "높으신 상쥬님"으로 시작해서 "오 쥬여 이 나라 보우 하쇼서" 그리고 "대군주 폐하 만세"를 외치며, 대군주 폐하를 만수무강케 해달라고 빌었다.

　이 외에도 독일인 에케르트가 작곡한, 가사 내용이 조금씩 다른 애국가 두세 가지가 또 있었다. 대한민국 애국가의 작사에 대한 여러 설(안창호, 민영환 등)이 있는데, 그중 윤치호 작사설이 가장 확실시된다는 것이다. 애국가의 작곡은 1936년 안익태의 것으로, 그해 베를린에서 올림픽이 열렸는데, 여기 참가한 조선인 선수들과 함께 불렀다는 것이다. 이것이 현재의 애국가가 처음으로 불린 예라는 것이다. 그러니까 윤치호가 지은 가사에 안익태 자신의 곡을 붙여서, 베를린 올림픽 참가 선수들과 처음 부르기 이전에는 대개 스코틀랜드의 민요(이별가) 곡소에 가사를 붙여 애국가를 불렀었다. 1948년 8월 15일 대한민국 정부수립 이전까지 모두 그런 식으로 애국가를 불렀던 것이다.

　애국가는 글자 그대로 나라사랑 정신을 함양하기 위한 노래다. 국가(國歌)와 애국가(愛國歌)를 구별하기는 힘들지만, 국가는 그 나라·민족의 공통적인 고유정서가 담긴 노래로 민요나 전통적인 설화·전설·역사·사실이 스민 가요일 수 있다. 그러나 애국가는 국가적(國家的)인 요소가 그대로 담길 수도 있고, 변형되거나 그 나라의 정치체제적 환경의 영향을 받아 근대 이후에 작사 작곡된 것들이 대부분이다. 국가건 애국가건, 나라 민족사랑, 나라번영, 민족역사의 영원함을 노래하는 것이 상례이다. 각 나라의 애국가는 그 나라 인민들의 정서 취향에 맞게, 또는 가사 내용에 따라 그 곡이 붙여진다. 즉 가사(내용)가 먼저 생기고 곡보다는 애국가의 혼이 되는 내용·가사·노랫말이 매우 중요시된다. 당연한 일이다.

우리 애국가의 혼·정신인 노랫말을 한번 살펴보자.

"동해물과 백두산이 마르고 닳도록, 하느님이 보우하사 우리나라 만세".

매우 거창하고 훌륭한 노랫말이라고 대강들 생각한다. 과연 그럴까?

"동해물과 백두산이 마르고 닳도록…"

보통 사람들은 아주 오랜 세월을 표현할 때에 '마르고 닳도록'이라고 말한다. 하필이면 왜 마르고 닳도록인가? 그 푸르고 지구 가득 넘실거리던 동해바다, 그 푸른 물이 다 찌들어 말라버리고, 일년 내내 사시사철 머리에 흰 눈을 이고, 하늘 못을 안고 솟아있는 민족의 성산, 거룩한 우리 민족의 발상지 아시아 동녘의 거대한 어른 산, 백두산이 다 닳아서 없어져 버린다? 이런 빌어먹을 쪽박타령, 망해먹을 저주 중의 저주의 노랫말이 세상천지 어느 종족의 정서이고, 어느 나라의 나라사랑 노랫말에 들어 있다는 말인가?

또 어쩔 수 없이 이웃 일본족의 국가이고 애국가인 '기미가요'를 한번 살펴보지 않을 수가 없다. 일본은 우리가 숙명적으로 맞겨루고, 어차피 그들의 악습인 이웃괴롭힘, 침략야욕을 물리쳐야 할 입장인 것이다. 그들은 아주 고약한 상대이고 흉악한 숙적이기에 말이다. 그들의 애국가는 "임(君, 그들의 王)의 시대는 천 대에 팔천 대에 조약돌이 바위가 되어서 이끼가 낄 때까지"라는 가사이다. 대한민국의 애국가와는 정반대의 정서이고, 나라 혼이고, 국민정신이다. 조그마한 조약돌 또는 모래알이 팔천 대의 세월을 걸쳐 바위가 되고, 그 바위에 이끼가 낄 때까지, 천왕의 시대가 영원토록 이어 나간다는 염원이 담겨 있는 것이다. 이뿐만이 아니고 그들 일본인들의 평소 생활정서가 표현된 민요나 와카(和歌), 속담 등에는, 작은 빗방울이 모여서 강물이 되고 바다가 된다는 내용들이 담겨있는 것이다.

놀라운 일이다. 왜 이렇게 민족정서가 다르고 달라도, 한쪽은 나라 살림살이 역사 전체를 망해 먹는 집단정서이고, 다른 한쪽은 그 정반대로 나라를 발전적으로 키우고 살리고, 민족역사의 영원함을 빌고 찬양하는 국가정신을 갖는 것일까? 아니다. 이것은 분명 조직적이고 계획적인 침략주의 일본의 음모이고, 여기 놀아난 사대매국 친일분자들의 보이지 않는 손이 작용하지 않고는 이런 정서 결과가 나올 리가 없는 것이다.

여기에서 우리는 중국 길림성 집안시 태왕릉 인근에 있는 광개토대왕 비문을 변조한 일본군 육군 중위의 역사 조작 행각을 떠올리지 않을 수 없다. 일본 종족은 흉측하고 철저하다. 청일전쟁과 러일전쟁에 승리한 여세를 몰아, 조선과 중국침략 만주강점에 이어 전 세계 정복을 위한 세계 제2차대전(태평양 전쟁)을 일으킨 그들의 야욕으로 보아, 세상에 못 할 짓이 없는 게 일본인들의 행투이고 기질이다. 문제는 대한민국이다. 대한민국이라는 나라, 대한민국 국민이 문제다. 망해 먹고 쪼그라들고 찌드는 나라와 민족역사를 소원하고, 두 손 모아 빌고 비는 노래 가사를 아무 생각도 없이 76년 동안 열창하고 있는, 나라사회 민족 구성원 개체들이 문제인 것이다. 세상에 이런 지각 없는 민중이 어디 있다는 말인가. 우리가 선 자리를 되돌아보고 깨닫고 각성하며, 새로운 생각을 다져야 한다. 대변혁 코페르니쿠스적인 사고의 전환이다.

일제 36년에 미국의 남녘땅 불법강점 79년, 실로 일백 년이 넘는 종속 식민지 생활을 감내하고, 분단 조국의 현실을 눈감아온 사람들, 도대체 부끄러워서 인류사회에 얼굴을 들 수가 없는 것이다. 이런 나약하고 치욕을 모르는 대한민국, 나라 구성 개별 인격체들이 어떻게 무슨 낯으로, 일백 년 후 일천 년 후 후대들에게 21세기 초엽 2024년 오늘 이 상황들을 살았다고 말할 것인가? 이 염치없는 미국 식민지 분단의 역사를 물려줄 것인가?

2장
전래 풍습과 언어 생활

1. 한복(韓服)과 조선옷

24. 5. 31. 정의·평화·인권을 위한 양심수후원회 소식지

한복(韓服)과 조선옷은 다르다. 같은 옷이 아니다. 지금 우리가 쓰고 있는 한복이란 낱말은 한국 사람들이 입는 옷, 한국의 고유한 의복이란 뜻으로 쓰인다. 그런데 우리가 지금 한복이라고 지칭하는 의상·의복은 한복이 아닌 조선옷이다.

근본적으로 한복은 초기 부족국가에서 마한 진한 변한의 삼한시대까지 민족 고유의상을 가리키는 낱말이어야 한다. 한복의 '한'은 우리 고유의 한을 표기하는 이두문자이기에 그렇다. 이두문자 '한'은 한강 이남이나, 넓게 보아야 임진강, 멸악산맥, 마식령 이남의 지역이나, 그 땅 그 지역에 사는 부족들을 가리켰었다. 만약에 한복을 '한국 사람들이 입는 옷, 한국 고유의 의복'이란 뜻이라고 우겨댄다면, 이것은 우리 민족의 복식사(服飾史)를 모르는 사례여서 더욱 큰 잘못이 되는 것이다.

우리나라의 복식사는 고구려가 만주 땅에 강력한 왕조를 창건한 이후, 임금을 비롯한 벼슬의 품계나 사회적 신분에 의한 옷차림, 복식제도가 확립되었다고 볼 수 있다. 고구려 건국 이후 중국 문헌에 우리 민족의 복식에 관한 기록이 보이기 시작하는 것이다. 고구려의 옛 무덤 벽화를 보면 대강 짐작할 수 있지만, 중국 문헌인 북사(北史)나 신당서(新唐簪)의 기록에 "고구려왕은 백라관(白羅冠)을 쓰고 대신(大臣)은 청라관(靑羅冠)을 쓴다. 서민들은 짐승털 베옷을 입고, 여자들은 머리에 수건을 쓴다"고 했다.

이 복식제도의 풍습은 시대에 따라 변천을 거듭하여, 신라가 한강 이남을 지배하는 시기에는 당(唐)나라, 고려시대는 송(宋)과 원(元)나라, 이씨조선시대에는 명(明)나라의 제도를 받아들여, 우리의 복식문화가 발달 정착되었다고 볼 수 있을 것이다. 그러므로 우리가 현재 우리 고유의 의복이라고 생각하고, 정서적으로 우리 몸에 밴 전통의상이라 정다움을 느끼고, 그 아름다움을 자랑스러워하는 한복은 정확하게 말해서 조선옷이 되는 것이다.

요즘 서울 고궁 근처를 지나다 보면, 우리의 풍습과 전통문화를 떠올리게 하는 멋스런 디자인과 고운 색상을 보여주는 조선옷 차림의 젊은이들을 흔하게 볼 수 있다. 역시 아름답고, 조선이란 낱말 뜻을 연상하게 하는, 차분하고 다소곳하면서도 예스러움을 느끼게 하는 것이다.

한국이라는 국명도 1948년 이전에는 거의 쓰이지 않고, 단기 4230년(1897년) 고종이 원구단에 나아가 선포한 국명대로 '대한'이라 부르고 문서에도 그렇게 표기했었다. 안중근 의사가 자신의 신분을 밝힐 때에도, 언제나 '대한국인(大韓國人)' 다시 말해서

'대한나라 사람'이라 밝혔지 한국인이라 하지 않았다.

구한말 개화기에도 보통 나라 이름은 대한이고, 우리 사람의 국적을 밝힐 때에는 대한인이라 했었다. 이것도 사적이 아닌 아주 공식적인 자리일 경우였다. 6·25 전 해방공간 자유당 때만 해도 대한이니 한국이란 말은 일반 민간에선 거의 쓰이지 않고, 나라는 조선, 조선사람, 조선말, 조선옷이었다. 애국가를 부를 때에 후렴은 "조선사람 조선으로 길이 보전하세"였다. 남쪽에 단독정부가 들어서고 행정을 위한 공문서나 각급 학교의 교과서에 조선 아닌 대한민국 또는 대한이란 낱말이 등장하긴 했으나, 한국이라는 낱말이 등장하거나 사회생활에서 쓰이진 않았다.

1950년대 중후반부터 4·19를 전후해서 한국이란 말이 공식 문서나 언론에 쓰이긴 했으나 일반사회 생활에선 극히 제한적이었다. 미국 군대가 들어오고, 국제적으로 우리를 객관화해서 호칭할 필요에 의해, 제일 먼저 아마 '한국정부' '한국군'이란 말이 쓰였을 것이다. 그러나 해방 후 6·25까지의 사회단체들의 이름을 보면 단정 수립 전에는 '조선'이 쓰이다가, 단정 수립 후 마지못해서 대한이란 이름으로 바꿔 쓰는 현상이 있었다. 그렇지만 한국이란 낱말이 어떤 사회단체의 이름 앞에 쓰이거나 우리 사람들의 언어생활에서 일반적으로 쓰이는 경우는 극히 드물었다. 대한제국이 일제에 병합되기 전후 시기, 모든 사회단체의 이름 앞에는 대한이란 국명이 쓰였고 한국이라는 국명은 전혀 쓰이지 않았다. 사회단체명뿐만이 아니고 우리 사람들의 언어 생활에서 한국이란 낱말은 그 흔적을 찾아볼 수가 없는 것이다.

1890년 6월에 설립된 기독교 기관으로 '대한기독교서회'와

1895년에 설립된 '대한성서공회'가 있다. 1903년 장지연이 정약용의 저서를 개편한 '대한강역고', 같은 해 결성된 '대한기독교청년회연맹', 이듬해 간행된 '대한매일신문', 1907년 간행 '대한신보' 등의 이름에도 모두 대한이 쓰이고 있다. 이후 1910년대와 해방 직후까지 모두 대한이란 이름이 쓰이고, 심지어는 대한민국 정부 수립 후 한 세대가 지난, 1980년대에까지 사회단체의 이름 앞엔 대한이 붙고 한국이란 약칭 국명은 보이지 않는다. 대한광복군정부(1914년 블라디보스토크 임시정부), 대한광복회(1915년 대구에서 창립), 대한독립군(1919년 북만주에서 조직), 대한독립단(1919년), 대한애국청년단(1945년), 대한야구협회(1945년), 대한노동총연맹(1946년), 대한교과서주식회사(1948년), 대한국민당(1949년), 대한석탄공사(1950년), 대한어머니회(1958년), 대한주택공사(1962년), 대한항공(1969년), 대한불교진흥원(1975년), 대한법률구조공단(1987년)에 이르기까지, 이렇게 많은 사회단체가 대한이란 국명을 쓰고 있는 것이다.

우리 민족의 잠재의식 밑바닥에 흐르는 생각에는, 고조선, 고구려, 고려, 근세 조선을 살아온 핏줄기, 피붙이 공동체 의식이 스며들어 있는 것이다. 이 공동체 의식에 젖어 있는 겨레붙이가 입고 살아온 옷은 한복이 아닌 조선옷이다.

5·16 박정희 군사정권이 들어서고 65년 굴욕적인 한일협정이 체결되기 이전만 해도, 민간에선 조선사람, 조선말, 조선옷이 자연스러웠고 일반적이고 서민적이었다. '한' '한국'이라는 말이 대중적으로 쓰이기 시작한 것은 베트남 전쟁에 파병이 시작되면서부터였다는 기억이다. 베트남인들이 우리를 보고 '따이한'이라 부

르는 것을 보면, 매우 아이러니한 면이 있다. 아무튼 6·25전쟁, 베트남 전쟁을 겪으면서 남쪽 사회는, 미국의 힘에 의한 강제 분단체제에 어쩔 수 없이 적응해 살아야만 했다. 언어생활에서도 그런 강압에 젖어들 수밖에 없었다.

지금 우리가 한복이라 부르는 고유 의상은, 대한민국 사람의 차림, 조선반도 남쪽을 일컫는 지방의 전통 복식이 아니다. 조선 기와집이 한옥으로 둔갑을 한 것처럼, 조선말이 한국어로 도둑질 당한 것처럼, 적어도 삼천리 반도 금수강산에 살던 사람들의 옷이다. 일본에 사는 우리 동포들의 자제들이 다니는 조선학교에서 입는 옷, 나라에 좋은 일이 있을 때, 꽃송이 다발을 들고 환호성을 지르는 평양 아주머니들이 입는 옷을 생각할 때에, 더욱 요즘 한복은 참다운 조선옷이 아니다. 조선옷과 한복도 구별 못 하는 사회에 오늘 우리가 살고 있는 것이다.

2. 김치에 대하여

24. 9. 30. 정의·평화·인권을 위한 양심수후원회 소식지

배추 한 포기에 2만 원이 넘는다는 뉴스에 정신이 버쩍 들었다. 이따금 배추가 '금(金)추'가 되고 김치가 '금치'가 된다는 소리는 있었다. 도대체 배춧값은 왜 이리 천정부지로 뛰는 것일까? 정부의 농산물 수급정책을 비롯하여 전반적인 국민생활 경제정책이 부실하다는 증거가 아닐 수 없다. 배추 한 포기가 2만 원이라? 아무리 생각을 해도 벌어진 입이 다물어지질 않는다. 머리가 아픈

것이다.

한국 사람들은 고대로부터 채소를 소금에 절여 저장하는 지혜를 발휘하였다. 여름과 겨울, 한서(寒暑)의 차이가 너무 심하여 겨울 추위 동안 채소를 저장하지 않을 수가 없었다. 먹기에 팍팍하고 물기가 적어 잘 삼켜지지 않는 쌀밥을 먹다 보니 짭짤한 된장국이나 장(소금)에 절인 채소를 곁들여 먹지 않을 수가 없는 것이다.

우리 사람들의 식단, 식생활 관습은 주식과 부식의 차이가 너무 뚜렷하고, 그 맛과 성향의 편차도 크기 때문에, 부식이 주식을 대신하거나 주식의 자리를 넘볼 수 있는 입장이 전혀 아니다. 이것이 보통 한국인들의 통상적인 관념이다. 그런데 하찮은 부식의 주재료인 배추 8포기 값이면, 주식의 주재료인 쌀 한 가마니(80㎏)를 살 수 있다니, 가슴이 뛰다 못해 하품이 나올 일이 아닌가. 마침, 설악산 단풍 소식에 첫눈이 내렸다고 호들갑이다. 김장철이 다가온 것이다.

요즘은 많이 달라졌지만 70~80년대까지만 해도 가난한 서민들에게 '김장'이란 하나의 머리 무거운 짐이기도 했다. 겨울나기 연탄을 수백 장씩 사서 쟁여놓아야 하던 시절이라, 여기에 다섯 식구 일곱 식구 겨울 반찬인 김장을 해야 하니, 돈 걱정을 아니 할 수 없었다. 보통 일반 가정에서 무김치는 무김치대로 따로 담가야 했고, 배추는 최소 30포기에서 50포기, 식구 많은 집에선 100포기 150포기를 담가야 하는 형편이었다.

김장의 유래는 3~4천 년 전으로 거슬러 올라가 있다고 한다. 우리는 외침에 의해 기록이 다 불타버리고 없지만, 중국인들의 기록이 3천 년을 헤아리고 일본 것들만 해도 1200~1300년을 헤아린다고 한다. 우리 기록은 삼국시대 것은 없고 고려조에 와서야 김치에 대한 자세한 기록이 나오는데, 현재 우리가 먹고 있는 김치와는 그 재료가 많이 다르다.

옛날 김치에는 무, 오이, 박, 가지, 부추, 죽순, 마늘과 동아, 호박, 미나리, 연뿌리, 부들순, 부들뿌리 등이 주재료로 쓰였다. 양념으로는 천초(川椒), 생강, 귤피(橘皮) 등이 쓰였다는 것이다. 지금 우리가 많이 먹고 있는 고추는 18세기 이후부터 김치에 넣는 주 양념이 되었다고 한다. 현재의 한국 사람들이 쌀 다음으로 많이 먹는 것이 고추이고, 한국인의 특성을 상징하는 음식이 곧 고추인데 그 고추가 17세기에 수입되었고, 백년 후인 18세기부터 김치에 넣어 먹게 되었다니 얼른 수긍이 안 가는 면이 있기는 하다.

옛사람들이 그렇게나 즐겨 먹었다는 동아(冬瓜), 부들뿌리 등은 전혀 김치와는 상관이 없는 식물이 되었다. 지역과 시대에 따라 여러 가지 김치가 등장했다가 사라졌을 것이다. 조선시대의 김치 기록에 갓김치, 고들빼기김치, 전복김치, 석류김치, 깻잎김치, 호박김치, 가지김치 등이 보이는데, 석류김치와 호박김치, 가지김치는 요즘은 잘 담지 않는다.

요즘 사람들은 '김치' 하면 배추김치를 떠올린다. '김치시장', '김치수출', '김장' 해도, 역시 배추김치를 떠올리고, 통배추를 절반 잘라 소금에 절였다가, 고춧가루가 태반인 여러 양념 섞인 반죽을 골고루 아니 마구 박박 문질러 덮어씌우는 것만 생각한다.

수천 년을 두고 발달해온 저장식품 김치에는 그 종류가 너무 많은데, 보통 사전에 나오는 종류, 그러니까 각 지방 가정에서 시절에 따라 담가 먹는 김치의 가짓수가 17~26가지가 된다. 여기에 궁중음식인 젓국지, 짠지, 신건지 등을 보태자면 30종류가 넘는다.

아주 옛날이야 알 수 없는 일이지만, 근대 이후 조선말 일제에서 해방, 6·25전쟁 시기와 이른바 산업화 이전 시기의 김치 역사는 인민들 삶의 기록과 함께 뚜렷하게 남아 있어서 우리 모두가 알 수 있는 생생한 역사적 사실이다.

배추김치의 본격적인 등장은 1700년대 이후의 일이다. 무김치는 아주 오랜 옛날부터 우리와 함께 있었다. 삼국시대 김치 담그는 데 술지게미, 맵쌀밥이 등장하는데, 발효를 쉽게 하며 풋내(잡내)를 잡고 맛을 부드럽게 하기 위한 수단이었을 것이다.

일본에서는 이것이 발전하여 쌀겨를 이용한 단무지가 생산되어, 일본인들의 입맛을 돋우고 전 세계에 자랑하는 일본을 대표하는 제일부식이 되었다. 역시 고춧가루가 들어가지 않은 조선김치의 백미인 동치미의 주재료도 무청이 그대로 달린 통무이다. 얼음이 서걱서걱한 동치미 국물은 더없는 겨울의 청량음료다. 뱃속이 뻥 뚫리고 정신이 바짝 든다. 곰삭은 통무를 그대로 베어 씹는 맛은 얼음과자 맛이다.

고드름이 문발처럼 주렁주렁 매달린 초가삼간, 열 식구 열한 식구가 둘러앉은 밥상이다. 큰놈, 작은놈, 여섯째, 일곱째가 모두 밥상 앞에 모여 앉았다. 총각무 하나씩을 들고 밥을 먹는다. 쟁반만 한 큰 사발에 담긴 총각김치가 동이 나면 밥사발도 밑이 보인다. 딸각딸각 밥사발을 긁어대다가 수저를 놓고 하나 남은 무김치를 집어 들고 물러앉은 다섯째, 아무래도 배가 덜 찬 끝순이가 왕방울만 한 콧물을 달고 엄마 눈치를 보며 칭얼거린다. 일제강점, 해방에서 자유당 시절 우리 사람들이 꾸리고 살았던 가정살이의 한 모습이다.

  이때에도 배추김치는 가난한 집 밥상에는 잘 보이지 않았고, 오랜 세월 구황식물 구실을 해왔던 무김치만이 유일한 밥반찬이고 제일부식이었다. 시골 아이들 학교에 갈 때에도 대나무 동구리에 무장아찌가 유일한 도시락 반찬이었다. 동지섣달 진눈깨비가 하염없이 쏟아지는 것을 "섣달 큰 애기 개밥 퍼주듯 한다"고 말한다. 이런 날 한밤중 망태기를 절거나 멍석을 절던 사랑방 머슴들은 긴긴 겨울밤 뱃가죽이 등에 붙는다. 이럴 때 팔뚝만큼씩 한 동치미 통무를 큰 양푼에 넘치게 퍼다 내놓는 주인집 인심은 동네 머슴들의 빈 배는 물론 헛헛한 마음을 온기(溫氣)로 채운다.

  동치미가 없는 집에서는 앞밭에 으스름 달빛을 받고 흰 눈을 수북하게 이고 있는 무청을 흔들어서 하얗게 밑이 굵은 통무를 뽑아다가 야식(夜食)으로 배를 채워주었다. 무명밭을 매거나 서속밭을 매던, 열일곱 살 한창 먹고 클 시집살이 며느리가 어느새 배가 동산만 했다. 시어미 볼 새라 무청은 잘라서 호미로 흙에 묻고, 눈물 콧물 덕지덕지 묻어 붙은 치마 끝 깃어 올려, 쓱쓱 문질러 닦은 통무를 아삭아삭 씹어서 빈 배를 달래기도 했다.

  먹는 채소 중 무가 제일이었고, 김장하면 무 절이는 것을 떠올리며 우리 사람들은 적어도 수백 수천 년을 살았다. 줄기가 허옇고 크고 물이 많은 노란 포기배추는 일제에 의해 개량종자가 들어온 이후에 재배되었다. 퍼런 이파리가 치마폭처럼 크고 줄기가 좁고 수분이 적은 엉성한 옛 조선 배추가 그립다. 치렁치렁한 무청을 그대로 달고 양념을 뒤집어쓴 팔뚝만큼씩 한 조선무김치, 무통김치 하나로 밥 한 그릇을 다 먹던 시절이 있었다.

3. 조선 굿, 농악이 사라져 버렸다

24. 8. 30. 정의·평화·인권을 위한 양심수후원회 소식지

굿, 굿 친다. 굿 치러 가자. 마을에서 농악놀이하는 것을 '굿 친다'고 한다. "굿 치러 가자"는 농악놀이를 하러 가자는 말이다. 굿 치는 놀이, 농악놀이가 없어져 버렸다.

농악이라는 말은 다른 음악, 다른 민속놀이와 구별하기 위한 편의에 의해 근세에 와서 생겨난 말이다. 오랜 옛날부터 바닥 사람들은 '굿', '굿 친다', '굿패'라는 말을 썼다. 삼월 삼짇날, 오월 단오, 칠월 씨름장(머슴날), 팔월 한가위, 정월 보름, 어느 명절을 가릴 것 없이, 꽹과리, 징, 북, 장구가 등장하고 어깨춤이 절로 나는 흥겨운 굿판 농악놀이가 벌어지곤 했다. 그중에서도 팔월 한가위, 정월 보름엔 수십 명이 한 무리가 되어 패를 지어 동네를 돌아다니거나 마을 앞 공터에서 크게 굿판을 벌이곤 했다. 휘영청 달이 밝은 한가윗날 밤, 동네 부잣집 넓은 마당에선 밤이 깊도록 닭죽을 쑤어 먹으며 굿을 치고 놀았다. 농사를 많이 짓고 대문을 달고 사는 동네 유수의 집들에선 술안주와 막걸리 동이들을 이고 지고 추렴을 하여 모여들었다. 뭐니 뭐니 해도 농굿(농악)은 정월 보름 전후의 여러 가지 이런저런 풍장놀이가 으뜸으로 재미가 있

었다.

첫째로 마을을 지키는 동네 앞 당산나무에 어른 몸뚱이만 한 크기의 볏짚 줄을 칭칭 동여매고 제(祭)를 올리는 당산굿이 있다. 당산굿을 치기 위해선, 먼저 평상복 차림의 꽹과리패 두서너 명이, 대여섯 명의 짚 짐꾼들과 함께 볏짚 동냥을 나선다. 그 큰 볏짚 줄을 꼬아 틀기 위해선 볏짚 여러 짐이 들어간다. 줄을 틀기 위해선 여러 명의 일꾼이 달라붙어야 한다. 그것도 한두 시간에 끝나는 것이 아니다. 그러니까 이때부터 호기심 많은 동네 조무래기들이 모여들고, 술 옹배기가 들고나는 동네잔치가 벌어지기 시작하는 것이다. 이 몸집 큰 볏짚줄은 마을 위뜸, 아랫뜸 또는 동편, 서편으로 나누어 줄다리기를 한 다음, 당산제에 쓰인다.

다음으로는 여자들이 치는 동네 우물굿, 샘굿 놀이가 또한 볼 만한 풍장놀이였다. 얼른 생각하면 정지굿은 부엌에서 치는 굿판을 여자들이 쳐야 할 것 같은데 아니었다. 샘굿이 여자들의 차지였다. 정지굿은 남자들의 차지로, 위의를 갖춘 남자 상쇠가 이끄는 걸궁패 전원이 부엌에 들어가 격식에 따라 조왕신(竈王神)을 달래는 굿판을 벌였다.

보통 상쇠가 천지신명(天地神明)을 찬양하고 지신(地神)에게 복을 비는 사실을 곁들이는 보통 마당굿 지신(地神)밟기와 비슷한 유형이었다. 농악은 그냥 악기를 두들기고, 고동이나 나발을 불고, 날라리 젓대를 부는 데 그치지 않고, 앞판 굿이 끝나면, 사냥한 꿩이나 토끼를 둘러맨 키다리 포수와 엉덩이가 산더미만 한 동네과부 어덜네(뺑덕네) 사이의 임신·출산의 대소동이 벌어지는 연희마당이 있다. 보통 '포수놀이'라 일컬었다.

이렇게 생각만 해도 옛사람들의 생활 정취에 마음이 녹아드는, 몸뚱이가 근지러워 못 견디는 어떤 맛과 멋이 있었다. 농악은 악(樂) 소리와 가락만 있는 것이 아니고, 우리 사람들의 삶, 생활, 풍속이 거기 녹아 있었다. 그래서 예부터 '종합연희 굿'이라 일컬었다. 일제의 강점과 수탈 억압으로 무당굿을 제외하곤 거의 자취를 감추었던 우리네 굿 농악이 8·15해방을 맞아 다시 살아나기 시작했다. 큰 지역은 큰 지역대로 작은 마을은 작은 마을대로, 동네별로 풍물 비용을 모아 꽹과리, 징, 북, 장구, 소구(버꾸)를 장만하고, 고깔을 만들고, 포수 탈, 어덜네(뺑덕네) 탈도 만들었다. 팔뚝만 하게 잘 자란 곧고 키 큰 대나무에 농자천하지대본(農者天下之大本)이라고 깃발도 드높이 매달았다.

이렇던 조선팔도 강산이, 민족의 피로 강토를 붉게 물들인 6·25전쟁으로 꽹과리 징 소리, 북 장구 소리가 사라지고 다시 우리네 삶터는 적막강산이 되었다. 1953년 7월 전쟁의 포성은 멎었으나, 강산 남녘은 정신이 없었다. 겨레 혼 주체 참정신이 없는데, 겨레의 얼·넋이 피어나는 민족정서, 우리의 맛과 멋이 되살아날 수 있겠는가 말이다. 더구나 나라 땅이 황폐화되어 주림으로 배가 고픈 마당에 포성은 멎었으나 전쟁의 생채기로 가난, 굶주림으로 마을들은 모두 다 죽은 마을이었다. 무슨 신명이 날 리가 없었다.

"국파산하재(國破山河在)요, 성춘초목심(城春草木深)이라. 나라는 찢어지고 갈라져서 폐허가 되었는데, 옛 성터엔 봄이 돌아와 수풀만 우거졌더라."

사람들은 남부여대하고 살길을 찾아 마을을 떠나야 했다. 조상 대대로 이웃끼리 모여 살던 정든 고향을 뒤로하고, 목구멍에 풀칠을 하기 위해, 서울로 부산으로 밥자리를 찾아 이불짐을 쌌다. 꽹과리 징 북 장구가 무슨 소용이랴. 포수놀이 어덜네 탈도 다 쓸데없는 것이리라. 사람이 살고 보아야 할 일이 아니던가. 남녘 고을고을 마을들에선 굿, 풍물, 풍장 소리가 사라져 갔다. 겨레의 신명 맛과 멋이 사라져 버렸다.

모를 찔 때부터 덩덩 북소리가 들판을 울려대기 시작을 하여, 모내기 논에서는 북쟁이 선 소리꾼의 사설타령이 온 들판에 농주 냄새를 풍겨댔다.

"서 마지기 논배미가 반달만큼 남았네. 덩~~~덩~~~~~~덩~더덩~ 어여러 상사아뒤여…."

이렇던 우리네 옛 시골 모습은 찾아볼 수가 없게 되었다.

나락 논에는 지심풀이 잘 자라 세 번 김매기를 해야 했다. 맨 나중에 세 번째 김매기를 '만드리'라 했다. 이 만드리 때에는 논 주인을 황소 등에 태워 밀짚모자에 삽을 메게 하고 농악을 치며 피리를 불고 마을로 들어갔다. 이렇던 우리네 굿 농악은 기계 사용, 공산품 제조·판매·운영, 미국식 상업 자본회사로의 급속한 변화에 따른 농촌사회의 와해, 마을공동체·씨족공동주거체의 해체로 완전히 사라지고 거의 잊혀져 가는 지경에 이르렀다.

세상이 이렇게 적막하게 된 이런 판국에 그야말로 반갑고 죽어가는 우리의 맛과 멋, 정서 가락을 살려내는 기대를 안고 꽹과리 징 북 장구 소리가 들리기 시작했다. 이것이 이른바 '사물놀이'라는 현대적 이름을 내세우고 나타난 농악 유사놀이다.

원래 우리네 굿 농악은 이런 것이 아니다. 째즈니 맘보, 트위스트 춤을 추기 위한 시끄럽고 무질서한 여러 잡탕 서양악기 소리에 완전히 다 죽어가던 꽹과리 징 북 장구 소리가, 어두움을 뚫고 나오는 생명의 소리처럼 우리 사회를 울렸다. 사람들은 모두 두 손을 들고 환호하며 반겼다. 사람들은 모두 죽었던 농악이 다시 살아나오는 것으로 알았다. 사람들은 모두 죽지를 못 펴고 움츠렸던 우리네 굿 농악이 새로운 이름, 새로운 형태, 네 날개를 펴고 날아오르는 줄 알았다. 아니었다. 나타난 겉모양이 문제가 아니었다. 속 내용, 콘텐츠가 문제였다. 근본적으로 동양의 미(美)는 직선이 아닌 곡선이다. 선이 아니고 둥근 점, 동그라미다. 소리, 우리가락 모든 음악은 리듬만이 아닌 '가락'이었다. 서양의 음악은 높낮이를 나타내는 음계의 직선적인 연결이다. 조선음악 소리는 글자 그대로 '가락'이다.

가락은 '소리의 길이와 높낮이의 어울림'이다. 하나의 소리마디에도 굴곡진 음소(音素)가 있다. 여러 말 할 것이 없이 우리소리, 우리음악 전반이 그렇지만, 특히 굿 치는 농악은 소리가 최대한으로 능청거린다. 쿵작쿵작 쿵 자자작~~~ 소리가 휘어졌다 펴지고 오므라들었다가 활짝 고개를 들고 높아졌다 내려앉고 늘어졌다가 잦아들고 숨었다가 깨어나고 깨어났다가 숨어든다. 타악기 중에서도 꽹과리는 세계에서 그 유례를 찾아볼 수 없는 독특한 고음, 강건한 강철음으로 특유의 생명력과 예하(隷下) 모든 악기 소리를 압도하는 위엄과 힘을 갖는다.

징은 꽹과리보다 몇 배가 더 큰, 역시 아주 독특한 악기이다. 징 소리는 모든 악기의 발생음을 중화하면서도 모든 악기음을 그대로 살려내는 할머니와도 같고 어머니이기도 하고 웅장한 장군 영웅의 풍모이기도 하다. 길고 긴 단음절이면서도 사람의 심장을 울리며, 넓고 넓은 세상을 안고 온 우주를 감응시킨다.

북, 장구는 자칫 지루하거나 판박이 놀음 같은 조선농악에 순간순간 장면 변화를 주고 흥과 잔재미를 더하는 밥반찬이고 빛고운 고명이고 입맛 나는 양념이다. 북 소리의 넓은 폭, 그 어질고 인자한 힘을 어버이에 친다면, 설장구 소리는 집안에 생기가 넘치는 칠팔 남매의 재롱질이 아닐까? 보통 우리네 농촌 시골마을 고샅길에서 들리던 풍장 소리는 버름버름 어깨춤이 저절로 나오는 흥겹고 풍성한 소리와 가락이었다. 휘어지고 늘어지고 흥청거리는, 어서 뛰어가서 눈으로 보고 같이 어우러지고픈 생각에 어깨가 들썩거리고 엉덩이도 들썩거리고 가슴이 울렁울렁 사람의 심금을 흔들어 놓는 그런 가락 그런 소리였다.

처음 사물놀이가 나왔을 땐 죽은 농악을 살려내고 조선의 멋과 흥, 전래의 굿을 그 멋과 맛 가락의 정취를 부활시켜 주는 그런 꽹과리 징 북 장구 소리인 줄 알았다. 아니, 모두 말은 안 해도 사회적으로 그런 희망과 기대 심리었나. 그랬있는데, 세월이 갈수록 그 무질서하고 잡탕 시끄러운 난타성(亂打性) 두들겨 패기, 혼미한 정신을 부르는 광란의 연희가 되고 말았다. 그것은 몸부림이고 횡포이고 난폭이고, 국적불명 장르불명의 난타, 광타(狂打)가 되고 말았다. 우리의 멋과 맛이 곰삭은 농굿, 농악과는 전혀 거리가 먼 이상한 꽹과리 징 북 장구 치기가 되어버렸다.

여기(사물놀이, 유사농악)에서 발생한 것이 이른바 '난타'라는 기상천외한 사이비 장르이다. 국제적으로 부끄러운 일이다. 또 하나 더 부끄러운 국제적인 일이 있다. 정체불명의 악기 치기의 등장이다. 큰 북을 세워 놓고 치는 악기 치기이다. 우리 조선 풍속에는 북을 세워 놓고 치는 법이 아예 없다. 요즘 지역 축제나 어떤 잔치 행사에서 흔하게 볼 수 있는 게, 여자들이 머리띠를 두르고 이상야릇한 조선 병졸의 어깨 없는 겉옷을 걸치고 떼거리로 무대에 올라, 세워 놓은 큰 북을 마구 두들겨 패는 난타 공연을 한다.

참으로 가소로운 일이다. 큰 북을 세워 놓고 집단으로 치는 관습은 바닷가에 사는 일본인들의 전형적인 전통 몸짓이다. 부끄럽고 또 부끄러운 난타 광란이다. 이런 부끄러움도 무조건 두들겨 패기 놀이 붐을 일으킨 사물놀이의 커다란 공이 아닌가 한다.

4. 식사(食事)와 사망(死亡)

24. 10. 31. 정의·평화·인권을 위한 양심수후원회 소식지

일상생활에서 자주 쓰는 우리말에 아직도 일제의 잔재(殘滓)가 많이 남아 있다. 토목·건축 공사장에서 쓰는 주요 낱말은 거개가 일본말 그대로이다. 뿐만 아니라 인쇄소나 철공소, 목공소, 재봉재단, 주물공장, 천연자원을 캐내는 광업소 등에서도 두루 쓰이고 있는 현실이다.

기계공작, 생산사업이나 건축현장에서야 어쩔 수 없다 치더라도 명색이 국가 공공기관인 법원의 법률 집행, 행정 용어가 일제

가 쓰던 그대로 투성이인데는 더 할 말이 없는 것이다. 백 보를 양보해서, 권위주의 관료주의에 찌든 법률을 다루는 관공서나 교정(矯正)기관은 그렇다 치지만, 인간의 심오한 정신세계를 다루는 철학·문학을 위시한 인문학 용어들에도 그대로 일본어 또는 일본식 낱말들이 살아있는 것이다. 그 예를 들자면 끝도 한도 없지만 아주 우리말처럼 아무 스스럼 없이 일상생활에서 쓰이고 있는 낱말 몇 가지만 적어 보기로 하자.

우리가 자주 먹는 밀가루 음식 중에 중국집에 가면 맨 먼저 차림표에 등장을 하고, 가장 값이 싸고, 돈 없는 서민들이 먹는 '우동'이 있다. 해방 후 '가락국수'라는 우리말로 바꾸어 쓰려고 노력했지만, 그냥 우리말로 굳어져 버려서 이제 아예 우리말이 되어버리고 말았다. 또 동남해안의 바닷가 마을들에서 우리말처럼 쓰이고 있는 '사시미'라는 말이 있다. 우리말의 회(膾), 생선회를 이르는 말이지만, 회나 생선회보다 더 실감 나게 쓰이는 게 역시 '사시미'이다. 요즘 새로운 세대, 이른바 MZ세대에 의해 일제 잔재어를 비롯해 외국어나 외래어가 우리말화된 것이 많지만 아직도 일본어가 발음만 우리말로 바뀌어 쓰이는 것이 너무도 많은 현상인 것이다.

지금은 '화장실'로 변칙·변용어로 쓰이고 있는 변소(便所)는 일본어 '벤죠'를 발음만 바꾼 것이고, 신발 '구두'는 일본인들이 서양인들의 양화(洋靴)를 '구쓰'라 하는 데서 따라 부른 것이다. 도로(道路)는 일인들의 발음 그대로 '도로'인 것이다. 변소는 우리식 한문 이름은 '측(칙)간(厠間)'이고, 순우리말은 '뒷간'이며, 속어로는 '통시', '똥깐'이라고도 한다. '구두'의 우리식 한문 이름은 '양혜

(洋鞋)'이고 순우리말은 '갓(깟)신'이다. 도로의 우리식 한문 이름은 '신작로(新作路)', '보도(步道)'이고 순우리말은 '길', '한(행)길'이다.

　사실 따지고 보면 순수 우리말은 몇 개 안 되는 셈이다. 꼭 우리말 같은데 그 말뿌리를 찾아가면 한문에서 온 말이 많고, 또 이거야 우리말이겠지 하고 잘 따져보면 일본말의 우리식 발음이거나 유사한 조어(만든 말)인 것이 많다. 한문말이 아닌 것은 아버지, 어머니, 오빠, 언니 정도이고 일제 강점기 이전 조선시대에 쓰이던 말들은 거개가 한문말 뿌리이거나 절반쯤 우리말화 과정에 있는 것이 많다.

　학문에 쓰이는 말이거나 정신세계를 논하는 낱말 모두가 다 한문으로 된 말이다. 쉽게 말해서 고급언어이거나 품위 있는 말은 모두 다 한문에서 온 말이다. 이런 현상이 근대 이후 일제강점기에 오면 완벽하다 할 만큼 일본식 한자말이 국가조직, 행정, 정치 용어와 일반 사회운용, 일상 생활용어까지 언어생활 전 영역을 홍수처럼 휩쓸어버리는 것이다.

　우리 생활의 주택문화에서 찾아볼 수 있듯이 언어문화, 언어의 변천사에서도 우리말을 제대로 보존하고 시대에 따라 변화 발전시킬만한 그만한 여유가 없었다. 경황없이 살아온 우리 사람들의 살림살이였다.

　인왕산, 북한산, 관악산뿐만 아니라 우리 강산의 모든 산야에 질 좋은 암석들이 많고, 건축자재로 쓸만한 돌덩이들이 흔해 빠졌다. 냇가나 들판에, 발에 채이는 것이 돌덩이, 돌멩이다. 그런데 우리네 집이란 집은 돌집 하나가 없고, 나무집이나 오막살이 풀집, 움집이 전부였다. 만호장안(萬戶長安) 5백 년 도읍지 한양성에도 쪽박만 한 돌집 하나가 없다. 강대국 것들의 침략 노략질에 언제 돌집 지을 겨를이 없었고 그저 급한 대로 쫓겨다니다가, 양지바른 언덕에 나뭇가지 꺾어 덮고 이슬 바람 가리고 풀숲 새에 움막 치고 눈비를 피했다.

언어생활 말살이도 그랬다. 언제 말을 제대로 배우고 다듬고 보존할 경황이 없었다. 똥퇴놈, 쪽발이 왜놈, 몽고, 여진이, 신라가 3국 망해먹고 해달민족 세(勢)가 약해지자, 모두 무리로 쳐들어와, 언제 앞가리고 사람처럼 살 새가 없었다. 20세기 밝은 대낮, 지까다비 왜구가 물러가자 황야의 무법자 양키 털발들이 들어왔다. 언제 우리말 제대로 바로잡을 틈 없이 포악한 양어(洋語)가 남녘 강산을 휩쓸었다. 한어(漢語)에 왜말, 양말까지 휩쓸어대니 우리 조선말 숨이 막혀 살길이 없어졌다. 겨우 우리겨레말 '밥' '먹다' '숨' '쉬다'만 살아있다. '국'도 우리말이 아니고 '커피'도 겨레말이 아니다. '사람' '하늘' '땅'은 우리말이다. 살아있는 우리말 찾아보기가 흰쌀에 뉘 찾기보다 더 어렵다. 겨우 목에 숨이 붙어있을 뿐이다. 다 죽어가는 민족혼 겨레얼 넋과 그 신세가 똑같다.

권력 잡은 놈들 대통령을 비롯해서 장관 국회의원 여당 벼슬아치들은 미국에다 나리 비치고, 일본에다 팔아먹지 못해 배가 아파 안달이 났고, 토착왜구 토착양키가 남쪽 인구의 절반에 가까운 형세가 되었다. 양키 식민통치 79년이 구조적으로 그렇게 만들어 놓았다. 우리말이 제자리를 찾고 살아나려면 미 제국주의 군대가 남녘 땅에서 물러가야 한다. 숭미 친일 토착왜구 토착양키들을 타도해야 한다. 갑오년 농투성이 인민들처럼 대창을 깎아 들고 일떠서야 한다. 총을 들고 산으로 갔던 의병전사, 4·3, 여순봉기의 불꽃처럼 훨훨 타오르는 항쟁의 햇불을 높이 들어야 한다.

오늘도 밥 먹듯이 쓰고 사는 일본 군대용어 식사(食事)라는 말이 그대로 살아 있다. 우리말의 밥, 진지, 끼니가 있고, 어른, 아이 무난하게 쓸 수 있는 아침, 점심, 저녁이라는 대용어(代用語)가 있다. 그런데도 그 지긋지긋한 일본제국 군국주의 냄새가 물씬물씬 풍겨대는 '식사'라는 낱말을 그리도 즐겨 쓰고들 산다. 며느리가 시아버지에게도 함부로 써대는 아주 고약하고 매우 버릇없는 천박하기 짝이 없는 말버릇이 아무렇지도 않게 일상이 되어버린 분통 터지는 우리의 현실인 것이다.

사망(死亡)이라는 말은 대한민국 관공서에서 아주 선호하는 말이다. 언론기관에선 한술 더 떠서 '사망'이 안 들어가면 글월(文章) 형성이 안 되기라도 하는 것처럼 사건 보도에 무더기로 마구 써댄다. '사망'은 1922년 일제가 새로운 호적령(戶籍令)을 발표하고 호주의 사망신고 의무조항 때문에 일반적으로 쓰인 말이다.

우리말에는 '죽음'이라는 품격 있고 보편적이고 아름답기까지 한 낱말이 있다. 우리 사람들은 예부터 어른이 죽으면 '돌아가셨다', '세상 버리셨다'고 했고, 아이들이나 손아랫사람의 경우 '죽다', '저세상으로 갔다' 등으로 표현했다. 사회적(공식적)으로 별세(別世), 귀천(歸天), 서거(逝去), 사거(死去), 졸(卒), 몰(沒) 등이 쓰였다.

서거는 사거의 높임말인데, 죽을 死자는 그만큼 우리사회에서 꺼렸고 되도록 쓰지 않는 글자이다. 쓰더라도 망(亡) 자와 붙여 쓰는 관례를 찾기 어려웠다. 보통 죽은 이를 망자(亡者), 망인(亡

人)이라 하지, 사망자나 사망인이라고 하지 않는다. 6·25 때만 해도 '전사'라는 말보다는 전몰(戰歿), 전몰자, 전몰군경이라는 말이 공식언어로 많이 쓰였다. 아사(餓死), 동사(凍死), 익사(溺死)라는 말이 쓰였으나 일반적으로 보통 민가에서 쓰이는 말은 아니었다.

사망. 사람이 죽는 것도 그런 것인데, '망해버린다' '죽어서 없어져 버린다'라니 아주 모질고 몹쓸 표현인 것이다. 심성이 착한 우리 사람들은 이런 표현을 쓸 줄도 몰랐고, 또 쓰지도 않았다. 이런 흉측하고 포악(暴惡)스런 표현이나 말은 니뽄도(日本刀)를 휘두르는 왜인들이나 가능한 것이다.

결단코 우리는 조선인의 코나 귀, 수급(首級)을 베어다가 제 땅에 무덤을 만드는 섬 오랑캐의 재침을 막아내야 한다. 아울러 아메리카 인디안을 잡으면 머리껍질을 벗겨 죽이는 표독하고 흉악한 양키 악당들을 한시바삐 이 땅에서 몰아내야 한다. 이야말로 우리사람들이 식사 아닌 밥, 끼니(아침, 점심, 저녁)를 제대로 챙겨 먹고, 그 흉측스런 사망에 이르지도 않고, 우리 조선인에 의한 완전한 통일 독립국가 건설을 쟁취해 내는 민족 해방의 날이 될 것이다.

3장
왜곡된 국가 조형물(造形物)의 참뜻

1. 대한민국의 동상(銅像)과 역사 형상물들

24. 11. 30. 정의·평화·인권을 위한 양심수후원회 소식지

해마다 사월이 오면 수유리 4·19혁명묘지를 찾는다. 어느새 그 횟수가 반세기를 넘어 예순네 번째가 되었다. 심장의 고동은 청춘을 구가하고 젊은 피가 펄펄 끓던 시절이 다 지나고 팔십대 후반이 되어 머리엔 서리가 허옇게 내려앉았다.

차에서 내린 묘지의 첫 들머리에서부터 마음이 편치 않다. 4·19는 대한민국 오천 년 역사에서 유일하게 기록된 혁명이다. 민란, 반란, 모반, 봉기, 운동 등 수많은 소요와 사건이 역사에 점철되어 있지만, 그야말로 4·19는 단 하나의 혁명이다. 그런데 입구 묘지의 표석엔 〈4·19민주묘지〉이다. 명색이 야당에서 잔뼈가 굵어 평화적 정권교체로 문민정부의 대통령이 세웠다는 표석이다. 4·19는 사대매국 친미 이승만 백색독재를 때려 부수고 우리 민족의 자주 민주 정의의 기개를 세계만방에 떨친 민중혁명이

었다. '민주묘지'가 아닌 '혁명묘지'인 것이다.

　울렁이는 가슴을 안고 분향로가 있는 묘지탑(4·19탑) 앞에 서면, 우선 가슴이 답답하다. 앞이 보이질 않는다. 거대한 돌절벽이 앞을 막아서서 사월 영령들과 교감(交感)을 할 수가 없다. 그날 사월의 거리를 머릿수건 질끈질끈 동여매고 어깨동무를 하고 내달렸던 젊은 사자(獅子)들의 절규를 들을 수 없다. 그날 자주민주광장을 적시던 붉은 피, 젊은 전사들의 포효를 들을 수가 없다. 도대체가 거대한 돌벽에 가로막혀 숨이 막힐 지경인 것이다. 더구나 분향대 옆으로는 민주 자유 정의와는 상관도 없는 것들의 화환들이 늘어서 있는 것이다. 꼴에 대통령이니 정치인 찌끄레기들 이름이 보인다. 울화통 터지는 일이 여기에서 끝나는 것이 아니다.

　민주 자유 정의의 앳띤 얼굴들이 누워 있는 묘역으로 가기 위해 한발 물러서, 또다시 그 무작스런 돌벽을 올려다보노라면 참으로 기가 차서 할 말을 잃게 되는 것이다. 과문해서 그런진 모르지만, 세계 여러 나라들이 설단(設壇)한 애국열사묘역이나 혁명묘역에 이처럼 묘역 전면 전체를 거대한 절벽 장벽으로 가로막아 놓는 구조물을 설치한 예를 찾아볼 수가 없다. 도대체가 이는 사월혁명묘지 전역(全域)을 바라볼 수 없도록 완전무결하게 차단, 장막을 쳐놓은 꼴인 것이다.

　그 내막은 이렇다. 4·19혁명 후, 허정(許政)의 과도정부에서는 정신이 없었고, 박정희가 5·16군사쿠데타를 일으킨 뒤 민심을 달래고 군사 반란의 명분을 세우기 위해 전국(연고지)에 흩어져 있던 4·19희생자 묘역을 건설하겠다고 나섰다. 맨 처음엔 사회적으로 논의된 곳이 서울 남산공원이었다. 만약 이때의 논의대로 남산에 설단이 되었으면, 이승만의 동상이 철거된 자리(일제 신사가 있던 자리), 지금의 김구 선생과 안중근 의사 동상이 설치된 넓은 공간이 되었을 것이다.

그러던 것이 갑자기 수유리 산골짜기로 확정 발표되었다. 수유리는 그땐 그야말로 첩첩산중 사람의 발길이 잘 닿지 않는 곳이었다. 미아리 고개 너머 길음동이 시내버스 종점이었고, 얼마 걷지 않으면 바로 고양군 신도면이었다. 길음동 종점에서부터는 모두가 논밭이었고, 논두렁에는 꼴을 뜯는 소를 매어두는 곳이었다. 서울 문안(門內)에서 미아리고개 너머도 까마득한 변두리였는데 창동이니 수유리는 아주 까마득한 시골이었다. 우이동 산골짜기는 하이킹 코스, 등산이란 말이 아주 낯설던 시절이라 여유 있는 집 젊은이들이 드물게 찾는 등산로였다. 그래서 박정희가 사람들이 근접하기 어려운 '지긋지긋한' 학생 데모를 때려 막기 쉬운 깊숙한 산골짜기에 사월묘지를 설단했던 것이다.

묘지를 처음 설단했을 때에는 분향대 앞에 4·19탑만 설치되어 있었다. 분향대에 서면 전면에 누워있는 사월전사들과 곧바로 교감이 되고, 옷깃이 여며지고, 민주 자유 정의의 핏빛 깃발이 눈앞에 어른거렸다. 민주 자유 정의의 제단에 초개(草芥)처럼 목숨을 던진 젊은 전사들의 외침과 절규가 가슴을 울렸었다.

친미 반공 학살자 이승만은 물러가라!
가자 북으로, 오라 남으로, 만나자 판문점에서!

이처럼 살아남은 자들에게 감응을 주던 혁명 묘지의 구조를 바꾸려는 친일종미 반통일 박정희 도당의 음모가 실현되었다. 이 반사월정신, 반민주, 반민족 조형물 설계의 하수인은 아주 대단한 반민족 사대매국 친일파 김경승(金景承, 일본식 이름: 金城景承, 가네시로 게이쇼)이다. 1915년 개성 출신으로 '대동아전쟁 하에 조각계의 새 길을 개척한다'는 모토 아래, 식민지 조선인의 노동착취를 합리화한 선전 특선작 '1942'는 망치를 어깨에 메고 노동 현장으로 나서는 모습이고, '여명'은 당시 동아시아 건설을 떠벌리던 일제의 비위를 맞춘, 새벽부터 광산에서 채광하고 있는 광부의 모습이다. 김경승은 월남 후 교직에 있다가 6·25전쟁이 터지자, 빨치산 토벌작전의 상황실장으로 활동했다. 이자는 나중에 모 미술대 교수로 재직하며, 충무시 남망산공원과 부산 용두산공원의 이순신 동상, 충무공 전승기념탑, 여수시 자산공원과 국회의사당 로비의 이순신 장군상을 제작했다. 이자가 흠모하는 '맥아더 장군상' 또 안중근 의사상, 김구 선생 등 항일 인물의 인물상, 세종대왕상, 안창호상, 이상재 선생상, 심지어 황토현의 전봉준 동상도 김경승의 작품이다.

사월혁명묘지 전체를 나쁜 형상으로 압도하고, 거룩하고 순수한 사월혁명정신의 피어남을 이상야릇하게 만들어버린 이 거대한 돌벽 역시 친일파 김경승의 손을 거쳤다. 이 거추상스럽고 너러운 장벽은 묘지를 참배할 적마다 가슴을 답답하게 하고 비윗장을 거슬러 울화통이 터질 것 같았다. 해마다 불평하고 욕을 해대자, 한번은 반미작가 남정현 선생이 "저것 자세히 봐, 우리 조선 종자가 아니여." 하는 것이다. 묘지 전면을 다 가려버린 조형물의 부조(浮彫)를 보면 근육질의 남녀가 춤을 추는 건지, 준비체조를 하는 건지, 비파를 타고 피리를 불고 노는 건지 알 수가 없다. 우선 사람의 눈에 강하게 어필하는 것은 여자들의 허벅지와 젖가슴이다. 여자들의 살찐 허벅지와 풍만한 젖가슴은 신성한 혁명묘지를 참배하러 온 참배객들의 마음가짐, 추모 애도 정서와는 전혀 거리가 있는 것이다.

사월혁명묘지는 스무 살 안팎의 대학생들과 중고등학생, 사회의 최하층 밑바닥 생활로 밥을 굶주렸던 구두닦이, 넝마주이, 거리의 부랑 청소년들이 누워있는 곳이다. 심지어 수송국민학교 4학년이던 전한승 군도 여기 잠들어 있다. 눈 둘 달린 짐승, 양심을 가진 인간이라면, 이 따위 조형물 부조를 여기 이 혁명묘지에 설치할 일은 아닌 것이다. 수십 년을 지내면서 이 조형물의 반참배 정서, 부조들의 반혁명성, 반예술성, 반적합성, 친일매국도당의 의도적인 사월정신 모독 형태가 못마땅해 울화가 끓었다. 한데, 부조의 인종이 조선 종자 우리 종자가 아니라는 말에 정신이 바짝 들었다.

어찌 생김새가 이상하다. 어찌 피라미드 조형 냄새에 이집트인 같기도 하다는 생각은 좀 있었다. 그러나 설마 인종이야… 내내 부조의 부도덕성, 무주제(無主題), 산만성만 불평했었는데 다시 눈을 가다듬고 하나하나 정신을 쏟아 보았더니 참으로 벌어진 입이 다물어지지 않는 것이다. 그 조형물 부조의 상(像)은 조선인 종이 아니었다. 우리 사람 종자가 아니었다. 참으로 통탄할 일이 아닐 수 없었다. 하늘을 보고 땅을 보고… 세상에 이런 모욕이 어디 있고 세상에 이런 장난이 어디 있다는 말인가? 국적불명의 인종들이 근육질을 자랑하며 남녀가 농탕치고 체육대회를 하는 건지, 음악놀이를 하는 건지, 이 거룩한 사월혁명묘지를 낮도깨비들의 지랄장터로 만들어 놓은 것이다. 친일친미 사대매국노들의 우리민족역사, 해달민족혼을 비웃고 왜곡하고 멸시하고 파괴하고 황폐화시키는 데는 아주 장기적이고 과학적이고 현실적이고 치밀하다.

그러고 보니 대한민국의 국가 조형물이나 특히 위인 영웅들의 동상치고 어느 것 하나 제대로 된 것이 없다. 첫째는 역사성 문제고, 다음으로는 조각(동상)의 특성, 해당 인물상의 정신, 업적, 나라 민족에 끼치는 영향 등이 형상화되었는가가 문제인 것이다. 다시 말해서 그 인물상의 행적에 걸맞은 역사성이 제대로 형상화되었는가, 위인 영웅상이나 국가 조형물이 이를 바라보고 추모 기념하는 후세들에게 어떤 교훈을 주고 각오를 새롭게 하게 하는가가 문제인 것이다.

광화문 태평로의 이순신 장군상을 한번 다시 살펴보자. 도대체가 무겁기만 하다. 이순신 장군은 임진왜란 7년 동안 가장 치열했던 마지막 전투 노량해전, 그 치열했던 해전의 전함에서 전투지휘를 하다가 그 전투 현장에서 최후를 맞았다. 장군의 최후가 이러할진대, 왜 이렇게 장군의 상이 정적인가? 동적인 치열성, 하늘을 찌를 듯한 기개, 전장의 절박성, 긴박성, 도대체가 생동감이 없다. 치열한 전쟁터에서 7년을 살아온 야전사령관의 모습이 아니다. 피가 터지고 살이 찢기는 전쟁터에선 칼은 옆구리에 차고 있는 것이 아니다. 이순신 장군의 상은 덩치만 크고 힘만 센 어느 병영의 문지기 장수이다. 이미지가 그렇다. 머리는 투구에 짓눌려 고개를 제대로 들지 못하여 시선은 땅바닥을 향했다. 갑옷은 너무 둔하고 옥죄어 몸뚱이를 운신할 수 없는 감옥이 되었다. 칼은 산도둑의 몽둥이 이미지다. 두 발은 몸뚱이의 무게를 못 이겨 그렇게나 정직하게 꼼짝을 못 하고 서 있다. 예술성은 더 할 말이 없다.

이뿐이랴. 우리 사회 전반에 걸쳐 친일 토착왜구 종미 토착양키들의 장난질이 도를 넘고 있다. 외세 축출과 함께 이들 토착 왜 양키들의 응징 투쟁의 깃발을 높이 들어야 할 때이다.

2. 앉아 있는 혁명가

24. 12. 31. 정의·평화·인권을 위한 양심수후원회 소식지

세종로 광화문 네거리 태평로가 이 나라 통치권력의 심장부라면, 남대문시장에서 을지로 입구, 종로 네거리에서 안국동 가는 길은 이 나라 민중들 생활터전의 중심이라 할 수 있을 것이다. 그중에서도 종로 네거리는 그야말로 서울 장안의 한복판, 중심 중의 중심이라 할 수 있다. 여기엔 보신각이 있고 그 건너편엔 일제 때부터 이름을 날리던 화신(和信)백화점 자리(지금 종로타워)가 있다. 종로타워 서쪽(광화문 쪽) 건너엔 신신(新新)백화점이 있었는데 지금은 철거되고 없다.

옛 신신백화점 건너편 남쪽에는 종로파출소가 있었는데 지금은 그 자리에 갑오민중혁명의 지도자 전봉준 장군 동상이 앉아 있다. 보통 동상이 어디에 '서 있다'라고 해야 정상이고 자연스럽다. 그런데 '전봉준 장군 동상이 앉아 있다'라고 했다. 어딘지 부자연스

럽고 걸리는 데가 있다.

　보신각 건너 서쪽이라 하지 않고 굳이 철거된 신신백화점 건너편 남쪽이라 한 것은, 그야말로 조선 제일의 웅장하고 화려한 화신백화점을 상대로 경쟁적인 위치에 '신신'이 자리를 잡았었기 때문이다. 이 위치는 중국 상해(上海－상하이)에 있는, 동양 최초 제일 최대를 자랑하는 두 개의 경쟁적인 백화점 위치를 그대로 빼어 닮은 것이다. 화신백화점의 층수(6층)와 겉모양은 중국 상해의 것과 쌍둥이처럼 닮았다.

　또 지금은 없어진 종로파출소를 왜 들먹거렸느냐 하면, 이곳은 소설가 심훈(沈熏, 1901~1936) 선생이 술이 한잔 되면 일부러 이 파출소 앞에 찾아와 시원하게 오줌 줄기를 내뿜었던 곳이다. 왜놈 순사들을 조롱하고 주머니에서 벌금으로 동전 몇 잎을 꺼내어 던져주고 유유히 발길을 옮겼다는 것이다. 이 자리가 조선시대 죄인을 잡아 가두던 전옥서(典獄署)가 있던 곳이라 한다. 유명 역사학자의 고증을 거쳐서 이 자리에 전봉준 장군의 동상을 건립했다는 것이다.

　하필이면 전옥서 터인가. 외세에 밀려 어쩔 수가 없어서 붙잡히는 몸이 되었지만, 영웅으로 추앙받는 지금 감옥소 터에 동상을 건립할 선 ᄂ 뭔가. 조선천지가 그의 혁명 무대이고 장군이 사랑하던 그의 조국땅이 아니던가.

　고명한 역사학자님들의 고증인데 그것까진 또 그렇다고 치자. 그런데도 도저히 이해할 수 없는 것이 있다. 아무리 생각을 해도 납득이 가지 않는 것이 있다. 동서양 어느 나라 어느 역사 유적지에 앉아 있는 혁명가 동상을 존치한 곳이 있다는 말인가. 대변혁

천지개벽의 불길이 훨훨 타오르고 가슴에 붉은 피가 펄펄 끓는데 어디 할 짓이 없어서 다리를 접고 편안하게 앉아 있다는 말인가. 세상에 이런 혁명가 상(像)이 어디 또 있다는 말인가. 그것도 또 고매하신 역사학자님들 말씀이니까 또 한 번 더 눌러 참고 동상 앞에 다시 한번 서 보자.

전봉준 장군, 전 녹두가 생포된 곳은 깊은 산중 순창 땅 피로리였다. 옛 수하의 집을 찾아 재기(再起)를 기약하며 산세가 깊은 피로리에 몸을 숨겼다. 그날 밤 피곤한 몸이 깊은 잠에 잠겼을 때, 장군의 목에 걸린 현상금에 눈이 어두운 변절 배신자에 의해 다리뼈가 부러지는 부상을 입었다. 옛 부하 김경천(金敬天)이 내려친 몽둥이에 의해 움직일 수 없는 치명상을 입은 것이다.

동학혁명군의 승승장구에도 불구하고 마지막까지 버티던 나주목사(羅州牧使)와 담판을 위해, 나주읍성 동헌(東軒) 담장을 비호처럼 날아 넘던 기백과 담력, 날쌘 체력을 가진 장군이었다. 패장(敗將)이 되어 먼 길을 퇴각하는 피곤이 겹쳐, 동지를 믿는 마음에 깊이 잠이 들었던지라 장군으로서도 어쩔 수가 없었을 것이다.

천하영웅 전 녹두가 다리 부러진 호랑이 신세가 되어 들것에 태워진 채 서울로 압송되었다. 장군의 눈에선 원한의 불길이 섬광처럼 타올랐다. 올무에 걸린 산짐승처럼 몸부림치며 장군은 피를 토하는 포효(咆哮)를 뿜어냈을 것이다. 압송되는 천리 한양길, 장군은 자신이 태어난 나라 황톳길과 푸른 하늘에 천추의 한을 뿌렸다.

종로 네거리에 앉아 있는 녹두장군 전봉준 상(像)은 가짜이고 허구이고 엉터리다. 갑오혁명군 대장 전봉준 장군은 애국단심 민중사랑으로 무장을 하고, 건곤일척 봉기군(蜂起軍)을 창의(倡義)한 이후 단 한 번도 이렇게 편안하게 두 다리를 접고 앉아 본 적이 없다. 세상을 뒤집어엎겠다고 대창을 깎아 들고 일떠선 이후 단 한 번도 이렇게 눈 시선을 땅바닥을 향해 내리깔고 앉아서 쉬어본 적이 없다.

전봉준 장군을 제대로 진실되게 표현(造形)하려면 배신자 몽둥이에 뼈가 부러진 다리 모양을 그대로 조형을 했어야 한다. 장군이 일어서지 못하고 앉아 있는 이유 까닭을 정확하게 조형했어야 하는 것이다. 장군은 다리가 부러져서 걷지 못했기 때문에 들것에 태워져 압송되었다. 그를 편히 모시기 위해 들것에 앉혀 온 것이 아니다.

장군의 압송 사진 한 장이 전한다. 오른쪽 무릎을 무엇으로 두껍고 크게 덧씌운 모양이 보인다. 장군은 그 무릎을 바깥쪽으로 접어 정강이께 다리 중간을 손으로 우더 잡고 있다. 왼쪽 다리는 정상적으로 양반다리(책상다리)를 했다. 정상인의 다리 모양, 앉은 자세가 아니다. 정상인이 이런 자세로 앉았다간 불편해서 얼마 앉아 있을 수가 없다. 다리가 바깥 직각으로 굽어진 것을 보면 정상석인 사세가 아니다. 상처를 무엇으로 크게 덧씌운 무릎에 치명상을 입은 것 같다. 다리를 직각으로 구부려 한 손으로 붙잡고 있는 것이다. 정상인도 이런 자세로는 얼마 버티지 못하는데, 다친 다리의 통증과 제어를 위해선 손으로 붙잡지 않을 수가 없었을 것이다. 들것이 비좁아서 그대로 그냥 두면 힘을 쓸 수 없는 다리목이 들것 밖에 매달려 덜렁거릴 것이고, 그 통증을 견딜 수가 없었을 것이다. 왼팔은 뒤쪽으로 돌려 짚어 몸의 균형을 유지하고 있는 모양새인 것이다.

앉혀 놓은 동상을 보고 생각 있는 이들은 말한다. 시골 사랑방 늙은이가 툇마루에 앉아 뒷마당에 가래침을 뱉기 위해 고개를 돌려 시선을 땅바닥으로 향하는 꼴이라고….

아니다. 전 장군의 눈빛은 언제고 형형한 섬광이 번득거렸다. 그렇게 죽은 눈동자가 아니었다. 자세는 앉거나 서거나 바르고 당당했다. 꼿꼿하고 감히 범접하기 어려운 서릿발 같은 위엄이 있었다. 상대를 꿰뚫는 듯한 눈빛과 훤칠한 이마, 준수하고 청아한 장군의 얼굴 형상은 세상이 다 아는 바다. 그가 깎아 든 청죽 대창처럼, 꼿꼿하고 기상 넘치는 바른 자세는 오척단구(五尺短軀)의 강철 체질을 더욱 빛나게 했다.

펄펄 뛰고 훨훨 날았던 전봉준 장군, 그의 고함소리 한마디에 10만 대군이 몰려들었다. 호응을 하고 갈채를 보내고 만세를 불렀다. 붉은 흙 황토현, 산고개가 온통 조선옷 꽃이 피고, 앉으면 대창산 죽산(竹山)이 되고, 서면 조선옷 핫퉁이 백산(白山)이 되었다.

오천 년 래 처음 나타난 민중의 장군, 헐벗고 밥을 굶주리는 농사꾼, 유랑걸식하는 맨 밑바닥 천민, 대장장이, 푸줏간 백정, 사람대접 못 받는 종살이 후손들 모두 다 쓰레기만도 못하고 검불 같은 이 땅의 생명들이 따르던 장군이었다. 전체 조선 인민이 우러르는 혁명 지도자, 민중의 파랑새였다.

제대로 된 민중사랑, 인민의식, 사회사상, 학자적 양심도 없는 것들이 기득권 세력이 되고, 사회 유명인사가 되어 나라얼, 넋,

역사정의를 다 망친다. 기본적으로 '사람'이 되어 보편타당한 양심을 가진 사회인이 되어야 한다. 졸장부적이고 자기 개인중심적이고 봉건적인 사고나 생활방식에 갇힌 지식인이나 소시민들이 세상을 망친다. 역사발전에 별 도움이 안 된다.

철저하지 못한 나라사랑, 인민사랑은, 자칫 제국주의자들이나 식민종주국의 정보정치, 정보공작에 포섭되거나 휩쓸려 민족정기를 망치고 인민사회를 혼란에 빠뜨리는 민족범죄 반사회 반인민 범죄를 저지를 수 있다. 갑오민중혁명의 기수 전봉준 장군 동상을 일으켜 세워야 한다. 칙칙하고 폐쇄적인 봉건 전옥서 감옥으로부터 해방의 만세를 부르게 해야 한다. 척양척왜(斥洋斥倭), 반외세의 화신(化身), 우리 인민의 파랑새 전 녹두의 혁명혼이 다시 불타올라야 한다.

전봉준 장군은 봉건 임금 따위가 임명장을 준 장군이 아니다. 민중 스스로가 떠받들고 우러러 추앙한 유일무이한 우리 인민 전체의 장군이다.

3. 천하 괴물, 서울시청 건물과 서울역 청사

25. 2. 28. 정의·평화·인권을 위한 양심수후원회 소식지

어느 나라의 수도이건 그 도시 청사, 시청 건물과 그 도시의 관문 구실을 하는 역청사(驛廳舍)는 그 나라 수도의 품격과 전통을 상징하는 건축물이다. 서울역 건물은 사적 제284호로 지정이 되어 건물 내력이 잘 알려져 있으나, 서울시청 건물 내력에 대해서

는 비교적 잘 알려지지 않은 편이다. 서울역 건물은 1925년 9월에 준공되었다고 한다. 일본인 스까모또 야스시가 설계를 했고, 18세기 서양에서 유행했던 식민지적 절충양식 건물이라고 한다. 궁전이나 교회 건축의 여러 요소가 종합되었다고도 한다. 전체적으로 르네상스식 건축물에 비잔틴풍의 돔을 지붕에 얹은 화강석과 벽돌을 쌓은 건물이다.

서울역 건물을 볼 적마다 초라한 식민지 조선의 모습이 떠오른다. 겨우 2층 빨간 벽돌집에 시계탑 하나를 올려놓은 자그마한 건물이다. 옹색하고 비좁고 규모가 너무 작은 건축물이다. 원래 양옆에 부속 건물이 없을 때 처음 일제가 식민지 수도 경성역(京城驛) 또는 남대문역(南大門驛)으로 불릴 때에도 도저히 웅장하다고는 볼 수 없는 몸집이었다. 일국 수도의 위엄과 전통을 상징 대표하기엔 어딘지 허전하고 궁색한 모습이었다.

더구나 5백 년 도읍지 만호장안(萬戶長安)의 첫 관문이라기엔 너무 허술하고 마음에 차지 않은 서울역 건물이었다. 더구나 바로 위쪽에 한양성(漢陽城) 조선 기와집 2층 누각이 숭례문(崇禮門)이란 이름으로 어깨를 벌리고 서 있는데 말이다. 지금은 역 광장 건너 건물들이 받쳐주고라도 있지만 50~60년대만 해도 소나무가 푸른 남산 언덕바지가 그대로 길 건너에 서 있는 판이어서 서울역 청사는 더욱 초라하고 규모가 너무 작았다.

남부 서부 본역사(本驛舍) 뒤편에 민자역사(民資驛舍)가 추가된 현재의 서울역 전체의 모습은, 산만하고 엉성하기 이를 데 없는 가건물 형상이다. 5천 년 역사, 민족의 수도 서울의 관문, 5백 년 도성의 전통과 한양성의 위엄을 대표하기엔 너무나도 품위가 없다. 대한민국 서울의 첫인상은 규모 있지도, 웅장하지도, 동양의 고도(古都)다운 차분한 정겨움도, 흰 두루마기에 갓 쓰고 장죽을 문 조선 사내의 모습도, 아무런 특색도 기질도 정서도 보여주지 않는다. 거칠고 파고 높은 서구식 복식(服飾) 문화, 폭력적 패션 공격에도 끈질기게 저항하고, 그 아름다움과 우아함을 자랑하는 조선 여인네의 조선옷, 그 정숙함과 정절(貞節)의 특성도 보여주지 않는다.

왜 철거하지 않고, 부숴 내버리지 않고, 옛 식민지 치욕의 추억을 그렇게 두고 즐기는 것일까! 후손들에게 보여주고 외국인들에게 자랑이라도 하려는 의도인 것인가?

서울의 흉물 아니 대한민국의 흉물, 서울시청 건물을 한 번 더 다시 보자. 정말이지 눈 뜨고 다시 보아주기가 너무 싫고 괴롭고 괴롭다. 세상에 저런 건축물이 어느 나라 수도 복판에 저렇게나 흉물스러운 모습으로 서 있다는 말인가? 저런 건축물이 어떻게 해서 대한민국 수도 서울 한복판에 저렇게 흉악스러운 몰골로 서울 장안을 내려다보고 있을 수 있다는 말인가!

일천만이 넘는 서울시민들은 자존심도 없다는 말인가? 저런 건축물을 하루이틀도 아니고, 날이면 날마다 출퇴근 시간에 보고, 시장에 가면서 보고, 산책길에 보고, 시청에 민원 있어서 보고, 그렇게들 무감각하게 보고 있다는 말인가. 언제부터 우리 서울시민들이 이렇게 미감각(美感覺)이 무감각이 되고 흉측함과 아름다움을 전혀 식별할 수 없게 되어 버린 것일까.

나(我)를 모르고 주체성도 독립정신도 다 잃어버린, 우리를 모르고, 내 것과 우리 것의 아름다움을 잊어버린 서울시민이 되었을까. 일제 36년 미제 80년 하, 긴 세월에 토착왜구 토착양키들에 물들어 사람 특성 우리 특성을 다 잃어버린 것일까. 슬프고 원통한 일이다.

　흉측스러운 괴물의 모습을 웅장미(雄壯美)로 착각하는 것일까. 그것도 아닐 것이다. 일백 층 이상의 마천루가 잠실벌에 솟아오른 지가 벌써 언제이던가. 20층 높이도 제대로 안 되는 저런 흉물을 보고 웅장미를 느끼고 있을 리가 없는 것이다. 저것은 어떤 동물의 머리통도 아니다. 넓은 새 부리일까?

　바윗덩어리 형상도 아니다. 넓적다리도 엉덩짝도 어깨부들기도 구부린 무르팍도 발바닥도 아니다. 도대체가 알 수가 없다. 요령부득이다. 수수께끼다. 괴물, 귀신을 형상화한 것일까. 저 건물을 지을 당시의 시청 우두머리의 마음, 정신상태, 그의 어떤 이상(理想)의 표현일 가능성이 많다. 그의 어떤 비뚤어진 정서의 형상화일 수도 있을 것이다. 이명박 서울시장의 정서, 정치, 이상이 청계천의 자연, 숨, 쉼을 하얀 시멘트로 칠갑을 하여 자연을 질식시켰듯이, 괴물 건축의 서울시장 제 생각, 흉측하고 탐욕스런 제 어떤 정신의 이상을 조형했을 것이다.

　최면에 걸린 대서울시민, 저런 괴상망측하고 흉악스러운 형상을, 서울시민의 위상 자랑스런 서울인을 상징하는 건물이라고 인정해 주고 아침저녁으로 보아주고 살아간다는 말인가. 시청 이웃에 있는 우리의 옛 조선 기와집 덕수궁에 누(累)가 된다. 균형의 황폐화, 조화의 부조화, 조선 기와집의 고아한 분위기, 수키와 지붕의 장대한 질서, 막새의 위용, 용마루의 무게와 위풍당당, 처마곡선의 거칠 것 없는 기상에 먹칠을 하고 패악을 끼친다.

그리고 또 식민지 냄새가 펄펄 풍기는 일제가 지은 4층 돌집은 또 어인 철 지난 땟국 낀 누더기 겨울옷인가. 자주독립 봄이 돌아와 화사한 민주의 봄꽃이 활짝 피었는데, 이 치욕의 식민지 건축물은 무슨 보물처럼 이렇게 잘도 모셔 놓았는가? 거대 돌집이 귀해서인가, 문화적 가치가 있다는 말인가?

크기로 따지면 옛 조선총독부 청사(중앙청)가 거대하기 이를 데 없는 몸집이었고, 조형미로 보나 문화사적 가치로 보아도 옛 총독부 건물이 훨씬 뛰어나고 값진 것이었다. 그러나 겨레의 자존심, 민족의 긍지, 부끄러운 역사 청산을 위해 거족적 합의와 대환영, 전체 조선민중과 서울시민의 환성(歡聲) 속에 속 시원하게 폭파되고 말았다.

진정 보전해야 할 우리 것, 민족정기 겨레 얼·넋이 스민 값진 보물들은 다 스러져가고 허물어져 가는데, 하물며 식민지 억압 착취, 민족 학살, 단군 해달 민족의 언어 말글을 없애고, 이에 조선 나라를 지구상에서 말살하려던 일제 통치 기념물을 그렇게 알뜰하게 보존할까? 뚝스럽고 우악스럽게만 보이는 건물, 독특한 건축미나 역사 문화적 가치가 우리 민족에 유익하고, 우리 역사를 빛나게 하는 것도 아닌데, 서울 한복판에 신주 모시듯 세워둘 필요는 없는 것이다. 우리 것은 모두가 어설프고 초라하고 후진적이고 못생긴 것으로만 보이는 것이 토착왜구 토착양키들의 눈이다. 왜구문화 양키문화가 우리 것을 다 강점하고, 토착왜구 토착양키들이 이 땅의 기득권 세력이 되고 그들에 의해 지배되는 세상이 되었다.

잘 찾아보면 왜구 문화도 양키 문화도 좋은 것이 있을 것이다.

그러나 본을 보아도 꼭 몹쓸 것만 보고 받아온다. 왜구 문화도 단정하고 산뜻하고 화사한 아름다움이 있다. 또 직선적이고 사람을 키우는 인물 존중의 좋은 문화가 있다. 지금 일본이 자랑하는 도쿄도(東京都) 시청사를 가 보아라. 땅을 절약하여 고층으로 지어 옥상 부분을 완전 관광명소화하여 경제 문화적으로 활용을 하고 있다. 인근에 있는 일본 국회의사당과 연계하여 아주 모범적으로 잘 운영하고 있는 것이다. 이런 쓸만한 점은 눈여겨보지 않고, 옹졸한 섬나라 근성이나 군사침략 제국주의 폐습 문화에 종속하려 드는 졸개들만의 문화가 판을 치는 것이다.

나를 모르고 나를 찾지 못하며 나를 세우지 못한 민족은 망한다. 허리가 부러진 몸뚱이는 불구자이다. 정상인이 아니다. 그것도 선천적이 아니고 양키 미제의 남녘땅 강점으로 허리 병신이 되었다. 강도 아메리카 서부 총잡이 깡패집단의 무력이 80년 동안 우리를 상대로 압제분열, 종속통치 장난을 일삼고 있는 것이다.

일천만 대서울시민은 일떠서야 한다. 저런 더럽고 흉물스러운 괴물 형상으로 대표되고 상징되는 양키 지배하의 서울 이미지를 때려 부수고, 거룩한 우리 조선의 모습과 정서를 형상화한 참다운 해달 민족의 문화혼을 살려내야 한다. 어디 함부로 저런 악마 근성을 속에 품고 음흉하게 웅크린 아메리카 독수리 형상을 우리겨레의 머릿저자 서울 한복판에 세워두고 본다는 말인가!

4장
원로와 헌법재판소

1. 정치, 사회계의 원로라는 사람들

25. 3. 31. 정의·평화·인권을 위한 양심수후원회 소식지

정치계의 원로라면, 전직 대통령을 비롯해서 국회의장 국무총리 등을 지낸 사람들을 가리킨다. 정당 대표를 했거나 국회의원을 5선 6선 7선을 한 사람들도 이에 해당한다. 청와대 비서를 했거나 대통령의 고위직 보좌관들, 나이 많은 전직 고관들도 이에 포함된다. 문제는 신문기자나 TV방송국 PD들의 눈에 잘 띄어 그들이 보도를 잘 해주고, 신문이나 TV에 이름이 자주 오르내리고 얼굴이 자주 나타나는 사람이라야 이른바 '원로' 그룹에 속힌다.

보통 사회계의 원로라면 대학교수 출신이나 종교계의 나이든 지도자, 저술, 저작, 문필 활동을 오래 했거나 언론계 은퇴자, 예술계, 기타 사회 각 분야의 전문가, 권위자 등 업적을 쌓은 유명 인사들을 말한다. 재야, 민주화 운동가, 양심범 출신, 노동운동, 인권운동, 빈민운동, 환경운동가 출신들도 이에 속한다.

우선 원로라면 나이가 좀 들어야 한다. 물론 이에 따른 해당 분야의 업적과 공로를 사회가 인정하고, 많은 사람들이 존경하고 흠모하는 지경에 이르러야 한다. 우리 사회는 어른을 존경하고 덕망과 인격을 갖춘 인물을 받들고 숭상하는 유도(儒道) 사상이 수백 년 동안 나라의 국시(國是)가 될 만큼 전 사회를 지배했음에도 불구하고, '원로'라는 사람들에 대해 별로 존경과 신뢰를 보내지 않는 편이다. 이런 경향은 원로그룹, 원로라는 사람들이 제대로 원로 노릇을 하지 않았기 때문인 것이다.

이번 윤석열의 치졸하고도 미치광이 무당 푸닥거리 놀음인 12·3계엄사태 탄핵정국에서 보여준 원로그룹, 원로라는 사람들의 행동거지에서도 그것은 여실히 증명되고도 남음이 있었다. 원래가 그랬듯이 이들 원로그룹, 원로라는 사람들의 행동거지는 보이지 않는 손에 의해 움직이는 명백한 반동행위였다. 원로그룹, 원로라는 사람들은 언제나 자칭 '원로'라는 가면을 쓰고, 사회정의, 민주주의, 휴머니즘, 자유진리, 평화애국을 상습적으로 내세우며 그럴듯한 사이비 이론으로 밀정(사쿠라) 노릇을 하거나 운동 투쟁노선을 헷갈리게 장애를 놓는다. 긴장된 투쟁현장의 열기에 찬물을 끼얹거나 김을 뺀다.

단일대오에 훼방을 놓아 전선을 약화 분열시키는데 언제나 항상 이들 원로그룹, 원로들이 있다. 특히 박정희 이후 정보정치가 발달, 치밀화, 지능화되면서 이런 수법이 보이지 않는 손에 의해서 조종되거나 그런 그룹, 그런 사람들 스스로가 사전 지령 훈련된 대로 생태적 습관적으로 반동 행동거지로 반응하기도 한다.

이번 탄핵사태 정국에서 볼 수 있었던 개헌논의를 한번 보자.

국제적으로 큰 변화를 예고하는 트럼프의 재선 등장, 우크라이나 전쟁과 중동사태는 매우 급박한 국제정세였다. 국제정세는 그렇다 치더라도 윤석열 일당의 1950년대식 곰팡내 풍기는 시국관과 철딱서니 없는 중학생식 정치 안목으로 인한 우리 내부의 정치 사회현상은 실로 위험천만한 데가 있었다. 뿐만 아니라 일반 인민들의 먹고사는 문제가 걸린 물가고와 내수부족, 수출부진으로 인한 생활경제가 파탄지경에 이르러 IMF보다 더한 경제불황은 시급하기 이를 데 없는 사회현안이었다. 한시가 급하게 해결해야 할 화급한 국가 현안이 산더미처럼 쌓여가고 있었다. 실로 피가 마르는 위기의 순간이었고 그야말로 크나큰 국난극복의 123일간이었다.

이런 절체절명의 위기의 순간에, 어서 한시바삐 내란수괴 윤석열을 끌어내리고 나라를 정상화해야 함에도 불구하고 윤석열 탄핵은 아예 말 한마디 입도 뻥긋하지 않던 원로그룹, 원로라는 자들이 생뚱맞게도 엉뚱한 개헌논의를 들고 나온 것이다. 자다가 봉창 뚫는 소리가 아닐 수 없었다. 탄핵대오에 장애를 놓고, 반민주 반민족 반통일도당, 친일친미 토착왜구 토착양키 세력의 반동 행동거지를 부추기고 윤석열 일당의 무당 푸닥거리 판을 다시 살려내자는 음흉한 음모가 아닐 수 없었다. 나라의 상래를 위하고 이른바 87년 체제의 모순을 바로잡는다는 감언이설을 내세워, 사회정의를 옹호하고 나라를 위하는 애국자인 척, 일반민중의 시선을 엉뚱한 데로 돌리고, 친일친미 사대매국 윤석열 역도를 살려내려는 고도의 공작 행동거지인 것이다.

이런 공작 차원의 행동거지는 국가지원금을 받는 여러 민주화운동단체들에서도 볼 수 있다. 박정희 파쇼 정부를 비롯한 역대 친일친미 반민족 반민주 반통일 정부와 배가 맞아 돈을 얻어먹고, 어용단체가 된 4·19 관련 단체들이 그 첫손가락에 꼽힌다. 가짜와 변절자들이 사월사자(四月獅子)들의 피를 팔아 옛 이기붕의 집을 점령하고 숭고한 사월혁명 정신을 욕되이 모독하고 있는 것이다.

이제 자유당 때 '원로들'은 거의 다 저세상으로 갔다. '4·19 원로들'을 빼면 6·3과 유신긴급조치세대, 5·18과 6·29세대가 있다. 386들도 요즘 높은 벼슬 했다고 원로연 하는 사람도 있다는 것이다. '원로'라는 말이 아깝다. 좌우지간에 때를 잘 타고 나서 운동의 계절, 거리 뜀뛰기 몇 번 하고, 최루탄 몇 방 먹고 운이 좋아서 김대중 대통령 시절, 노무현 정부 시절, 또 문재인 정부에서 높은 감투를 쓴 사람들이 많다.

원체 인물이 안 나는 땅이어서 그런진 몰라도, 남녘에서 높은 벼슬 했다는 사람치고 사람다운 사람, 제정신을 바로 가진 사람, 인격과 덕망을 갖춘 사람을 찾아볼 수가 없다. 대통령이니 총리니 국회의장이니, 당대표, 뭐 대통령비서실장, 중앙정보부장 이렇게 높은 벼슬쟁이치고 쓸만한 사람 찾기가 어렵고, 나라가 어려울 때 국민들이 불안에 떨고 국제적으로 국격이 땅에 떨어지고 경제가 어려워 한 치 앞을 가늠하기 어려울 때, 나라의 중심을 잡고 국민들을 위무하고, 일국의 지도자답게 나라 나아갈 길을 밝히는 그런 인물을 찾아볼 수가 없다.

재야, 민주화운동, 통일투쟁세력이 피땀을 흘려 친일친미 사대매국 반민족 반통일 권력 집단을 때려 부수고 정권을 빼앗아 놓으면, 사이비 정치집단의 소유물이 된다. 4·19 혁명 이후 65년 동안 계속된 남녘 정치현실이었다. 그리하여 민족분열 국토분단 상태의 조선반도 역사 현실은 한 발자국도 앞으로 나아가지 못하고, 일백 년을 헤아리는 80년 동안 그대로 멈춰 있는 상태 그대로인 것이다.

일제 36년, 미제 80년, 116년 동안 외세지배의 식민지 생활을 소위 원로그룹, 원로라는 자들은 잘 모르고 있다는 말인가. 참으로 가소롭고 가증스런 원로그룹의 얼굴들이다. 너무나 뻔뻔하고 반역 반동적인 면면들이다. 사회적 신분 상승의 자리에서 일생을 잘 먹고 잘 살아온 양심팔이 쓰레기 인간 폐물들이다.

남녘 정치 사회의 원로그룹 원로연 하는 자들에게 경고한다! 역사의 지상명령은 분단극복, 외세가 갈라놓은 조국을 하나로 만드는 통일이다. 쉽게 말해서, 1945년 전후 처리를 위해 미국과 쏘련이 조선반도에 군대를 진입시킴으로서 나라가 두 쪽이 되었다. 그후 쏘련 군대는 물러갔으나, 미국 군대는 80년이 지난 오늘도, 조선반도 남녘 용산땅에 그대로 강점을 계속하고 있는 것이다. 문제는 지극히 간단하다. 미국 군대가 조선땅 남녘에서 물러가면 되는 것이다. 여러 이유는 다 거짓이다. 외세에 의해 막힌 둑인 38선은 외세가 물러가고 우리 손으로 디비리면 되는 것이다.

이렇게 간단한 문제를 미국은 그들의 세계패권을 위해 막강한 무력을 앞세워 우리 땅 용산에서의 철수를 거부하고 있는 것이다. 힘에 의한 강제점령이다. 미국은 이를 위한 고도의 지능적인 정보공작을 정치, 경제, 사회, 문화, 종교 할 것 없이 남녘사회 전 분야에 걸쳐 어디 한 곳 빼놓지 않고 치밀하고도 맹렬하게 시행 조작한다. 이번 윤석열 일당의 매국적 계엄 무당 푸닥거리 전 과정에 걸쳐, 보이지 않는 손의 조종 공작의 그림자를 실증적으로 알아볼 수 있었다.

남녘의 현실은 지금 궁지에 몰린 친일친미 사대매국세력의 최후 발악으로, 토착왜구 토착양키, 전체 선거권자의 32% 정도가 반공이데올로기 정신병에 걸려 날뛰는 세상이 되었다. 자기의견에 반대하는 사람은 무조건 빨갱이로 몰아부치는 미치광이들이 안하무인격으로 설쳐대는 판이다. 이에 대해선 지체 높고 지성적이고 돈도 많고 훌륭하옵신 원로그룹, 원로분들께서는 입을 꼭 다물고 한마디도 입을 뻥긋 안 하시는 이유를 알 수가 없는 것이다.

이왕 말을 시작했으니 한마디 더 경고할 데가 있다. 이른바 우리 사회의 최고 식자층으로 구성된 '중립화' 운동 그룹이다. 지금 무슨 65년 전(4·19공간) 테제도 아닌데 중립화인가? 조국이 하나 되는 일, 통일도 우선 급한데 무슨 중립화? 뺑뺑 돌아가는 길을 멀고도 멀게 간다는 말인가? 용산의 미국 군대가 피눈을 세우고 국군통수권도 거머쥐고 있는데, 한국인에게 꽃방석을 깔아주는 중립화에 찬성을 할 것인가? 잠꼬대 그만하고 괜스레 속임질 놀음 장난 그만두었으면 하는 것이다.

남녘에서 밥 먹고 똥 싸고 사는 조선 민중들, 생각 있는 바닥 사람들은, 토착왜구 토착양키가 32%나 되고 ※자본제국의 보이지 않는 손이 우리 전 사회를 조종 지배하는 시대를 맞이하여, 정신 바짝 차리고 눈 크게 뜨고 살아야 한다. 눈 감으면 코 베어가는 세상인 것이다.

2. 민중 정서와 법(法) 집행 현실

25. 4. 30. 정의·평화·인권을 위한 양심수후원회 소식지

헌법은 나라 운영의 여러 잡다한 법률의 근간이고 모태이다. 대한민국은 입헌 민주공화국이고 대의(代議)민주주의 체제이다. 따라서 국민 총선거에 의해 뽑힌 국회의원들로 원(院)이 구성되어 있고 국회가 운영 중이다.

지난해 12월 3일 느닷없는 계엄령으로 인해, 새삼 대한민국 국민들은 국회를 주목하게 되었고, 국회의 역할과 그 중요성을 실감할 수 있었다. 원을 구성하고 상정된 의안(議案)을 처리하는데, 법률이 정한 정족수(定足數), 국회의원 한 사람의 의석이, 그 또한 얼마나 중요한지를 정말로 실증적으로 실감하지 않을 수 없었다.

나라의 운명이 경각을 다투는 판에 국회의원 한 사람의 의석, 상정된 의안의 가부가 결정되는, 단 한 자리의 정족수를 채우기 위해, 얼마나 애가 타고, 피가 마르는 기다림이고 바라고 바라는 소원이었던가. 우리는 천만다행으로 아슬아슬하게 위험천만한 위기에서 벗어나, 헌법의 권위를 되찾고, 선거권자들의 지지에 의해 선출된 국회의원들이 세자리에서 입법활동을 하게 되었다. 진일 친미 사대매국 윤석열 일당의 의도대로, 국회가 해산되고 나라 전체가 계엄상태에 놓였더라면? 생각만 해도 몸에 닭살이 돋고 피가 거꾸로 서는 것이다.

저질적이고 철딱서니 없는 맹목적 반공주의, 미일 침략 자본주의자들의 전쟁책동을 조건 없이 옹호 추종하는, 윤석열 일당의 계

엄 푸닥거리의 최종 목적지는 조선반도에서의 전쟁 도발이었다. 나라야 망하건 말건, 남북 조선민족이야 죽건 말건 제 몸 하나 잘 먹고 잘 살고, 제 놈들 일당만 영달을 누리면 되는 것이다. 제 놈들이 숭앙하는 종주국인 미일, 정신적 조국인 미일(米日)의 이익에 충성을 다하면 되는 것이다.

이런 위험천만한 음모가 비상계엄령이라는 가면을 쓰고, 지난해 12월 3일 밤중에 홍두깨격으로 우리의 잠자리를 엄습했다. 황당무계하고 한갓 어처구니없기도 했지만 엄연한 현실이었다. 합법을 가장하여 고성능 개인화기로 중무장한 수도방위 국토수호의 특수부대들이 공화정(共和政) 의회(代議) 민주주의의 심장부인 여의도 국회의사당을 야습, 불법 점령을 시도한 것이다. 이런 야만과 불법의 극치를 보여주는 군사폭력, 무력쿠데타가 2025년(21세기) GDP 3만 6천 달러의 선진사회에서 도대체가 가당키나 한 일인가.

아무리 생각을 하고 백 가지로 따져 보아도 도무지 이해가 되지 않고 받아들일 수가 없는 것이다. 사람이 오래 살다 보니 너무 해괴하고 억장이 무너지는 일을 다 당하는지 모른다. 지나놓고 보니 그렇지, 어떻게 그 기나긴 암흑, 123일간의 기나긴 질곡을 견디어냈는가. 아슬아슬하고 참으로 새삼스러워 가슴을 쓸어내리지 않을 수가 없다.

그중에서도, 헌법재판소에 계류 중인 대통령 윤석열에 대한 탄핵재판(認容) 기간은 혀끝이 바작바작 타들어 가는 희망 고문, 사람 각자에 따라 바라는 바 기대 고문, 피를 말리는 정신 쓰기, 고통의 강을 건너는 기간이었다. 너무 힘들고 사람들 인내력의 한계를 시험하는 것 같았다. 한덕수는 웬 심술로 헌법재판관 한 명을 임명하지 않고 대행 처지에 그렇게나 국민들의 마음을 상하게 했을까. 국격이 천길만길 나락으로 떨어지고 민생경제는 먹거리 물가 폭등으로 모두가 못 살겠다고 아우성이었다. 백악관으로 되돌아온 트럼프의 경제수탈 야욕은 우리 경제를 한입에 삼킬 듯이 무섭게 발광을 하고 있었다.

헌법재판소는 한시가 급하게 윤석열 탄핵을 인용해야 했다. 이것은 시대의 명령이고 헌법의 사명이고 역사가 가는 정의의 길이었다. 민중정서의 방향이고 흐름이고 또한 희원이고 소망이었다. 사람 위에 법이 있는 것이 아니고 법 위에 사람이 있다. 사람의 삶, 그것도 원활한 삶을 위해 법(法)이 있는 것이다. 민중정서에 따르고 민중정서에 합당해야 사람, 삶, 그것도 원활한 인간의 삶을 위한 法, 참다운 법 집행이 되는 것이다. 사람이 없으면 법이 없다. 사람이 없는데 법이 무슨 필요가 있으며, 인간의 삶이 없는데 무슨 법 집행이 있겠는가. 민중은 국가의 상위이며 민중이 있어야 국가도 있다. 법은 국가 경영의 필요 요소이고 민중은 국가 형성의 절대조건이다. 그러므로 법은 민중의 삶을 위한 국가 종속 개념의 편의를 위한 이용물이다.

민중 정서에 반하는 법은 잘못된 것이다. 민중 생활에 장애가 되는 법 집행은 순리에 맞지 않는 행위다. 생활의 반작용, 원활한 인간 삶에 장애이고 반동이다. 헌법재판소의 대통령 탄핵 인용(재판)은 반민중 정서이고, 보편적인 상식논리에도 맞지 않는다. 한 나라 대통령의 탄핵(공석, 처벌)은 나라 최중대사에 속한다. 봉건 왕조 때엔 통치자의 공석은 곧 국가 존망의 최중대사였다. 공화정

시대의 오늘날에서도 대통령은 주권의 상징인 국군통수권을 거머쥐고 있다.

국민 총선거에 의해서 선출된 국회의원 3백 석 중 200석 이상의 찬성을 얻어야 대통령 탄핵이 가능하다. 절대다수의 투표권자에 의해 위임받은 국회의원의 의무와 권한은 국군통수권을 가진 나라의 최고 직위자의 권한 정지, 파면까지도 가능한 것이다. 모든 권한은 국민으로부터 나온다는 민주주의의 대원칙에 의한 것이다. 한데, 대한민국의 국가 운영 헌법에는 이 고유권한을 무시하고, 국회 위에 헌법재판이란 것이 있어서, 국회에서 가결된 대통령 탄핵을 다시 심의(재판) 인용 여부를 결정, 판결을 해야 하는 것이다.

배꼽이 웃을 일이다. 국민으로부터 권한을 위임받아 법에 정한 절차에 따라 국회의원 204명의 찬성에 의해 가결된 대통령의 탄핵을 다시 심의 판결을 한다고? 세상에 이런 일이 어디 있다는 말인가?

국가 운영에 필요한 모든 법률을 입안 제정하고, 크고 작은 나라의 대소사(大小事)를 심의 처리하는 국가 회의, 그런 의무와 권한을 국민으로부터 투표에 의해 위임받은 객체가 국회의원이다. 국회의원은 면책특권을 부여받은 객체 객체가 입법기관이고, 그와 같은 막강한 권한을 가진 국민의 대변자이고, 나라의 주권을 위임받은 공인(公人)의 상징이고 신뢰의 대상인 것이다.

그런 공인 객체 삼백여 명이 원을 구성하고, 법률에 따른 절차에 의해 소집되고 개원된 회의에서 적법하게 가결된 안건에 대해서 헌법재판에서 재심판결을 한다? 국민으로부터 권한을 위임받아 국가 중대사를 심의 처리하기 위한 원(院)을 열어, 법률이 정한 의원 정족수를 채우고 적법한 절차에 의해 의안 가결 정족수를 정확하게 지켜서 처리한 대통령 윤석열 탄핵안의 가결이었다. 대통령 직위의 중요성은 1분 1초도 비워놓을 수 없는 자리이다. 여타의 다른 고위공직자의 자리와는 다르다. 대통령의 탄핵은 여타의 공직처럼 헌법재판소니 뭐니 하는 따위의 기관이 손을 대고 이러고저러고 할 성질의 것이 아니다.

대통령 업무정지(탄핵)로 인해 국가가 입은 손실, 전체 국민이 당하는 고통은 이루 말로 다 헤아릴 수가 없다. 대통령들의 저질 인격, 함량 미달에 따른 국격의 추락은, 투표권자인 국민들로 하여금 후진국 콤플렉스, 잘못 선출했다는 자괴감과 실망감으로 인한 고통과 고뇌에 시달리게 한다.

우리는 근래에 두 명의 대통령을 탄핵으로 파면시켰다. 그러는 동안 우리 민중이 겪은 고뇌와 고통, 사회의 분열과 혼란, 국가 경제의 몰락, 국격 추락은 나라 전체에 일대 재앙을 몰고 왔다. 이번 윤석열 탄핵의 경우만 보아도 그렇다.

나라의 최고 의결기관인 국회에서 200여 명의 결의로 가결된 안건(탄핵)을 불과 아홉 명의 법관에 의한 재심의를 장장 4개월 동안이나 목을 늘이고 기다리고 있었나. 법관 1명이 결원이어서 법관 8명이 그 긴급한 시기에 그 위급한 세계정세에서 장난질 치듯 목에 힘주고 법관복 입고 재판소 정문 드나드는 것으로 하세월을 보내고 있었다. 정말이고 참으로 울화통 터지는 일이었다. 법관 8명의 손에 5천만 민족의 생활과 안위가 달려 있었다. 반토막이긴 하지만 5천 년 역사와 전통에 빛나는 대한민국이라는 나라의 명운이 꼴랑 그 잘난 판사 8명의 의사결정에 매달려 있었다.

한심하고 또 한심하고 열다섯심할 일이었다. 사흘 아니면 일주일, 아니면 열흘 보름, 아무리 늦게 잡아도 30일 한 달이면, 남고도 너무 많이 남고도 시간이 남아서 끝날 일이었다. 나라 요절나기를 기다리는 것일까? 법관 나리들이 시간 안 끌어도 이미 나라는 벌써 요절이 나 있었다. 나라 행정도 대행(代行)이 두 번씩이나 왔다 갔다 해서 대대행으로 엉망이 되어 있었고, 외교는 폐교(廢交)가 되었고, 사회질서는 긴급 국무회의가 열릴 때마다 거꾸로 국민들이 장관 나리들의 인격 깜냥을 걱정하는 판국이었다.

소위 국가안보라는 것은 놀란 토끼 눈이 된 대행 대대행이 'NSC', '한미 공조' 앵무새처럼 판에 박은 듯한 곡조 슬픈 노래만 불러대는 처량한 모습이었다. 국가 경제는 속수무책으로 무대책이 대책으로 손을 놓고 있었고, 소비자물가는 천정부지로 뛰어올라 서민 생활은 날로 핍박하여 숨이 차올랐다. 살기가 너무 팍팍했다. 나라가 경영되는 것이 아니고 끈 떨어진 뒤웅박 신세가 되어 어디론지 굴러가는 판국이었다. 앞이 보이지 않았다. 어디로 굴러가는 건지, 어떻게 망하고 있는지 오리무중, 사람들은 지쳐 있었다. 헌재(憲裁) 쪽에 귀를 곤두세우고 판결을 기다리던 일도 이제 지쳐서 모든 것을 다 포기해야 했다.

민중들의 정의(正義), 민중들의 이성(異性)은 헌법재판소가 열리기 이전부터 이미 판결이 나 있었다. 상식적인 사람들, 보통 일반적인 이성과 판단력으로도 충분히 옳고 공공한 판결을 할 수 있는 사안이었다. 그나마 8명 전원일치 탄핵 인용이었으니 망정이지, 꼴랑 법관 8명, 믿을 수도 없는 법복 입은 8명의 인격체, 만약

실수라도 있었더라면 나라가 요절이 날 뻔했다.

불합리한 법은 뜯어고쳐야 한다. 주권자인 민중정서, 민중적 정의와 공공한 정당성을 벗어난 법은 더 이상 지킬 필요, 존재할 필요가 없다. 당장 급한 대통령 탄핵 인용 절차만이라도 폐기하라. 윤석열 일당의 계엄 재시도, 내란모의 시간벌기에 이용당한 이번 헌재의 시간끌기, 민중 피말리기 선례를 보아서도 옥상옥이고 민중 정서에도 어긋나고 이치에도 안맞는 같잖은 헌재 판결 법 조항을 없애야 한다. 나라 경영 발전에 백해무익한, 헌재의 세월아 네월아 재판, 바위 싹 나는 탄핵 판결, 나라 결딴내기 법 조항은 악마의 규제이고 저주의 진흙탕이었다. 두 번 다시 이런 재앙은 없어야 한다.

각성된 우리 민중의 불굴투쟁의지, 혁명실현 광장의지, 민중의 날, 승리의 그날이 올 때까지 현장을 지켰던 우리의 투사 전사들의 모습은 탄핵 과정의 빛나는 영웅상(英雄像)이었다. 엄동설한 추운 겨울 밤, 천 리 길을 달려온 전봉준 투쟁단의 농민 트랙터 부대의 막힌 길을 열기 위해, 불빛 밝은 응원봉을 들고 눈 속을 달려온 2030 젊은 여성 선봉대의 남태령 대첩은 우리 민중사에 한 획을 긋는 역사의 장이었고 한 줄기 희망의 빛이었다. 우리는 이겼다. 민중혼은 영원하다.

5장
점령군과 대한 사람

1. 미군(米軍)의 조선반도 남녘 강점

25. 6. 30. 정의·평화·인권을 위한 양심수후원회 소식지

아메리카 자본제국 군대의 조선 남부 강점은 1945년 9월 8일로 거슬러 올라간다. 米 24군단 소속 3개 사단 7만 2천여 명이 인천에 상륙, 다음날인 9월 9일 米자본제국의 조선반도 남녘 강점의 막이 오른다. 점령군 총사령관인 더글러스 맥아더의 포고문 제1호의 주요 내용은 이렇다.

"… 북위 38도선 이남의 조선 및 조선 인민에 대한 군정을 펴면서 다음과 같은 점령에 관한 조건을 포고한다."
"제1조 북위 38도선 이남의 조선 영토와 조선 인민에 대한 최고 통치권은 당분간 본관의 권한 하에 시행된다."
"제3조 모든 주민은 본관 및 본관의 권한 하에서 발포한 일체의 명령에 즉각 복종하여야 한다. 점령군에 대한 반항 행위 또는 공

공의 안녕을 교란하는 행위를 강행하는 자에 대해서는 가차 없이 엄벌에 처할 것이다."

"군정 기간에 있어서는 영어를 모든 목적에 사용하는 공용어로 한다."

과연 米자본제국의 야만성 폭력성을 그대로 드러낸 저질적인 포고문이다. 미국이 우리 조선국, 조선인을 어떻게 보았길래 이따위 저질적이고 야만적인 포고문이 발표될 수 있었을까? 하기야 인간 말종, 무법자, 인간 사냥 총잡이들의 본성이 그대로 드러난 것이어서 매우 흥미로운 바가 있기는 하다.

우리 조선은 세계 제2차대전 직접 당사국이 아니다. 미국의 전쟁 당사국 적대국인 일본에 강점당한 전쟁 피해국, 강제점령 대상국이 아닌 수복(收復), 되찾아 해방시켜야 할 나라이고 그 땅의 인민인 것이다. 미국의 동맹이고 우방인 당시 중국(장개석 국민당 정부)과 조선은 우방이고 동맹이었다. 따라서 미국의 조선침투특공전략에 의해 조선침투훈련을 감행 중이던 미국의 특별한 동맹이고 우방(임시정부)이기도 했다. 임시정부 휘하의 독립군 지대가 이범석을 수장으로 하여 미군특공대와 함께 조선침투훈련을 마치고 대기 상태에 있었다. 이런 상황이었음에도 불구하고, 미국은 자신들의 세계전략인 쏘련 견제 국제패권을 위해 9월(1945) 2일 갑자기 수립된 조선 분단계획을 서둘러 실행에 옮겼다.

반면, 38도선 이북에 진주한 쏘비에트 군대의 포고문은 사뭇 다른 데가 있었다.

"조선 인민들이여! 붉은 연합국 군대들은 조선에서 일본 약탈자들을 구축하였다. 조선은 자유국이 되었다."

"조선 사람들을 멸시하며 조선의 풍속과 문화를 모욕한 것을 당신들이 잘 안다."

"조선 사람들이여! 기억하라! 행복은 당신들 수중에 있다. 당신들은 자유와 독립을 찾았다. 이제는 모든 것이 죄다 당신들에게 달렸다."

"조선 인민 자체가 반드시 자기의 행복을 창조하는 자로 되어야 할 것이다."

"조선 노동자들이여! 노력에서의 영웅심과 창작적 노력을 발휘하라! 조선 사람의 훌륭한 민족성 중 하나인 노력에 대한 애착심을 발휘하라! 해방된 조선 인민 만세!"

1945년 8월 20일 평양에서 발표된 쏘련의 제25조선군 사령관 근위대 대장 치스챠코프의 포고문이다.

米자본제국 군대의 포고문에는 군정, 점령, 점령군, 통치권, 반항 행위, 명령, 복종, 엄벌 등의 낱말들이 보인다. 내용 역시 전쟁 적대국에 상륙 침공하는 전투부대의 입장에서 일방적으로 명령하고 복종을 강요하는 살벌한 작전지시, 양키군대의 군정군사통치를 위한 정지작업 명령문인 것이다.

최소한의 국제 예의, 나라와 나라 사이에 지켜야 할 초보적이고 상식적인 국제관례도 무시되었다. 米國 자신의 전쟁 적대국에 36년간이나 억압 착취를 당한 조선국과 조선인에 대한 단 한 마디의 위로도 없었다. 위로는커녕 외려 조선을 식민지시하고 조선인을 미개인으로 얕잡아서 군정통치를 하겠다는 것이다. 미군은 해방군이 아니고 적지(敵地)에 상륙한 점령군임을 강조하고 점령군의 명령에 절대복종하라. 점령군의 통치행위에 반항을 하는 자는 가차없이 엄벌에 처할 것이다. 이거야말로 아닌 밤중에 홍두깨 격이다.

바다 건너 좀팽이 떼도둑에게 얼떨결에 나라 빼앗기고, 36년 압박 속에 날을 보냈더니, 해방이라 자유천지 자주독립 새날 맞는가 싶었으나, 어인 먹구름이 조선 남녘을 덮고 마는구나. 이런 비극이 세상에 어디 있다는 말인가. 남의 것을 탐할 줄 모르는 착한 민족, 흰옷 겨레가 양의 탈을 쓴 이리에게 또 걸려들었구나. 36년 일제 강점도 땅을 칠 일인데 아메리카 로키산맥의 사나운 검독수리 발톱에 또 걸렸구나.

역사는 냉정하다. 공것이 없다. 약한 자에게 자비를 베푸는 일이 없다. 제 일 제 알아서 제가 처리할 줄 모르는 민족, 강한 자에게 제 운명을 맡기고 복종하는 백성에게는 영광이 없다. 우주순환원리와 자연법칙에는 약자의 설 자리가 마련되어 있지 않다. 우주생성 순환원리 자연은 스스로 함, 스스로 섬이다. 제 목숨 제 몸뚱이 제 운명을 스스로 하지 못하는 자, 스스로 곧추세우지 못하는 자, 자주독립이 없는 자에겐 역사의 주인 자리를 주지 않는다. 자기를 주재(主宰)하지 못하는 자에게는 역사 창조, 역사를 주재할 능력이 주어지지 않는다. 지배자에게 짓밟히는 치욕, 오직 굴종과 억압의 굴레가 마련되어 있을 뿐이다.

압제자 식민 제국주의자들에 맞서 총을 들고 자주와 독립을 쟁취하는 데 총 매진해 하나로 뭉치지 못한 결과, 힘에는 힘으로 맞서지 못한 비극, 강한 자의 바짓가랑이에 의지하는 사대매국 근성이 가져다준 결과는 결국 ※야만통치에 나라를 맡기는 치욕이었다.

조선반도 남녘은 2025년 6월 현재 자주권이 없는 식민지인 채, 일백 년이 다 되는 긴긴 세월을 보내고 있는 것이다. ※제국 군대가 이 땅에 발을 들여놓기 전에 태어난 세대는 거의 자연 수명이 다 되었다. 이 말을 바꾸어 말하면, '나라' '우리나라' 하면 머릿속에 최소한 압록강 두만강 국경을 떠올리는 세대가 마감을 하였다는 말이다. '나라' '우리나라' 했을 때, ※國 군대가 강점한 38도선 이남만 머리 떠올리는 세대가 전체 국민의 대다수가 되었다. 80년 이렇게 긴긴 세월이 가도록 통일할 생각을 못 하고, 아직도 양키 털발 군대가 조선반도 남녘을 짓밟고 있다. 통일이 무엇이고 나라 민족이 어떤 의미를 갖는지도 모르고, 그냥 역사 민족 같은 건 손흥민이 차는 축구공만도 못하고, 잠실운동장에서 내치는 홈런 야구공 하나만도 못한 사회가 되어버렸다.

앞으로 백 년 이백 년 역사가 흐른 다음 우리 후손들은 2025년대를 살았던 할아버지들은 무얼 했을까? 도대체가 역사, 나라, 민족도 모르고 통일도 모르고 살았다는 말인가? 분명 오늘날 조선반도 남녘에서 살았던 ※자본제국 손아귀에서 놀아났던 우리들 세대를 이해해 주지도 용서해 주지도 않을 것이다.

※國이 보유한 스텔스 폭격기 '죽음의 백조', 덩치가 무시무시한 항공모함, 땅을 백여 미터나 뚫고 들어가는 벙커버스터, 칠팔천 개를 자랑하는 핵탄두, 세계 시장을 지배하는 달러 뭉치.

해방 80년, 6·25조선전쟁 75년, 이제 이런 모든 공포들, 양키들의 폭압 살인 수단의 정신적 위압에서 깨어날 때가 되었다. 백년, 이백 년, 천 년 전의 오늘, 현재 세대의 나약과 비굴함을 탓할 후손 세대의 눈, 얼굴 표정을 한번 생각해 보자. 이 부끄러움과 치 떨리는 역사 현실을 재삼 반성하고 각성해야 한다. 어떤 노점상 애국자의 입을 빌리면 이렇다.

오늘, 이 땅에서 米軍 나가라고 말 안 하는 놈은 다 가짜다!

2. 동무동무 어깨동무 새동무

25. 8. 31. 정의·평화·인권을 위한 양심수후원회 소식지

말은 사람의 생각을 전한다. 사람이 만물의 영장(靈長)이라고 하는 것은 우선 두 가지 특징 때문이다. 두 발로 서서 걷는 것, 뇌세포가 생각하는 것, 생각을 소리(말)로 표현하는 것이다. 어느 것 한 가지 다 신기하고 놀랍기 그지없는 특징이지만, 그중에서도 생각을 소리로 표현하여, 나 아닌 다른 객체에 뜻을 전달할 수 있는 수단, 말을 가졌다는 게 가장 경이로운 것이다.

언론관계 매스미디어를 전공하는 사람들은 신문 없는 극락보다 신문 있는 지옥이 낫다는 뜻의 격언들을 많이 듣는다. 물론 이것은 사회의 소통 기구가 인쇄매체인 신문이 유일하던 시절의 일이다. 그만큼 사람들은 서로 소통하고 살기를 원힌다. 사람이 사회적 동물이란 말은, 사회성이나 정치성 이전에 인간이 스스로 헤아리는 것을 소리로 표현하고 그 뜻을 상호 공유 긍정하고 동의(同意)를 얻고자 했다는 데 그 본질이 있다. 이는 본능이었다.

사람은 혼자 못 살고 서로 붙어 살거나 가까이 살아야 했다. 친밀감 동질성 동류의식이 없이는 살 수 없는 게 인간 본질이었다.

부모 없이 자식이 못 살고, 형제 없이 형 아우가 서로 못 살고, 자매 없이 언니 동생이 제대로 살 수가 없다. 서로 복대기며 아옹다옹 다투고 살아도 가족은 서로 살을 맞대고 비비며 같이 살아야 한다. 원수가 져도 부부는 한 이불 속에서 같이 자야 한다. 그래야 자식이 생겨서 인류의 고리가 이어진다. 이렇게 인류의 고리를 이어주게 하는 것 중에서 가장 먼저인 것이 서로 생각을 전하는 것이다. 말이 없었으면 오늘의 인류문명은 불가능했다. 말은 생명 다음으로 중요한 것이었다.

　기독교의 바이블에는 태초에 말씀이 있었다고 씌어 있다. 또 고대 사람들이 하늘에 오르고자 높은 탑을 계속 쌓아 올리고 있었다. 이때 위협을 느낀 신(神)이 서로 말을 달리하여 의사소통을 못 하게 하여, 인간의 하늘 정복 의지를 꺾었다는 이야기도 있다. 이런 옛 기록들은 말, 의사소통의 중요성뿐만 아니라 여러 가지 면에서 시사하는 바 크다.

　1948년 남선(南鮮)만의 단독정부가 들어서고, 남선에서는 소리 없는 대소동이 벌어졌다. 겉으로 드러나지는 않았지만 남쪽에 사는 조선인들의 머릿속에서, 소리로 뜻을 만들어내는 '언어 창조' 뇌세포들 사이에서 일대 대혼란이 일어난 것이다. 특히 세상 물정 모르는 어린이들 사이에서 도대체가 세상이 이상했다. 최소한 정상이 아니었다. 아침 조회 때마다 불러대던 '애국가 제창'에서부터 문제가 생겼다. 대혼란이 일어났다. '조선사람 조선으로 길이 보전하세'를 '대한사람 대한'으로 바꿔 부르게 된 것이다.

　왜 조선사람이 갑자기 대한사람이 되었는지, 대한사람과 조선사람은 생김새가 어떻게 다른 건지, 대한이 도대체가 무엇인지,

무슨 쓰임에 쓰이는 물건인지… 왜 선생님들은 아무 설명도 없이 무조건 조선을 소리 내면 안 되고, 대한으로 바꿔 부르라고만 하는지 도무지 당최 알 길이 없었다.

  이것만이 아니었다. 아버지 어머니를 아울러 부르던 어버이란 말도 절대로 쓰면 안 된다는 것이었다. 일본놈 때에 주재소 불림을 '잡아간다'고 했다. 긴 칼 찬 일본 순사가 쇠고랑을 채워 잡아간다는 뜻이다. 조선사람이라 하거나 어버이라 하면 잡아간다는 것이다. 조선사람, 조선옷, 조선말, 조선기와집, 조선간장, 조선쌀, 조선무시, 조선낫, 조선막걸리… '조선'을 빼고 이런 말에 '대한'을 붙이면 도대체가 말이 안 되는 것이다. 어버이 사랑, 어버이 공경, 어버이 모시기, 어버이 은혜, 어버이께 효도하기…, 아버지, 어머니 또는 부모님 하는 것보다는 어쩐지 공경스럽고 사랑스럽고 높이는 느낌이면서도 정겹고 친근스런 표현이 어버이다. 한문에서 유래한 딱딱하고 건조하고 거리감 있는 그 어떤 가족에 대한 호칭 중, 가장 아름답고 체모 있는, 자신을 낳아준 웃어른 호칭으로 그 어감이 으뜸인, 그렇게 좋은 우리말을 못 쓰게 하다니….

  아직 덜 익은 어린 머리에 대대로 배워서 자연스럽게 익혀 쓰던 그런 말을 바꿔 쓰려니, 곤혹스런 뇌세포 혼란이 여간 큰 고통이 아닐 수 없었다. 혼란도 혼란이지만 일대 큰 충격이었나. 어린이들 머릿속에선 크나큰 파고가 일고 있었다. 바꿔쓰기 위해서 혼란이 인 것도 그렇지만, 왜 바꿔 써야 하는지, 이렇게 갑자기 세상이 이상해진 이유, 원인이 무엇인지 몰라서 머리가 총명한 아이일수록 그 고통, 정신의 혼란이 더 했다.

  남선에 태어난 어린아이들에게 진정으로 고통스런 대혼란은 동무란 낱말의 사용 금지였다. 동무! 이는 전 조선민족 생활의 요람인 고향정서와 인간형성의 바탕이 되는 어린 시절의 삶이 묻어나는 단 하나의 낱말이었다. 어매, 아베, 할베, 할매, 언니, 아우 다음으로 많이 쓰는 민족어, 바닥 인민의 가장 오래된 토속 언어였다.

밥 없이는 살아도 동무 없이는 못 사는 우리들의 어린 시절이었다. 어매 젖꼭지에서 떨어지면 동무의 품을 찾아가는 것이 우리네 풍속이었다. 동무 동무 어깨동무 새동무… 담 밑에 흙가루 빚어 밥을 짓고, 한 살림을 살던 소꿉동무, 조금 커서는 자치기, 마당돌기, 술래잡기 꼭꼭 숨어라 머리카락 보이는 동무, 봄이 오면 보리밭두렁 달래 캐기, 강언덕 물쑥 캐기 동무, 모 심고 나락 베고 벼 낟가리 노적 쌓던 동무, 나뭇짐 지고 소 몰고 쟁기질하던 동무, 연분홍 치마 배추색 저고리 록의홍상(綠衣紅裳)에 쪽머리 얹고 가마에 오르던 옛동무…. 아 동무, 세상에 동무란 말을 못 쓰게 하다니. 동무란 말이 무슨 죄가 있는 것일까? 동무동무 어깨동무 새동무, 동무란 말을 왜 못 쓰게 해? 이렇게 정답고 살갑고 정 깊은 말을 왜 없애버리려는 것일까?

참 세상도 별난 세상이고 이상스럽기 짝이 없는 세상이 되었다. 정든 고향산천 뒤로하고 북만주 화태(樺太) 서백리아(西伯利亞)로 떠나던 사람들, 비르마전선(戰線) 남양군도(南洋群島)로 끌려가던 장정들, 동네 고샅길 울음소리 낭자하게 울며불며 끌려가던 제비댕기 정신대 어린 처녀들… 세상이 모두 일본놈 판이어서 온통 캄캄하고 주눅이 들었었는데 해방이라 자유조선 두 동강이라, 이 판국이 무슨 판국일까!

나라 남쪽 아이들은 도저히 헷갈리고, 나라, 나라 찾아서 새 나라 세웠다는데 도대체가 조선 찾고 조선 세웠다고 했는데, 하루 아침에 '조선' 소리하면 잡아가고, '조선사람 조선으로 길이 보전하세'가 아니고 '대한사람 대한으로 길이 보전해야' 하는 것일까. 그전에는 아부이 어메를 어울러서 어버이라고 했는데, 지금은 어버이라고 하면 큰일이 나고 잡아가는 것일까. 세상에서 제일 큰 B29 비행기를 만들고 그렇게 강하고 기고만장하던 쪽발이 군대를 때려 부순 양코배기들 세상이 되어서 그런지. 하여튼 세상이 뒤숭숭 이상하다. 정상이 아니다. 남선 아이들은 대한이 무엇인지를 전혀 몰랐다. 나는 그때 '대한사람 길이 보전하세' 애국가를 부르면 머릿속에 '이상한 것'이 떠올라 몸서리를 쳤다. 아니 온몸에 새피(닭살)가 돋아올랐다.

해방이 되자마자 내가 맨 먼저 만난 米軍은 덩치가 큰 흑인 하사관이었다. 그를 어른들은 '고문관'이라 칭했던 기억이다. 내 고향 함평 손불면사무소에 혼자서 짚차를 타고 권총을 차고 나타났다. 건들건들 추잉껌을 질겅질겅 씹고 있었다. 왜놈들은 얼굴이 검은 사람을 인도징이라 불렀었다. 나는 米軍이 아니라 '인도징'을 처음 본 것이다.

그것이 어린 나에게는 충격이었다. 사람이 새카매도 너무 새카맣다. 하여튼 정싱이 아니었다. 어린 내 눈, 내 기준에는 이상했고, 애국가를 대한으로 고쳐 부를 적마다 내 머릿속에는 이 장면이 흑인 병정의 모습으로 떠올랐다. 그리고 '대한사람 대한으로 길이 보전하세'가 덩치가 크고 흐물흐물하게 생긴 흑인 병사한테 '그냥 곱게 조선 나라를 넘겨 보내주세'라는 말로 이해하고 있었다.

그때 나는 대한이 뭔지, 길이가 뭔지, 보전하세가 뭔지 전혀 그 뜻을 몰랐었다. 덴노 헤이까(천황폐하) 만자이! 기미가요(일본국가), 갓에 구르소도(일본군가)를 부를 때에도 전혀 그 뜻을 모르고 소리만 꽥꽥 질러댔던 것이다. 그러니까 대한사람 대한으로도 뜻도 모르고 소리만 꽥꽥 질러대는 판이었다. 그러는 개구쟁이 머릿속에 이유도 없고 까닭도 없이 그 빠꾸샤 같은 껌둥이 병사의 모습만 떠오르는 것이었다.

조선도 없고 어버이도 어디로 가버리고 동무마저 대한순사가 잡아가 버린 해방공간이었다. 남선 아이들에겐 8·15는 해방이 아니었다. 밤이면 앞산 뒷산 봉화가 오르고, 날이 밝으면 순경들이 총을 빵빵 쏘며 나타났다. 읍내 농림중학 다니던 동네 어떤 형은 며칠 전에 산으로 들어갔다는 것이다. 오늘 학교에서는 오전 공부시간에 담임 선생이 칠판에 글을 쓰고 있는데, 순경들이 총을 들고 들이닥쳐 마구 발로 차고, 멱살을 잡고 끌고 가는 일이 벌어졌다. '밤손님'들과 내통을 했다는 것이다.

아침 학교 오는 길에도 아이들은 못 볼 것을 보고 왔다. 길옆 논다랭이 언덕에 허연 조선옷 입은 젊은 부부, 본서로 연행한다며 끌고 가다가 길가에서 총살을 해 놓았다. 남로당 면당 위원장이 연락차 산을 내려 왔다가 잡힌 것이다. 해방이 해방이 아니었다. 조선이 없는 세상, 어버이도 없는 세상, 동무마저 잃어버린 세상을 살아야 했던 남선 아이들의 해방공간은 참말이지 해방이 아니었다.

동무! 아, 반갑고 그리운 말이다.

2부
대한민국의 현실

1장
미 점령군의 모습

1. 미군의 조선 남녘 땅 강점 75년

23. 9. 7. 현장언론 민플러스

1945년 8월 15일 일본이 미국에 무조건 항복으로 백기를 들었다. 4년간에 걸친 태평양 전쟁이 끝난 것이다. 미국의 태평양 지구 최고사령관 맥아더가 조선을 향해서 포고문 제1호를 발표한 것은 45년 9월 7일이었다. 다음날 오키나와 주둔 미 육군 24군단장 하지가 9만 7천여 명의 병력을 이끌고 조선 땅에 첫발을 들여놓았다. 지금으로부터 꼭 75년 전의 일이다.

일제 강점 36년에 해방을 맞은 조선 땅에 또다시 압제와 식민 통치의 먹구름이 일었다. 일제가 물러가면 조선은 해방이 되고 완전한 자주독립국가가 탄생하는 것으로 알고 있었다. 3천만 전 조선 민족은 자유와 평화, 새 나라 건설의 꿈에 부풀어 20여 일 동안 밤잠을 설치는 나날을 보내고 있었다.

누가 뜻하였으랴, 히로히토 일본 왕의 항복 소리를 들은 지 22

일 만에 미군 사령관 맥아더의 청천벽력과 같은 점령군 포고문이 조선 땅에 날아들 줄을. 일본에는 히로시마와 나가사키에 정체불명의 폭발탄 두 개가 떨어졌다. 이 폭발탄의 위력은 전대미문의 위력으로 1억 일본 신민은 물론 전 세계 인민을 전율과 공포 속으로 몰아넣었다.

일본에 떨어진 원자폭탄은 일시에 가시적으로 그 가공할 위력을 발휘하여 강철 같은 응집력을 자랑하던 일본제국주의를 멸망시키는 데 결정적인 공헌을 했었다. 이에 비해서 우리 조선 땅에 날아든 맥아더의 점령군 포고문은 두고두고 장장 75년에 걸친 세월을 두고 살육과 파괴를 일삼는 전쟁 공포를 비롯하여 온갖 세상 패악의 씨앗을 연속적으로 뿌리고만 있는 것이다.

맥아더의 점령군 포고문은 우리 조선 민족에게 있어선 히로시마 나가사키에 떨어진 원자탄보다도 더 무섭고 악독한 폭발물인 것이다. 일세기를 두고 압제와 식민 통치의 치욕을 참아내야 하는 장기간에 걸친 폭발물임과 동시에 연속적 지속형 폭발물인 것이다. 계속해서 장기적으로 조선 땅을 갈가리 갈라 찢고, 민족 분열과 동족상잔을 조장하여 피를 부르는 저주의 폭발물이다.

양키 털발들이 이 땅에 발을 들여놓은 후부터 조선반도의 현대사는 온통 핏빛으로 물이 들었다. 그들이 왜놈 군대가 터를 잡고 있던 한양성 남쪽 용산에 둥지를 틀면서부터 조선 남녘은 사람이 살 수 없는 저주의 땅이 되었다.

일본 군대의 무장해제와 38도선 이남의 사회질서 유지, 조선의 독립국 건설 준비를 명분으로 진주한 미국 군대는, 앞에 내세운 명분과 달리 음흉한 속셈을 숨기고 있었다. 광활한 영토와 풍부한

자원으로 자본을 축적하고 이를 배경으로 무력을 증강해 세계지배 야욕을 불태우고 있었다. 조선반도를 세계정복을 위한 대아시아 전략의 전초기지화하여, 중국을 포위하고 쏘련을 굴복시키려는 데 그 목적이 있었다.

이와 같은 미국의 세계지배전략, 국제패권을 노리는 당시의 냉전 구조에 의한 희생물이 될 줄을 누가 꿈이나 꾸었을 것인가. 조선인민에 의한 조선인민을 위한 조선인민의 정부가 설립될 때까지만 미군정을 실시하겠다던 아놀드 군정장관의 약속은 새빨간 거짓말이었다.

1948년 10월 쏘련 군대는 38도선 이북에서 완전철수를 단행했다. 조선민주주의인민공화국의 요구에 의한 행동이었다. 그러나 이에 반해서 미국 군대는 계속 남아서 친일파들로 구성된 남녘 정부를 후원하는 척 조종하고, 독립운동가 주체의식이 강한 애국적 민족주의자들을 빨갱이 허울을 씌워 탄압 투옥 고문 학살하는 데 혈안이 되었다.

그들은 쏘비에트 군대의 철수로 자신들의 국제적 체면이 말이 아니게 되자 어쩔 수 없이 조선반도에서 철수 흉내 가면극을 연출하지 않을 수 없었다. 49년 6월이 되어서야 5백 명이 넘는 미 군사고문단을 그대로 남겨두고 미군 철수 나발을 국제사회를 향해 크게 불어 댔다. 그동안 조선경비대를 국군으로 개칭, 미 군사고문단의 지도 아래 병력을 증강하고 미 군사고문단의 지휘통솔체제를 확립시켰다. 완전무결하고 철저한 미 군사고문단의 통제를 받는 식민지 군대체계가 완성되어 있었다.

당시 조선인들은 너무도 순박했었다. 사대모화사상에 젖은 봉건왕조가 제대로 찍소리 한번 질러보지 못하고 일제의 간계에 의해 하루아침에 나라의 자주권을 강탈당했다. 탐관오리들의 수탈 착취로 빈곤상태에서 허덕이던 절대다수의 조선인민들은 급속하게 변화하는 역사 현실과 사회 변혁에 대처할 여유를 갖기 어려웠다. 봉건왕조가 무너지고 숨 쉴 새도 없이 이어진 일제의 폭압에 시달려야 했다.

그런가 하면, 해방이 되었다고 자유와 평화가 찾아왔다고 춤을 추고 만세를 불렀는데, 어느새 또 양코배기 코쟁이들 세상이 되어 있었다. 억압받고 탄압받던 조선인민의 세상이 아니었다. 조선백성 조선민중의 해방이 아니었다. 일본인들은 물러갔는데, 쪽발이들의 게다짝 소리는 사라졌는데. 이게 어찌 된 영문인지 일본인들 게다짝을 들고 다니던 친일파 간상배들의 세상이 되어버렸다. 천황폐하의 신민으로 일본제국의 이익에 복무하던 부역자 밀정 밀대들의 해방세상이 되어버렸다.

이 거꾸로 된 역사를 거꾸로 돌려버린 세상 앞에 순진하기 짝이 없는 조선인들은 경악과 충격으로 제대로 정신을 차릴 수가 없었다. 이 모든 것이 다 허여멀쑥한 피부에 누런 털북숭이 퍼런 눈알을 굴려대는 코쟁이 군대가 만들어 놓은 망할 세상의 추악한 모습이었다.

일본제국에 충성을 다하고 같은 피를 나눈 제 동족을 짓밟고 잡아 죽이던 반역자들이 다시 그 상전을 바꾸어 득세를 하고 영화를 누리는 세상이 되었다. 제 나라 제 민족을 배반하고 매국을 일삼던 역도들이 또다시 미 제국주의자들이 들려준 총을 들고 죄 없는 남녘 민중 탄압에 나섰다. 세상이 거꾸로 되어도 유분수가 있지.

이런 경우, 이런 패악, 이런 역사, 망해 먹기 장난은 있을 수가 없는 것이다. 아무리 양키들의 본성이 그렇고 망나니 총잡이식 세계관이 그렇다 치더라도 조선민중의 민족양심으로는 도저히 용납할 수가 없는 것이다.

양키 군대의 이런 부도덕하고 반역사적 현실 인식 군정정책에 그대로 순응하는 것은 죄악에 동조하는 반민족 반역사 행위에 속한다. 의식 있는 조선민중이 그대로 있을 리가 없었다. 동학농민혁명의 피가 연면하고 의병투쟁, 조선독립유격대의 무장투쟁 혼이 살아있는 조선 땅의 강과 산, 풀과 나무 돌덩이 하나까지 남김없이 모두가 다 들고 일어섰다. 세계제국 몽고에 마지막까지 항쟁의 투혼을 불사르던 고려군의 싸움터 항쟁의 섬 제주에서 첫 봉화가 올랐다.

조선의 통일 독립을 쟁취하자!
미국은 남조선에서 물러가라!

정당하고도 간결한 전체 조선인의 가슴에 맺힌 두 마디의 절규였다. 이에 미군정청은 그들의 수하에 있는 경찰부대를 동원해 제주인들의 가슴에 총탄 세례를 퍼부었다.

이어서 일어난 여수 14연대의 봉기는 타오르는 반외세 항쟁의 불바다에 기름을 끼얹은 격이 되었다. 여수, 순천, 보성, 광양, 구례, 곡성을 점령하고 남원 하동으로 진출, 진정한 인민의 자치활동을 보장하고 자유와 평화를 구가하는 해방구를 열었다.

친애하는 동포 여러분!
우리는 조선인민의 자식이며 노동자 농민의 자식이다.
제주도 출동 거부, 경찰을 타도하자!
우리는 남북통일을 위해 해방군으로 행동하자!

역시 이들의 염원도 통일된 하나의 조국 건설이었다.
 이뿐인가, 이에 앞서 이현상을 중심으로 한 야산대 투쟁, 각 지역별 세밀 조직된 애국적인 지하세력들의 눈부신 외세배격 반민족 매국세력 타도 투쟁이 전 남조선에 전개되었다. 밤이 되면 남조선 각 지방 요소요소의 산봉우리에 항쟁의 봉홧불이 피어올랐다. 심지어 시골 동네 뒷산마다 시뻘건 봉홧불이 타올랐다. 타오르는 봉홧불과 함께 유격전사들의 함성 만세소리도 드높았다. 항쟁의 노래, 혁명의 노래, 해방독립의 노랫소리도 드높았다.
 미국의 세계지배 전략인 냉전구조에 휘말린 남조선 땅은 어느새 미국의 대쏘련 압박전선의 최전방 전초기지가 되어 있었다. 따라서 남조선 국방군은 전형적인 식민통치 아래 종주국에 충성을 다하는 종속군대로서의 임무를 다하게 되어 있었다.
 6·25전쟁이 터졌다. 전쟁은 필연적인 것이었다. 냉전의 양극이 마주치는 곳인데, 결국은 약한 데가 터지는 것은 정해진 이치였다. 부앙천지, 땅을 치고 통곡할 일이었다. 힘센 나라에 당하고 그들의 말발굽 아래서 나라의 자주권을 되찾기 위해 고난의 길, 형극의 길을 걸어온 조선민족에게 이런 참혹한 전쟁의 불벼락이 떨어질 줄이야….
 전쟁 미치광이 아메리카 총잡이들에겐 천재일우의 기회를 만난 것이다. 미국과 일본의 군수공장들은 밤낮을 가리지 않고 살인병기 살인물자들을 생산하여 쏟아냈다. 미국은 제2차 세계대전 5년간의 전쟁수요에서 얻은 경제이익보다 82억 달러가 더 많은 570억 달러의 경제수익을 올렸다. 전쟁 3년 동안 일본은 태평양 전쟁의 폐허에서 세계 제2위의 경제대국으로 발돋움하는 경제성장을 이룩했다. 이렇게 미제와 일제는 우리 조선인들의 피를 경제성장 무력증강의 토양으로 삼아 자신들 나라의 부강을 꾀했다.

미국이 6·25전쟁 3년 동안 조선 땅에 쏟아 부은 폭탄이 5년에 걸친 세계 제2차대전 기간에 투하한 폭탄량을 상회했다. 날마다 500대에서 1,500대의 폭격기가 출격해 26만 발의 폭탄과 2억만 발의 기관포탄을 퍼부었다. 40만 발의 로켓탄과 무려 150만 발의 네이팜탄이 투하되었다. 남북 조선인 600여만 명이 죽고 120만 채의 민가가 불에 탔다. 전쟁부상자, 전재민 수백만 명에 1,000만 명이 넘는 이산가족이 발생했다.

여러 말 할 것 없이 삼천리강산이 갈가리 찢기고 불바다 잿더미가 되었다. 조선민족의 피가 바다를 이루었다. 지구가 생기고 인류사상 이런 참극이 없었다. 역사가 생기고 사람과 사람 사이, 부족과 부족, 각 민족 각 종족 간의 증오, 국가 대 국가 간의 정치사상의 대립이 이 비좁은 조선반도에서 일내 각축전을 빌인 깃이다.

전 세계 20여 개국의 무력과 국력이 맞대결을 벌였다. 유엔이라는 거짓 깃발 아래 거대한 코뿔소와 멧돼지, 덩치 큰 코끼리, 사자, 호랑이는 물론 여우새끼, 늑대, 승냥이, 고양이, 생쥐새끼들까지 다 모여들어 조선반도를 진흙탕 쑥밭으로 만들었다. 인간이 가지고 있는 악성과 독성을 총체적으로 발휘하여 종합적으로 분출해 낸 것이 바로 6·25전쟁의 크나큰 특색이었다. 이 모두의 인류악이, 이 거대한 살육극이, 18세기 후반 지구상에 등장한 미 자본 제국주의 군대가 주도한 만행이었다.

돈, 거대자본을 뒷배경으로 총과 폭약, 탱크와 항모, 전폭기를 앞세운 이들의 야만행위는 오늘도 계속되고 있다. 이들은 우려스럽게도 계속해서 지구 멸망의 악종 바이러스가 되어 살육의 전쟁을 즐기고, 반생명, 반평화의 길을 가게 될 것이다. 행복한 삶을 추구하는 인류의 이상을 파괴하고 악의 문명을 선도하는 패권주자의 길을 가고 있다.

일백 년 가까운 기나긴 기간 동안 남의 나라를 침략해 불법 강점을 했으면 이제 물러갈 때가 되었다. 무슨 그리 뿌리 깊은 원한이 맺혔다고 무고한 조선민족을 억압 수탈하고 피와 땀을 아직도 강요하고 있는 것인가. 미국은 제정신을 차리고 이성으로 돌아가 시대의 흐름을 똑똑히 읽어야 할 것이다. 몸집만 크고 힘만 센 무작스러운 칼 든 강도의 모습에서 벗어나야 하는 것이다.

그대들의 흉악한 모습이 역사의 화면에 투영된 지 이미 오래 전의 일이다. 세계사의 조류는 볼썽사나운 아메리카 총잡이들의 신속한 퇴진을 요구하고 있다. 억지 부릴 일이 따로 있지 감히 남의 나라의 주권을 억압해서야 될 일이 아닌 것이다.

우리는 양키 군대의 근성을 잘 안다. 낮에는 인디안을 회유하고 근사하게 평화를 약속하고 협정을 맺는다. 그리곤 깊은 밤 쥐새끼처럼, 정직한 인디안의 평화로운 잠자리를 기습 공격, 불을 지르고 노인이고 여자고 아이들까지 깡그리 전멸을 시켜버리는 것이다. 그들의 잔인한 짐승 근성은 이미 3백 년의 역사를 자랑

한다.

　물론 착각은 자유다. 미국 군대는 수천 개의 핵폭탄과 대형 스텔스기, 핵 항모와 대륙간 다탄두미사일, 인공위성을 가장한 정찰정보 통신망 등 세계 최강 무력을 자랑하며 조선반도를 움켜쥐고 버틸 것이다. 그러나 착각은 금물이다. 지금은 1940년대나 1950년대가 아니다. 지구 전역을 휘젓고 다니며 제멋대로 전쟁판을 벌이고 독무대를 만들어 칼춤을 추던 지난날의 망상을 버려야 한다.

　핵폭탄과 대륙간 다탄두미사일이 자기네들만의 전유물이던 때가 있었다. 스텔스 대형 전폭기나 고성능 최신예 정찰기를 거드름 피우며 띄우는 것도 생각해 보면 여간 가소로운 일이 아니다. U2 대형정찰기나 고성능 최신예 레이더 정보수집함을 하늘 위로 바다 위로 띄워놓고 목에 힘을 주다가 격추되거나 나포되었던 기억을 되살릴 필요가 있다. 나라에는 국격이 있고 개인에겐 체면이 있다. U2기가 격추되고 푸에블로호가 나포되었을 때의 국가적 수치와 자괴감, 당혹스러웠던 기억을 크나큰 교훈으로 간직해야 할 것이다. 침략 야욕을 불태우다가 참담한 탐욕의 대가를 톡톡히 치러야 했다.

　오늘날 유엔에 가입한 190여 개 국가 중 다수의 나라들이 남녘 정부와 국교를 맺고 외교 영사업무를 위해 대사들을 주재시키고 있다. 이들 모두의 국가들은 제 나라 군대를 이 땅에 주둔시키지 않고도 상호이익을 위해 상품을 사고팔고 선린우호 관계를 잘 유지하고 있다. 그런데도, 유독 아메리카합중국이라는 나라만 특별나게 제 나라 군대를 우리 땅에 주둔시키고 있는 것이다. 그것도 불법적으로 75년 동안이나 강제점령을 하고 있다.

아메리카합중국 정부에 경고한다!

우리는 세기를 두고 하나의 민족이 두 쪽으로 갈라져 사는 고통을 감내하고 있다. 나라 땅덩어리가 두 동강이로 절단이 났다. 전쟁의 공포, 동족상잔의 위험을 안고 이날까지 하루 편할 날 없이 오늘에 이르렀다. 더 이상 남북조선 8천만 우리 민족은 미국의 남녘 식민 지배를 원치 않는다. 더 이상의 조선영토 강점과 자주권 유린을 단호히 거부한다. 전체 조선인민의 의사에 반하는 미국 군대의 남녘 불법강점을 전 세계 전 인류의 보편적 양심에 고발한다. 미국은 지체 없이 조선반도 남녘에 전개한 전쟁 살인 무기들을 거두어 그들의 군대를 철수시켜라.

우리 땅은 신성한 조선인의 삶터이다. 우리 땅을 지키기 위한 조선인의 불벼락이 그대들 머리 위에 준비되어 있다. 이제 그만 양키들은 양키들의 땅으로 곱게 되돌아가라!

2. 흉악한 제국주의의 얼굴

21. 3. 29. 현장언론 민플러스

이 세상에 영원한 제국은 없다.

진(秦)나라 시황제 정(政)이 중원 6국(韓, 趙, 燕, 楚, 魏, 齊)을 통일한 것이 BC 230년경이었다. 중국의 천하관(天下觀)으로 보면 이것이 제국(帝國)의 시초이다. 하여튼 억압과 폭력의 상징, 제국과 황제가 이 세상에 처음 등장한 것이다. 이때부터 인류는 제국과 황제의 권위를 지키기 위해 끊임없는 땅 빼앗기 살인극이 전개되었다. 억압과 살육의 연속이었다. 인류의 역사는 피의 역사이고 약육강식은 도덕적으로 정당화되었다.

힘은 정의였고 전쟁 승리는 정의의 실현이었다. 아직 국제적 양식(良識)이 어린아이 수준이었고 인류의 양심이 한참 엄마젖을 빨던 시절이었다. 공자, 석가모니, 예수가 나오고도 악의 문명, 악마의 저주는 계속되어서, 2천 년 이상을 인간들은 피를 흘리며 제국과 황제의 억압과 권위의 충성스런 노예생활을 즐겼다.

대자대비(大慈大悲)한 신을 섬기고 인류 구원(救援)을 알파요 오메가로 아는 종교인 대성직자들이 각자 제가 믿는 신의 이름으로 전쟁을 주도하고 살인극을 감행했다. 사람 죽이는 일을 신으로부터 허락받았다는 것이다. 신의 명령이라는 것이다. 사람을 한 명이라도 더 많이 더 잔인하게 죽이는 것이 신에 대한 가장 진실한 충성이라는 것이다.

11세기 말에서 13세기 말까지 무려 2백 년에 걸친 일곱 차례의 이른바 '십자군 원정'이라는 것이 있다. '종교전쟁'이라는 이름으로 사람 죽이는 것을 정당화하고 미화했던 것이다. 인류사상 가장 큰 종교전쟁을 십자군 원정이라 말한다. 근대적 의미의 전쟁 이전에 발생한 전쟁으로는 그 규모와 기간으로 보아 인류사상 가장 큰 전쟁에 속한다.

전 유럽과 소아시아, 중동 전역, 북아프리카 일부가 포함되는, 이 어마어마한 2백 년 전쟁의 중심에는 종교제국 로마 교황청과 '황제 중의 황제' 기독교의 교황이 있었다. 신의 이름을 빌려 종교의 탈을 쓴 악마의 사자들이 앞장을 서서 인간 살육의 피바람을 부른 것이다. 로마교황의 권위는 세속 국가 황제들을 압도하고 그

위에 군림할 정도였다. 루터의 종교 개혁 이전의 교황들은 신권(神權)을 행사하고 인권 위에 있는 왕권과 국권보다도 더한 특권을 누리고 있었다. 제정일치 시대의 미개한 부족사회 통치행위 유습이 그대로 전해진 전제제국주의였다. 문자로 기록된 경전을 가진 고등종교의 탈을 쓰고 그 실 내용은 샤먼시대의 통치 수준을 벗어나지 못하고 있었다.

초기의 이슬람은 매우 관용적이고 유화적이었다. 그러나 십자군 원정으로 계속되는 오랜 전쟁에 시달리며 많은 변화를 겪었다. 매몰차고 잔인해지고 극단적으로 과격해지지 않을 수 없었다. '눈에는 눈', '이에는 이'의 복수극 등장의 요인이 되었다.

기독교의 이교도들에 대한 맹목적인 증오, 적극적인 침략 약탈 쟁취의식은 약자착취 강자논리가 종교제국 교황청의 간악한 세상 지배 정략이 되었다. 종교제국의 황제 로마교황은 바이블이 전하는 대로 아브라함의 하나님과 야곱의 하나님, 적극적인 쟁취 수탈 소유의 하나님을 선호했다.

그들은 자기들의 입맛에 맞는 말씀(진리)을 만들어내고 신앙했다. 하나님의 형상과 성격도 마음대로 만들어냈다. 신의 노한 얼굴, 웃는 얼굴, 용서와 형벌도 교황이나 사제들의 입맛대로 조절을 했다. 심지어 인간의 허물을 사해주는 신성한 신권(神權)도 제멋대로 행사하고 있었다. 인간의 삶이 신의 뜻대로 움직이는 것이 아니고 교황과 사제들의 뜻대로 신을 마구 끌고 다니는 판이었다. 교회의 틀에 맞게 적당히 구겨 넣고 입맛대로 부려 먹었다. 교황청의 이런 악습은 근대적 서구 제국주의의 황제들에 그대로 답습되었다.

야비한 수단이 담긴 팥죽 한 그릇으로 장자권(長子權)을 불법 밀거래하고 육화현신(肉化現身)한 신과 밤새껏 환도뼈가 부러지도록 씨름을 하여 축복을 어거지로 빼앗아 내는 야곱의 하나님은, 오늘 서구 제국주의의 자본과 힘의 지배논리의 원천이 되었다. 정략에 의한 속임수 상거래와 불법폭력에 의한 착취 약탈의 결과는 하나님의 축복으로 둔갑했다. 비겁한 수단과 불법폭력이 곧 하나님의 축복이라고 하는 등식은 곧 소유하는 자, 쟁취하는 자가 곧 정의이고 승자이다. 정략과 폭력을 앞세워서라도 빼앗는 자, 쟁취하는 자가 승자이고 축복의 대상이 된다.

서구제국주의자들이 착하고 선한 약소민족의 피와 땀을 딛고 이룩한 부와 현란한 자본문화는 그들 착취자들의 영광이고 자랑이 되었다. 제국주의자들이 쌓아 올린 부와 영화의 상징탑으로 런던과 파리를 비롯한 그들의 수도에는 세계적인 역사유물과 국제적 명성을 가진 보물들을 전시하는 거대한 박물관이 있다. 신의 세계였던 달나라와 화성에 인간의 발자국이 찍히고 인공위성이 오고가는 세상인데도, 총칼을 들이대고 강제로 빼앗아 온 약탈 문화재가 버젓이 그들 제국주의자들의 소유로 박물관에 소장되어 있다. 그들 제국주의 국가들의 영광이요 빛나는 승리의 노획물로 전시된다. 아니, 그들 명성 높았던 제국의 영원한 소유물이 되어 있는 것이다. 이들 주인이 바뀐 역사유물과 보물들은 수륙만리 이국의 하늘 아래서 그들의 조국, 탄생지를 그리며 목메어 울부짖는다. 제국주의의 전쟁 살인 약탈 수탈 강탈문화의 폭력성을….

이 세상의 진정한 정의와 진리는 평등 호혜 포용 평화이다. 생명존중 인간사랑이다.

서구 자본제국의 대표주자 미국의 조 바이든은, 중국의 시진핑을 전제정치 신봉자이고 중국의 세계 최강국 지위는 어림도 없다고 큰소릴 쳤다. 북의 신형 전략미사일 발사에도 시비를 걸고 유엔 안보리 대북제재위원회 개최를 요구했다. 매우 건방지고 도발적인 언행이다. 유엔 기구를 제 종놈 부리듯 하고 지구촌 전체 국제사회를 제 손안에 넣고 떡 주무르듯 하고픈 속내를 보였다. 제국주의적 환상에 사로잡힌 패권 집착적 몽유병 환자의 넋두리다. 제 버릇 개 못 주고 돈 몇 푼 거머쥐고 총칼을 들고 설쳐대는 냉전시대의 망나니 버릇 그대로이다.

지난 세기 서구열강은 노쇠한 중국을 침략하여 영토를 갈가리 찢고 반식민지화하여 결국 청조(淸朝)의 몰락을 가져왔다. 당시 식민제국주의의 대표주자였던 영국은 불명예스럽게도 아편전쟁을 일으켜 그들의 탐욕스런 영토침략 경제약탈로 허기진 배를 채웠었다. 여기에 프랑스 미국도 칼을 빼어 들고 동참해 덤벼들었다. 꼭 피에 굶주린 들개 떼거리 같았다. 그러면서 그들은 넉살 좋게도 중국은 '잠자는 사자'라 비웃고 조롱을 했었다. 그 사자가 잠을 깼는데 대영제국을 대신한 자본제국 미국이 오늘 중국을 못 잡아먹어서 안달이 난 것이다. 중국의 국력 굴기에 배가 아픈 것이다.

잠결에 당한 사자가 잠을 깼는데 사자의 야성이 되살아나는 것은 당연한 이치가 아니던가. 이빨을 갈고 갈기를 세워 단숨에 테임즈 강변을 내달아 버킹검궁을 허물어뜨린들 누가 무슨 말을 할 것인가. 자본제국 아메리카 영토를 갈가리 찢어 놓아도 누가 감히 무슨 할 말이 있을 것인가. 명분이 당당하고도 남는 것이다.

'내로남불'이라는 한국 사회 유행어가 있다. 영국과 미국의 중국 침략은 낭만이고 중국의 미국 영국 점령은 부도덕하다는 말인가? 미국의 유엔 지배, 안보리 조종은 옛이야기지만, 핵실험 핵무장을 가지고 불법적이고 정략적인 시비(제재)는 아이러니하게도 핵 최강국 미국의 전유물이 되었다. 핵실험 핵무장이 그렇게 인류에게 해악을 끼치고 반평화적이라면 유엔 결의 위반, 국제 도발 또는 국제범죄가 된다면 유엔 안보리 5대 상임이사국 전체가 어찌하여 하나같이 핵 보유, 핵무기 최대 선호 국가들인가.

약한 나라들 위에 군림하는 폭력국가 거대 무력강국들은 핵실험 핵무기 보유에 자유자재이다. 반면 밥 먹고 살기도 어렵고 외국침략이나 전쟁, 반평화 행위 따위 엄두도 못 내는 힘없는 나라들은 핵실험, 핵무기 보유, 인공위성 발사에도 제재를 받는다. 아무리 강대국 세상이라지만 이건 너무 불공정 게임이다.

광화문광장 옛 육전거리엔 세계 최강 무력을 자랑하는 미국대사관이 버티고 있다. 이 세계 최강국 대사관 정문 앞을 지나는 시민들은 아주 괴상하고 볼썽사나운 광경에 놀라움을 금할 수가 없다. 그야말로 덩치가 크고 우악스럽게 생긴 무쇠 철기둥으로 출입문 통로를 가로막아 놓은 것이다. 힘 좋고 고성능 철갑 탱크가 밀고 들어가도 끄떡없게 중무장(?)을 해 놓은 모양새다. 전쟁 중에 있는 어떤 나라의 수도에 주재하는 어떤 나라의 대사관 출입문도 이렇게 거대 철기둥으로 철통방어의 모습을 하고 있지는 않을 것이다. 무슨 큰 죄를 안고 저질렀기에 이처럼 사람 찾아오는 걸 무서워하는 것일까.

고색창연한 덕수궁 돌담길, 아늑하고 정겨운 포도를 따라서 휘감아 돌면 정동네거리에 이른다. 그런데 이건 또 무슨 도깨비장난 같은 꼴사나운 풍경인가. 도시 미관은 그만두고 덕수궁 돌담길, 정동예배당, 이화학당 이미지에도 도대체가 전혀 어울리지 않는 엉뚱하기 짝이 없는 거리 풍경이 전개된다.

예의 세계 무력 최강 미국대사의 집을 둘러싼 살벌 삭막한 경비 방어 풍경이다. 대사의 집 정문 쪽은 경찰 시위 진압 버스가 아예 철옹성처럼 촘촘히 늘어서 방어벽을 쳐 놓았다. 정동극장으로 가는 남쪽 면 그러니까 대사의 집 전면 한쪽은 온통 검정 샷시판넬벽을 담장 위로 높이도 솟구치게 둘러막았다. 유구한 역사와 옛 서울도성의 분위기, 이야기 많은 정동길 정서와는 너무 거리가 먼 생뚱맞은 거칠고 칙칙한 정동길 모양새인 것이다. 너무나도 정동 정서, 시민산책길 미관에 반하는 풍경이어서 속상하고 불쾌하기 이를 데 없다. 평화로운 서울 시민들의 일상과도 전혀 어울리지 않는, 어찌 보면 주재국의 일상 정서 따윈 전혀 무시하고 드는 외형인 것이다.

세계 어느 나라 대사관저가 이따위 거칠고 칙칙한 모습의 방어벽을 하늘로 솟구치듯 높이 설치해 놓은 곳이 있다는 말인가. 죄를 크게 짓기는 한없이 크게 지은 모양이다. 꼭 폭력배 두목의 주거지 같고, 도둑놈 떼거리 대장집 저택 같은 흉물스런 몰골이다. 그렇게나 사람 무서운 짓을 왜 무엇 때문에 오랜 세월 자행하고 드는 것일까. 명색이 세계 최강국 대사관과 대사관저가 주재국 국민이 두려워 꼴사나운 모습으로 서울 도심에 웅크리고 서 있다. 체면이 말이 아니다.

그만큼 우세를 당했으면 이제 부끄러운 줄 알고 자본 보따리 걸머쥐고 물러갈 때가 되었다. 뭉그적거릴수록 망신살이 눈덩이처럼 커져만 갈 것이다. 코쟁이 큰 코 자랑도 하루이틀이지 이제 신물이 난다. 일그러지고 찌그러진 자본제국의 얼굴을 더 이상 보고 싶은 생각이 없는 것이다.

3. 주한미군 사령관의 망언

23. 11. 27. 현장언론 민플러스

용산에 주둔하는 주한미군 사령관이 지난 20일 자신의 사령관 취임 2주년 기념 기자 간담회를 가졌다고 한다. 일반 시민들은 용산 주둔 미군이 평택으로 자리를 옮긴 것으로 알고 있는데, 아직까지 주한미군 사령부가 용산 땅에 그대로 남아 있는 것이다. 끈질기게도 서울 한복판에 남아서 위세를 부리고픈 모양새이다.

점령군으로 들어와 우리 땅을 75년 동안 불법 강점하고 있는 외국군 사령관이야 그렇다 치지만, 이에 편승하여 부끄러운 줄도 모르고 덜렁거리고 날뛰는, 이른바 '언론'들이 꼴불견이다. 외세 의존적인 TV나 신문들, 한국의 보도 매체 거개가 앞다투어 사대매국 행위에 열을 올린다.

국내 주둔 외국군 사령관 취임 2주년이 뭐가 그리 대단한 기삿거리인지, 한국 제일을 자랑하는 신문이 5면 한쪽 상단을 다 할애했다. 주둔군 사령관 사진도 대문짝만하게 보도했다.

주둔군 사령관의 말투가 지극히 거만하고 방자했다. 한국군의 전시작전통제권에 관한 문제를 논한 것이다. 모든 조건이 완벽하게 충족돼야만 가능하며 현재로선 전환 시기를 예측하는 것조차 '시기상조'라는 점을 강조했다는 것이다.

한국군의 연합 방위 주도 능력, 북핵 미사일 대응 능력, 한반도 및 역내 안보 환경 완비 등 2015년에 한·미 간 합의 사항을 상기시켰다. 이것은 문재인 정부 임기 내 전시작전통제권 전환에 반대 의사를 분명히 한 것이다.

지난달 워싱턴에서 열린 한미연례안보협의회에서 코로나19로 연기된 미래연합사령부의 2단계 완전운용능력(FOC) 검증을 내년 상반기 연합훈련에서 실시하자고 한국이 제안했으나 미국은 이를 거부했다. 작전권 전환 시기를 뒤로 미루겠다는 뜻을 내비친 것이다.

문재인 정부의 임기는 2022년 5월까지이다. 미국은 한국군의 전시작전통제권을 계속 틀어쥐고 있을 생각이었다. 애초 1950년 7월 14일 이승만으로부터 국군통수권을 빼앗아 갈 때부터 미국의 남한 식민통치 계획 음모가 숨어 있었다. 미 제24사단이 대전에 들어와 인민군과 교전을 벌였으나 막대한 병력 손실과 많은 장비를 잃고 사단장 딘(William F. Dean) 소장이 포로가 되는 긴급 상황이 발생되었다. 이런 전장 상황에서 이승만이 일본 동경에 있는 맥아더에게 보낸 편지 한 통이 이른바 '대전협정'이라는 이름으로 오늘까지 70년 동안 한국군의 전작권 통제의 근거가 되고 있는 것이다.

이 '협정'은 상호 정부 간의 성문화된 조약도 아니고 국회 비준을 거친 것도 아니었다. 미국 군대의 한국 주둔과 함께 국군의 전작권 통제 역시 미국의 불법 강압에 의한 영토 침략, 자주권 강탈

행위인 것이다. 그럼에도 불구하고 현지 주둔군 사령관이라는 자가 자신의 신분과 처지를 망각하고 방자하기 이를 데 없는 언행을 하는 것은 국제관례상 매우 불쾌하고 용납할 수 없는 일이 아닐 수 없다.

2015년 박근혜 정부 당시 한·미 간 합의 사항 3가지는 도대체가 불합리하고 불평등한 합의다. 3가지 중 단 한 가지도 이치에 맞는 조항이 없다. 도달점이나 만족도가 정확하게 명시되어 있지도 않고 애매하고 막연하게 표현되어 있다. 귀에 걸면 귀걸이고 코에 걸면 코걸이가 된다. 완성도나 도달치가 뜬구름 잡는 형식이어서 백 년 천 년 질질 끌어도 할 말이 없게 되어 있는 것이다.

가장 간단해 보이고 시간이 적게 걸릴 것처럼 보이는 두 번째 합의 사항만 해도 그렇다. "북핵 미사일 대응능력"이 갖추어져야 한다는 것인데, 한국의 여러 국제관계, 국제적 지위, 군사과학 여건으로 보아 핵무력 완성단계를 지나 핵무력 고도화단계에 있는 북핵 대응능력을 10~20년 내에 갖춘다고 하는 것은 결코 가능 사항이 아니다. 쉽게 말해서 중국이나 미국 정도의 고도화된 핵무력을 가져야 한다는 것인데, 이것은 그야말로 어불성설이고 뜬구름을 잡는 우스갯소리에 지나지 않는 것이다.

세 번째 합의 사항인 "한반도 및 역내 안보환경 완비"에 대한 충족도에 대해선 "그건 매우 자세하고 엄격하고 명확하게 따져 봐야 한다. 그에 대한 최종 결정은 다른 조건들이 다 갖춰졌을 때 내려질 것"이라고 대답을 했다.

참으로 한심하고 가소로운 답변이다. 북이 조건 없이 완전 무장해제를 하고 중국과 쏘련이 미국 앞에 무릎을 꿇고 백기 투항을 해야 전작권 전환이 가능하다는 말인 것이다. 또 다른 해석으로는 한·미·일 군사동맹이 완성되고 일본의 무력이 중국, 러시아를 견제할 수 있을 때, 한국군이 일본 무력의 종속관계에 편입되어야만 가능하다는 속셈인 것이다.

첫 번째 항목 "한국군의 (미군과) 연합 방위 주도 능력" 이것은 말이 아니고 '말 같은' 얼버무림인 것이다. 미국의 평가 여하에 속수무책으로 목을 내준 항목인 것이다. 평가자의 자의적 판단, 엿장수 마음대로인 것이다. 강자가 약자를 강압으로 속이고 인간이 원숭이를 조롱하듯 한국을 업신여기고 마음껏 갑질 행세를 한 것이다.

세상에 이런 불평등 합의가 어디 있다는 말인가. 아무리 종주국과 예속국 간의 합의 사항이라고 하지만 이런 치욕적인 우롱으로 일관한 국가 간의 합의가 있을 수 있다는 말인가.

명색이 주둔군 사령관이라는 자가 주둔국 언론사 기자들에게 아니 주둔국 국민들을 향해서 이런 말도 거침없이 뱉어냈다.

지난달 북이 노동당 창건일에 선보인 ICBM과 전차 등 신형 무기들이 실제가 아니고 '형상만 변형시킨' 것일 수도 있다고 했다. 신형 무기란 것이 진짜인지, 성능을 개량하지 않고 새것처럼 외형만 바꾼 것인지 알 수 없다고 했다.

미국인들이 표정 하나 바꾸지 않고 거짓거래를 하고 국제간 신의를 망각하고 앞벽 치고 뒷골 빼가는 사기 외교를 다반사로 하는 경향이 있어서, 행여 북도 자기들처럼 남을 속이는 털 난 양심의 소유자로 아는 모양이었다.

연전(年前)에 처음으로 북의 ICBM이 등장했을 때에도 유치원

아이들 수준의 헛소문이 떠돌았었다. 두꺼운 종이로 유도탄 모형을 만들어 가짜로 열병식에 선을 보였을 것이란 허무맹랑한 악선전이었다.

이야말로 대한민국의 국격 무시인 것이다. 한국 국민을 어떻게 보고 이따위 망발을 늘어놓는 것인가. 유치원생도 웃을 일이고 초등학교 2학년만 되어도 이런 망발에 속아 넘어갈 우리 국민이 아니다.

이 따위로 미국이 한국을 대하기 때문에 요즘 여기저기서 '미국 물러가라' 소리가 들리는 것이다. 근본적으로 우리를 대하는 미국의 시각이 틀려먹은 것이다. 아직도 우리를 속임수의 대상, 우롱의 대상으로만 여기는 것이다. 한국인들은 밟으면 밟을수록 쭈그러들고 총을 빼 들고 협박하면 무서워서 설설 기는 족속으로만 알고 있는 것이다.

1884년 김옥균 서재필 등의 개화당이 청나라로부터의 자주독립, 속방 속국 정책에 반대하여 무력혁명(갑신정변)을 일으켰다. 이를 진압하기 위해 청나라에선 조선 주둔 청군 대장 위안스카이(원세개)를 앞세워 1천5백 명의 병력으로 김옥균의 혁명군을 제압했다. 이때 위안스카이의 나이가 25세였다.

위안스카이의 위세는 대단했다. 조신의 병권을 한 손에 움켜쥐고 허약하기 이를 데 없는 조선 조정의 국정 전반에 걸쳐 무소불위의 칼을 휘둘러 댔다. 조선 국왕의 존재는 안중에도 없었다. 이에 앞서 임오군란 때는 국왕의 아버지인 대원군을 납치하고 청국에 압송해 유폐시켜 버리는 만행을 저지르기도 했다. 조선주둔 청나라 군대의 횡포 패악 또한 감당하기 어려운 것이었다.

되돌아보고 싶지 않은 역사다. 그런데 이것이 우리 역사다. 용산주둔 미 8군 사령관의 망발에서 왜 하필이면 이런 치욕의 역사가 떠오르는 것일까. 역사는 되풀이된다는 말이 있다. 역사의 윤회, 왜 꼭 이런 역사의 저주가 우리 땅에서만 되풀이되는 것일까. 언제쯤 우리 땅에서 외국군대가 물러가고 진정한 자주독립 평화통일 시대가 열릴 수 있을 것인가.

4. 미군 군대의 전쟁 연습

21. 7. 27. 현장언론 민플러스

미국은 전쟁의 상습자이고 상습범이기도 하다. 세계 제2차대전의 제1 전승국으로 지구상 오대양 육대주에 걸쳐 그들의 군대가 주둔 안 한 곳이 없고, 그들 군사력의 영향을 받지 않은 곳이 없다.

전쟁이라고 하는 것은 '사람 죽이기'이고 인간의 피땀으로 쌓아놓은 '생활자산'을 파괴하는 행위이다. 다른 말로 바꾸면 전쟁은 정상적인 인간 생활이 아니고, 비정상 살인과 파괴가 대량으로 이루어지는 비인간적 야만 행위가 자행되는 피의 계절이다. 미국은 전쟁 행위에 재미가 붙었다. 어쩌면 전쟁중독증 환자인지도 모른다. 마약에 한 번 빠져들면 인간 생명을 좀먹는 독을 먹고 있는 걸 알면서도 그것을 단번에 끊어버리지 못하고 점점 더 깊이 계속 빠져들기 마련인 것이다.

서부 개척 당시 인디언을 토벌하고 땅 뺏기와 자원 수탈에 재미를 붙였다. 집단 무력으로 대량살인을 감행하고 영토와 자원을 탈취하는 일에 맛을 들인 것이다. 인디언 토벌 당시, 상대보다 우수한 개인화기와 공용화력의 덕을 톡톡히 보았다. 이 경험에서 그들은 전쟁용 개인화기로 M1을 개발하고, 성능 좋은 폭탄을 대량 투하할 수 있는 장거리 대형 비행기 B29를 보유하기에 이른다. 미국은 이에 그치지 않고 폭탄 한 방으로 상대를 제압할 수 있는 가공할 원자폭탄을 극비리에 개발, 끝까지 결사 항전을 맹세하고 달려드는 일본의 항복을 받아낸다.

미국은 기고만장, 지금까지 세계지배의 제1 주도권자인 영국을 앞질러 마침내는 1950년 아시아 침략의 선두주자가 되어 6·25전쟁의 불장난을 시작한다. 3년여에 걸친 6·25전쟁에서 미국은 전쟁 역사상 처음으로 실패의 쓴맛을 보게 된다. 1953년 7월 27일 드디어 북과 중국을 상대로 전쟁 당사자 간 휴전협정에 도장을 찍어야 했다.

사람이 한 번 잘못에서 그 일을 뉘우치고 손을 뗀다는 것은 쉬운 일이 아니다. 전쟁에 중독되어 사람 죽이는 일에 맛을 들인 미국은, 제 버릇 개 못 주고 계속해서 전쟁에 대한 미련을 버리지 못한다. 휴전협정에 도장을 찍고도 손버릇 나쁜 좀도둑처럼 전쟁 연습을 계속, 북을 위협하며 전쟁 책동에 열을 올리는 것이다.

정전협정이 이루어지고 처음에는 한국군을 동원하여 기동훈련이란 것을 실시했었다. 계절에 따라서 '춘계 기동훈련이니' '동계 기동훈련'이니 하여 대규모 병력을 동원해 비무장지대 가까운 휴전선 부근으로 전진 배치, 북을 자극하고 신경을 곤두세우게 하는 일에 몰두했다.

미국 자본주의 경제의 근간을 이루고 있는 것은 두말할 것 없이 전쟁 산업이다. 서구 자본제국의 군수품 생산을 기지화한 미국 본토의 군수 공장들은 전쟁 수요가 없으면 공장이 돌아가질 않는다. 전쟁하지 않으면 판을 크게 벌인 초대형 군수 공장들은 문을 닫아야 한다. 아시아 아프리카 남미의 내란 사태나 종족 부족 간의 싸움으로 소요되는 무기 수요는 그 양이 너무 적은 것이다. 대규모 전쟁이 아니고선 미 본토에 건설된 매머드급 군수공장의 전쟁 무기 생산량을 소모해 낼 수가 없는 것이다.

6·25전쟁 이후, 쿠바 침공에도 실패하고 동남아의 라오스 사태, 아프리카의 콩고를 비롯한 미개한 빈곤 국가들의 크고 작은 여러 분쟁은 미국의 전쟁 무기 판매에 크게 도움이 되질 않는다. 군수 재벌들의 성화같은 전쟁 독촉에 불경기가 겹치자, 미국은 또 산더미처럼 쌓여 있는 전쟁물자 소비행위에 나섰다. 1964년 8월 기습적으로 통킹만을 폭격해 아무 연고권도 없는 북베트남을 상대로 전쟁물자 처리에 나선 것이다. 약 10년 가까운 지루한 소모전이 계속되었다. 베트남 밀림 전쟁의 수렁 속에서 빠져나오기가 바쁘게 미국은 또다시 조선반도에 눈을 돌리기 시작했다.

한국은 기회 좋게도 호전적인 박정희 군사 도당이 집권 중이었다. 경부 고속도로의 개통과 함께 고속도로 직선 포장을 이용한 전쟁용 대형 활주로(비행장)가 두 군데나 건설되었다. 이를 계기로 필리핀의 수빅만, 괌, 하와이, 미 본토에서 직접 공수되는 병력과 장비의 이동훈련이 실시되었다.

초기엔 미 지상군과 한국 해병대가 동원된 한미합동 상륙 훈련이 언론에 공개되었다. 북을 자극하고 위협을 가하여 전쟁 구실을 만들려는 수작이었다. 베트남의 통킹만에서도 북베트남군의 어뢰가 미군 함정을 공격했다는 억지 전쟁 꼬투리를 잡아 전쟁 침략 명분으로 내세웠었다.

그러나 조선반도에서의 침략 책동 전쟁 유발행위는 그렇게 쉽게 먹혀들지 않았다. 1968년 1월 23일 북의 해역에서 정보수집활동을 벌이던 미국의 정보수집함 푸에블로호가 북의 해군에 의해 꼼짝없이 나포되었다. 이에 미국은 전쟁수단을 동원할 계획을 세웠다. 그렇지만 북의 대비책이 그렇게 허술할 리가 없었다. 푸에블로호 함장 이하 승조원 80여 명 전원이 북측 영해 침범과 불법 첩보활동을 스스로 시인하고, 자신들의 불법행위에 대해 용서를 비는 반성 각서를 제출했다. 미국 정부 당국으로부터도 국제법을 위반한 불법 첩보 행위에 대해 관용을 빌고, 다시는 이런 불법행위를 하지 않겠다는 서약서를 받아내고야 말았다. 미국으로서는 전례에 없는 치욕을 감내해야 했었다.

이런 일이 있고 난 뒤로도 미국은 부끄러운 줄도 모르고 또다시 날강도 같은 수법으로 북의 영공을 침략하는 행위를 자행했다. 푸에블로호사건 다음 해 4월, 미 해군 EC121기가 북의 영공을 침범 첩보활동을 벌이다가 여지없이 격추당하는 사건이 벌어졌다. 파렴치하고 비겁하기 짝이 없는 미국의 모습이었다. 넋짓값을 못 하고, 그 흉물스럽고 낯 뜨거운 모습이 국제사회에 두 번씩이나 겹치기로 공개되는 수모를 겪었다. 체면 구기고 개망신을 당하는 꼴이 연출되었다.

그럼에도 불구하고 미국은 끊임없이 아시아 침략, 북에 대한 파괴 침략 책동을 강화 업그레이드하고 그 전쟁 책동 빈도를 더욱 가속하여 전쟁 연습 불장난을 계속했다. 본격적인 전쟁 연습으로 1976년부터 1993년까지 해마다 실시된 한미군사 연합훈련으로 팀스피릿 훈련이 있었다. 이른바 '한반도에서의 돌발적인 군사적 사태'에 대비한다는 명분의 전쟁 연습이었다. 미군과 한국군의 대병력이 동원되는 엄청난 규모의 전쟁 불놀이였다. 이 훈련은 1969년 포커스레티나 훈련과 1971년의 프리덤 볼트 훈련의 연장선상에 있었다. 초기엔 훈련기간이 10일이었으나 나중 70일에서 80일에 걸쳐 실시되었다. 동원병력도 처음 4만 6천에서 20만 명이 참가하는 전면전을 가상한 전쟁놀이였다.

다음으로 '을지프리덤가디언' 훈련이란 것이 있다. 민관군 합동훈련으로, 시군구 이상의 행정기관, 전시동원 산업체, 주한 미군이 참여한다. 민방공훈련, 등화관제, 야간통금, 교통통제가 시행된다. 이 훈련은 실제 전쟁 상황을 가상한 것으로 멀쩡한 대낮에 공습경보 사이렌이 울리고 교통통제가 실시되는 전쟁 소동이 벌어진다.

이외에 '키리졸브' 훈련이라는 것이 지금도 계속되고 있다. '해결의 열쇠'인지 '전쟁의 열쇠'인지 구별이 안 되는 전쟁 불장난이다. 여타의 다른 훈련에도 미국 군대가 보유한 최첨단 살인무기들이 대량으로 등장하지만, 특별히 '키리졸브' 훈련 때엔 소위 그 이름도 거창한 '전략자산'이라고 하는 것들이 조선반도에 전개된다. 태평양상의 괌에서 날아오는 B-1B 초대형 폭격기, F-22 랩터, B-52, B-2, F-22 스텔스 전투기가 조선반도 상공에 등장한다. 뿐만이 아니다. 세계 최대를 자랑하는 9만 톤의 핵 항모 니미츠호를 비롯해 존 스테니스 핵추진항모, 2만 7천 톤의 오하이 오급 핵잠수함들이 동원된다.

우리가 살고 있는 조선반도의 하늘과 땅 바다에는 그야말로 무시무시하고 어마어마한 대량 살상 최첨단 살인병기와 장비들이 우리 민족의 삶을 위협 겁박하며 목숨을 집어삼키려고 전개되고 있다.

미국이 우리 민족을 이렇게 못살게 굴 하등의 이유도, 명분도, 역사적 인과관계도 전혀 없는 것이다. 19세기 중엽에 일어난 셔먼호 사건이나 신미양요는 미국이 조선 조정의 허가도 없이 불법 침범을 감행한 것이어서 외려 그들의 범죄행위를 사죄해야 마땅한 것이다.

지금은 19세기도 20세기도 아니다. 무력으로 약한 나라를 짓밟고 식민지를 만들고 인적 물적 자원을 수탈하던 폭력적인 제국주의 만능시대가 아니다. 미국은 이제 세계지배의 망상, 무력을 앞세운 자본제국주의의 허상(虛想)에서 꿈을 깨야 한다.

그들이 자랑하는 고도의 핵무력이나 전자무기, 스텔스 기능의 전략자산들이 이미 그들만의 독점물이던 시대는 지났다. 착각은 자유지만 압도적인 무력으로 세계지배를 꾀하는 것은 한계가 있다. 폭력지배 군사력으로 지구 전체를 좌우지하겠다는 것은 결국 지구파괴, 엄청난 인간 생명의 집단살상, 인류 생활자산의 대량파괴를 자행하겠다는 것이다. 끊임없는 증오와 파괴, 빈곤과 노역(勞役), 인간의 피땀을 강요하겠다는 것이다. 재래식 무기와 달리 핵무기의 사용은 지구 생태환경 파괴에도 막대한 영향을 미친다.

땅 위에 존재하는 모든 자연물은 평화를 원한다. 그중에서도 의식을 가진 인간집단은 더욱 평화와 안정을 원한다. 보다 풍족하고 보다 높은 문화생활을 원한다. 인류는 서로 화목하고 행복할 권리와 의무가 있다.

실뱀 한 마리가 온 강물을 다 흩뜨린다는 말이 있다. 망나니 하나 때문에 온 지구촌이 다 시끄럽다. 미국이 가는 데마다 사람 죽이는 전쟁판을 벌이는 것이다. 취미도 별난 취미를 가진 게 양키들이다. 세상에 하고많은 놀이 다 젖혀두고 사람 죽이는 전쟁놀이를 그렇게나 좋아한다. 세상에 막가는 인종들이다.

미국은 이제 전쟁을 멈춰야 한다. 미 본토에도 3억이 넘는 인간 생령들이 존재한다. 지금까지의 국제전쟁은 미 본토 밖에서만 전개되었다. 그것은 이제 '옛날' 이야기가 되었다. 앞으로의 전쟁은 미국이 원하는 대로 모든 전쟁이 미 본토 밖에서만 얌전하게 전개되지만은 않는다.

세상이 변했다. 미국이 신주 모시듯 여기는 전쟁 보물단지 핵무력이 1940년대 일본을 무조건 항복시키듯, 미국에게 명예로운 승리를 안겨준다는 보장이 없다.

미국이 가지고 있는 '전쟁 보물' 그 핵무력이 지구상 또 다른 나라들의 병기 창고에서도 전쟁 명령을 기다리고 있다. 일본의 히로시마와 나가사키에 투하된 전례가 있는 이 전쟁 보물들은 불행하게도 미국인들의 생활 터전인 미 본토의 요소요소를 겨냥하고 있다.

지금까지 미국인들은 미 본토 밖에서 벌어지는 전쟁놀이를 강 건너 불구경하듯 즐겨왔다. 앞으론 그런 즐거움이 그들에게 허락되지 않는다. 전쟁은 그들에게도 발등의 불이다. 대재앙이다. 폭력 억압 살인을 추구하는 반인륜 반평화 문명의 종말이 다가온 것이다.

미국은 국가목표의 발상을 바꿔야 한다. 반인륜 반평화 추구의 악습을 버려야 한다. 전쟁 상습범, 전쟁중독자의 불명예에서 벗어나야 한다. 죽이는 문명에서 살리는 문명으로 발상을 전환해야 한다. 인류 역사에 투영된 반평화 전쟁범죄자의 흉물스러운 모습에서 전쟁반대 평화애호자의 선량한 모습으로 바꾸어야 한다.

이 세상에 영원한 지배자는 없다. 세계지배의 망상을 내버려야 한다. 만사를 총과 돈으로 해결하려는 생각을 버려야 한다.

총과 돈은 인류의 지혜가 만들어낸 생활자산이다. 총과 돈이 인류 위에 군림할 수는 없는 것이다. 인간 삶의 편의와 풍족을 위한 종속물이다. 아무리 무력과 자본이 대단하다 해도 인간이 총과 돈의 종속물일 수는 없다. 인간은 우주의 주인이다. 생각하는 자각신경을 가진 유일적 종합인격체이다. 그만큼 인간 생명은 존엄하고 고귀하다.

전쟁이라고 하는 이름을 빌려 고귀한 인간 생명을 대량 살상하고 인간의 생활자산들을 파괴하는 행위는 반인륜 우주범죄이다. 핵전쟁은 지구 생태환경까지 파괴하는 지구멸망행위이다. 용서할 수 없는 일이다.

미국은 북의 비핵화를 구실로 온갖 수단을 다해 제재, 봉쇄, 정권 붕괴를 획책한다. 그리고 기회만 있으면 한미연합 전쟁훈련이란 전쟁 불장난을 전개한다. 이 한미연합 전쟁연습에는 '참수작전'이라고 하는 극히 야만적이고 흉측스러운 북의 요인 제거 암살 계획이 공공연하게 포함되어 있다.

이게 도대체 말이나 되는 소리인가. 미국은 곧 난폭한 지구 지배자이고, 자기들 입맛에 맞는 지도자가 아니면 힘 약한 나라의 영도자 목숨을 자기들 마음대로 제거하겠다는 것이다. 폭력과 불법의 극치이다. 국제법 위에 군림하는 초국제법의 나라, 국제법을 초월한 국제법이 갖는 권능의 상위개념에 존재하는 나라라는 말인가?

우리는 속지 않는다. 미국의 북을 향한 비핵화의 나발은 생짜 거짓말이다. 비핵화라고 하는 허울 좋은 간판 하나를 걸어놓고 사실은 조선반도의 영구분단, 대중국-대러시아 전략의 전초기지 확보에 그 목적이 있다. 북핵을 빙자해서 미국군대의 영구주둔을 꾀하려는 것이다.

오늘도 조선반도의 남·북녘 하늘에는 전쟁의 먹구름이 피어오른다. 76년 동안 우리를 괴롭혀온 미국군대의 생명 위협 선물이다. 분단 조국, 6·25전쟁으로 우리 민족이 입은 참혹한 피해상은 어떻게 말로 다 표현할 길이 없다. 다시는 이 땅에서 전쟁의 포성이 울려선 안 된다. 미국은 더 이상 억지 부리지 말고 불법적 조선반도 남녘땅 점령상태를 끝내야 한다. 부질없는 전쟁 연습, 사람 죽이기 전쟁 불장난도 이제 그만 다 걷어치울 때가 된 것이다.

2장
일본 군국주의와 반민족 토착왜구

1. 악독한 이웃 일본

<small>21. 5. 7. 현장언론 민플러스</small>

'일본(日本)'이란 이름은 옛 경상남도 '일광(日光)' 사람들이 붙여준 이름일 것이다. 이 세상 사물들의 모든 이름은 당해 사물의 생성 이전 존재자에 의해서만 붙여질 수 있는 것이다. 아주 먼 옛날 조선반도 남동쪽 日光 지방에 살던 사람들이 일본 고대문화의 중심지였던 나라(奈良) 교또(京都) 오사카(大阪) 지방이 직선으로 건너다보이는 해 뜨는 쪽을 그렇게 이름하여 불렀을 것이다.

일광 쪽에서 보면 망망대해 푸른 바닷속에서 아침 해가 불쑥 솟아오르니, 그것을 보고 해 돋는 곳이라 하여 나중 한자 표기를 그렇게 했었다. 日光, 자신들이 사는 곳은 '햇살이 번지(비치)는 곳'이라, 또는 '태양이 빛나는 곳'이라 또 그렇게 표기했을 것이다.

대마도(大馬島)란 섬 이름 역시 대마도인 스스로가 밝히는 바, 경상도 마산(馬山)을 바라보는 땅이라는 뜻에서 유래된 이름이다. 일본 역사의 뿌리를 캐 들어가면 우리와 떼려야 뗄 수 없는 관계임을 알 수 있다. 특히 일본 문화의 근원은 우리 문화의 끼친 바가 온통 일본 문화의 기저가 된다.

그중에서도 대마도는 그 부족 역사의 형성기부터 부족신화 전설 모두가 조선반도에 기원을 두거나 절대적인 관계가 있다. 조선땅은 대마도족 형성의 근원이고 생명과 소망이 조선으로부터 바다를 건너오는 것이다. 바다 건너 조선은 대마도에 영혼을 불어 넣어 주는 정신적인 근원의 땅인 것이다.

왜구(倭寇)의 출몰은 삼국시대 이전부터 문제가 되었지만, 고려조에 와서도 폐단이 극심했다. 이에 따른 왜구 토벌과 대마도 정벌이 여러 번에 걸쳐 감행되었다. 고려 공양왕 때(1389년) 박위(朴葳)가 병선 일백 척을 동원하여 왜선 3백 척을 불사르고 고려인 피랍자 일백여 명을 데려왔다. 조선 초 1396년 김사형(金士衡)의 대마도와 이끼섬(壹岐島) 정벌이 있었고, 1419년(세종 1년) 병선 227척과 1만 7천 명의 병사를 동원, 대대적인 대마도 정벌 겸 왜구 토벌에 나섰다.

그때마다 대마도에 군대를 주둔해 점령 통치를 하지 않고 그냥 철수해 버린 이유가 있었다. 경작지, 즉 쓸 만한 농경지가 없다는 것이었다. 땅이 척박하고 산봉우리가 불룩불룩 촘촘하게 솟아서 농사지을 땅이 협소해서 쓸모가 없다는 것이다. 요즘처럼 해양영토 개념이나 해저 해양자원 개념이 전혀 없었던 시절이었다. 아무리 그렇더라도 영토 확장, 국가의 기본 자존심, 타민족 국가복속 정복의욕이 너무 빈약했었다. 국가·민족의 장래와 내일을 위한 적극적인 발전의욕이 전혀 없었던 것이다. 진취적이고 웅대한 민족국가의 이상이 전혀 없었다고 볼 수밖에 없다.

여기에서 우리는 퇴영적이고 너무도 소극적인 조선 봉건왕조와 귀족 벼슬아치 지배계급의 졸장부 근성을 정확하게 확인할 수 있는 것이다. 적극적이고 진취적인 활력 넘치는 대륙국가 고구려인의 기상이 그리운 것이다. 고주몽, 광개토대왕, 양만춘, 연개소문의 기개가 그리운 것이다. 고토 회복과 대륙 진출의 꿈에 부풀었던 고려의 마지막 혼, 최영 장군이 그리운 것이다.

일본은 지금 미국을 등에 업고 아시아의 장난꾼이 되어 우리를 깔아뭉개고 안하무인격으로 악행을 서슴지 않는다. 미국이 바라는 중국 적대시 정책의 앞잡이가 되어 그 공의 보상으로, 한국을 무시하고 일본 자국의 이익을 위해선 어떠한 흉악한 악행도 거침없이 자행하려 드는 것이다.

가장 가까운 이웃이고 가장 큰 피해가 직접적으로 예상되는 후쿠시마 원전 방사능 오염수를 일언반구의 사전 협의도 없이 그대로 바다에 쏟아붓겠다는 발표가 있었다. 땅속에 묻어도 오백 년 동안 그 독이 가시지 않는 방사능 오염물질을 내일 당장 우리들 밥상에 오를 수입 수산물의 서식처이고 채취장인 후쿠시마 앞바다에 쏟아붓겠다니 이게 정말 이성을 가진 인간들이 해야 할 짓인가?

단세포적이고 몰지각하고 단순히 우선 코앞에 자신들의 편의와 이익만 생각하는 섬나라 일본인 근성이 너무도 잘 나타난 일본국다운 일본인만이 자행할 수 있는 공식적 조치다. 한심하기 이를 데 없는 족속들이다. 도대체가 상식이 통하지 않는 반인류적 조처이다. 이상기후 지구온난화의 주범 온실가스 배출의 제일 주범인 미국을 꼭 닮은 행태이다.

　미국은 이번에도 IAEA와 함께 일본의 원전 오염수 방류를 적극 지지 환영하고 나섰다. 구한말(1905년) 가쓰라-태프트 밀약이 생각나는 대목이다. 한국 정부는 순진하게도 미국을 혈맹이라 믿는데 미국은 제 실속을 차리느라 일본과 손 마주 잡고 조선반도 망해 먹기 춤을 추고 있는 꼴이다.

　이 판국에 한국의 언론이라는 것들은 정신 나간 잠꼬대를 늘어놓는다. 미국 바이든이 일본 수상 스가에 이어 "두 번째로 한국 대통령과 대면 회담을 오는 21일 갖게 되었다"고 제법 자랑스럽다는 투로 알랑방귀를 뀌고 드는 것이다. 매우 낯간지러운 일이다. 한국 대통령에 당선되면 하루가 바쁘게 달려가 미국 대통령을 알현하고 신고를 올려야 한다. 미국 대통령이 새로 바뀌면 또 부랴부랴 달려가 당선 축하 인사를 올려야 한다. 부끄럽고 망신스럽기 짝이 없는 일이다.

　식민 종속국 대통령이 후견 종주국 대통령을 알현해야 하는 정치행사가 국제적으로 얼마나 창피하고 낯 뜨거운 일인가를 반성해야 한다. 일본과 한 묶음으로 묶여 대중국 적대시 정책에 총대를 매개하려는 미국의 음모에 말려들어선 결단코 될 일이 아니다.

　일본은 이 기회에 미국의 영향력을 이용해 한국을 꼼짝 못 하게 틀어쥐고 자국의 위상을 높이고 이익을 위한 외교 행각으로 일관하고 있다. 토착왜구(친일파의 후손)를 선동하여 징용배상문제 위안부문제를 물타기 하고 독도 영유권 문제를 제기해 국제적 영토분쟁 지역으로 공인화하는 데 열을 올리고 있는 것이다.

　인류는 서로 평화롭게 살아야 하고, 가까운 이웃끼리는 더구나 이루 더 말할 나위가 없다. 그러나 우리는 이웃을 만나도 너무 악독하고 흉악한 이웃을 만났다. 이 악독하고 흉악한 이웃 때문에 이천여 년 동안 약탈, 노략질, 납치, 부녀자 겁탈에 시달렸다. 임진왜란 7년 분탕질에 영토강점 국권강탈 36년의 패악을 당했고, 해방 이후 76년에 걸친 국토분단 동족상잔의 전쟁피해를 또 입었다. 이 모든 민족의 고통 수난, 무거운 역사의 짐은 모두가 다 일본제국주의가 남긴 선물이었다.

이런 악독하고 흉악한 이웃으로 인하여 우리는 세계사에서 그 유례를 볼 수 없을 만큼 수난의 역사와 민족적 비극을 안고 살아왔다. 이제 수난의 역사, 민족적 비극의 긴긴 잠에서 깨어나야 한다. 지구의 큰 대륙 중원(中原)에 누어 봉건제국의 긴 잠에 들었던 중국인들이 경제굴기 군사굴기로 중화혼(中華魂)의 붉은 깃발을 높이 들었다. 뿐인가, 우리 땅 북녘 강산에선 백두산 호랑이의 포효가 쩌렁쩌렁 지구촌 새 질서와 인류사의 새로운 방향을 틀기 위해 하늘과 땅 사이를 을러댄다.

흉악한 이웃이 침을 흘리는 독도에는 영용무쌍한 해병대를 보내 서릿발 같은 내 나라, 내 땅, 영토 수호 의지를 만방에 보여야 한다. 쥐새끼 눈을 한 일본 군함 따윈 감히 얼씬거리지도 못하게 지켜내야 한다. 방사능 오염수로 얼룩진 2021년 도쿄올림픽은 단호히 보이콧해야 한다. 지체없이 불참 선언을 해야 한다. 코로나19 전염성으로 보아서도 이번 32회 도쿄올림픽은 마땅히 취소되어야 한다.

오염된 바다에서 생산되거나 어획된 일본 수산물은 전면 수입금지 조치하고 일본 동부 방사능 오염지역의 농산물 및 공산품 역시 전면 수입 금지해야 한다. 우리 국민의 건강보건을 위해서 수입식품 관리 하나 제대로 못 하는 나라가 무슨 제대로 된 나라인가?

지금 우리가 처한 시대는 외세를 업은 토착왜구가 발호하는 참담한 시국현실이다. 뜻있는 자는 이를 직시해야 한다. 민족의 존엄과 주체성 있는 자주독립국가 건설을 위해 세기와 더불어 혈투를 벌인 선열들을 기억해야 한다. 강대국, 자본제국 위주의 현하 세계질서의 개편을 부르짖는 백두호의 포효에 우리 모두 자리를 박차고 일어서야 하는 것이다.

2. 밀정 밀대 뉴라이트와 반민족 토착왜구

24. 8. 28. 현장언론 민플러스

미국은 1945년 남녘땅에 발을 들여놓자마자 밀정(密偵) 밀대(密隊) 정치를 위한 정보요원들을 포섭한다. 맨 처음엔 중국에서부터 임시정부 인사 중, 민족주의 색채가 강하지 않은 친미 또는 외세 지향적인 사람들을 포섭, 본토(조선) 침투 공작을 비롯한 반일 첩보활동 임무를 수행했었다. CIA 전신인 OSS가 주도한 비밀조직이었다. 원래 밀정 밀대 조직은 서구제국주의자들의 권력 안보를 위한 애용물이었는데, 이것이 식민지 지배를 위한 주요 기구 내지 비밀 수단으로 발전한 것이다. 특히 미국은 세계 제2차대전을 겪으면서, 음흉한 앵글로 색슨의 DNA를 유감없이 발휘하여, 세계 제일의 첩보 합중국이 되었다.

첩보 조직은 막대한 국가 재정의 특혜를 누리면서, 세계지배 패권 전략의 앞잡이로, 핵무기보다 더한 위력과 효용성이 있었다. 해방 후 米군정은 이런 점을 잘 활용하여, 졸지에 강제 불법 점령 당해 식민지 백성이 된 순진한 조선인들을 종미 숭미주의자로 유도 설득 포섭해 첩보 조직 확대에 주력했다. 주로 米군정 하지 중장의 통역 담당자들의 출신 배경과 비슷한 고급 인력들이 주 대상이었다.

이북 출신 월남자(지식인, 자본가), 연희대학 출신이거나 이와 관련 있는 기독교인 성분이 특별히 선호되었다. 여기에 건달 시정잡배, 일제강점기 고등계 형사, 헌병, 보조 찌끄레기를 비롯한 경찰, 밀정, 밀대, 끄나풀들이 대거 참가했다. 이들의 주 임무는 미국을 신성시하고, 아메리카 자본제국주의 사회의 천당화(天堂化) 선전, 조선 민족의 독립정신과 주체 의식을 말살하고 열등의식을 확산, 외세의존 사대매국 정신의 고취였다. 다음으로는 맹목적 반공 돌격대가 되어, 빈민 해방과 빈곤 타파를 위한 토지의 경작자 소유와 사회 계급의 평등을 주장하는 애국자, 민족주의자, 정의감에 불타는 젊은이들을 공산주의 빨갱이로 몰아서 죽이는 일이었다.

이 양심 있는 '관제 공산주의 빨갱이'들은 산으로 갔다. 여기에는 일제에 부역한 매국 밀정, 독립운동 애국자를 잡아다가 잔혹하게 고문 학살하던 고등계 형사도, 항일유격대 독립군을 토벌하던 왜놈 앞잡이 황군 출신, 만주군 출신 장교들은 없었다. 산으로 간 이들이 산사람, 세칭 구빨치요, 밤손님, 밤사람이었다.

해방공간, 6·25전쟁 전후 얼마나 많은 산사람들이, 이 땅 조국

강산에 나라 사랑의 붉은 피 뿌려 산화해 갔던가. 백두정맥, 태백준령 뻗어내려 일월산, 소백산 줄기 제일 뫼, 지리 연봉들, 그 밑뿌리 백운산 봉우리, 한양을 향해 눈을 부릅뜨고 고개를 빳빳하게 들고 우뚝 선 반역의 기개 연면한 노령의 끝자락 불갑산의 혈맥 염통을 뚫고 지나간 총알, 그것이 메이드 인 USA 총알이었다. 사대 매국 반민족 반통일 USA의 강아지 밀정 밀대들은 이것을 잘 안다.

역사는 영원히 기억할 것이다. 역사에는 눈도 있고 귀도 있다. 아메리카 자본제국주의 밀정 밀대들의 변신, 발전과 새 모습으로의 등장이 오늘의 이른바 그 이름도 빛나는 뉴라이트 매국 강아지들인 것을…. 멀지 않아 다가올 새 역사의 그날, 역사는 입을 열어 큰소리로 명령할 것이다. 그 이름도 빛나는 뉴라이트, 그 반역의 부류들을 하나도 남김없이, 싹싹 쓸어 지옥행 열차에 태워 보내라고….

뉴라이트는 미국이 심어 키운 밀정 밀대다. 이들은 세계 최강 미국의 비호 아래 3대가 지나는 긴긴 세월 동안 잘 먹고 잘살았다. 이것들은 KCIA에 소속되어 학생 시절부터, 학생운동 노동운동을 가장하여 동지를 배반하고 동지들의 동향 보고로 공을 쌓아, 대통령, 장관, 국회의원, 기업체 CEO로 특혜를 누렸다. 대학교수, 법조계, 종교, 문화, 예술계에 분포하여, 그동안 백색 독재, 군사 파쇼정권에 빌붙어 반민주 반민족 반통일 행위를 서슴지 않았다.

이들과 형제지간인 민족반역행위로 역사와 전통을 자랑하는 매국 도당 토착왜구가 있다. 이것들은 뿌리가 아주 깊다. 삼국시대 이전 부족국가 때부터 이 키 작은 도둑떼 왜구(倭寇)가 이 땅에 출몰하여, 살인 강간 약탈 방화 납치를 일삼았는데, 이때부터 이런저런 경로로 알게 모르게 왜의 씨가 정착하기 시작을 하였다. 왜의 종자가 아주 내놓고 질펀하게 자리를 잡은 것은, 두말할 것 없이 7년 동안 이 땅을 짓밟았던 임진왜란 시기였다. 영구적이고 거대한 석성을 쌓고 수만 병력이 똬리를 틀고 주둔해 있었다. 조선천지는 왜놈들 세상이 되었고, 나라 남쪽 바닷가에서 이순신 함대가 겨우 국통(國統)을 지키기 위해 고군분투 혈전에 혈전을 이어가고 있을 뿐이었다.

근세에 와서 일제 조선 강점 36년은, 왜구의 씨앗을 안정적으로 정착시키고 번식시킬 수 있는 천재일우의 기회가 되었다. 영악하고 치밀한 계획으로 일제는 당장이 아닌 먼 장래를 보고 왜구 토착 번식에 지혜를 다하고 국력을 기울였다. 조선의 천재로 이름을 떨치던 이광수 최남선이 왜왕의 신민이 되고, 조선 최고의 지식 청년들을 일제가 일으킨 전쟁의 총알받이로 내모는, 학병 지원을 선동하고 연설을 할 정도가 되었다. 동조동근(同祖同根), 내선일체(內鮮一體), "한 조상 한 뿌리, 일본과 조선은 한 몸이다"에 감읍하여, 일본인은 1등 국민이고 조선인은 2등 국민을 자처하고, 만주인이니 일본 점령하의 동남아인을 3등 국민이라며, 이를 자랑스러워하고 기뻐하는 풍조가 조선 사회를 휩쓸 정도가 되었다.

왜구의 토착 번식은 여기에서 끝나지도 않았다. 박정희 친일 친미 주구가 쿠데타로 정권을 잡고 굴욕적인 한일기본협정이 체결되었다. 이후, 매판자본이 현해탄을 건너 남쪽 경제는 말할 것 없고, 자본주의 사회 돈의 위력을 이용하여, 정치 문화 사회 전반에 걸쳐서 왜색을 입히고 이를 좌지우지하기에 이르렀다

그때 대한민국은 형편없는 국민소득을 가진 세계 최빈국 중 하나였다. 일본 돈 몇 푼이면 국회의원 매수는 물론이고 친일 매국 정당 하나 만드는 건 별 큰일도 아니었다. 박정희가 일본 상전들에게 무릎을 꿇고 구걸한 굴욕외교의 대가는 독립축하금으로 무상 2억 달러, 정부 차관 3억 달러였다. 상업차관 형식의 3억 달러는 한국기업을 통해 빚 놀이를 하겠다는 전형적인 매판자본이었다. 이렇게 해서 일본은 토착왜구의 정착 생존뿐만 아니라 경제적으로 기득권층이 되어, 신분 상승을 꾀하고, 정치사회 국정을 농단할 수 있는 집단화와 세력화에 성공한다.

토착왜구는 한일기본협정으로 조선 남녘땅에서 합법적으로 튼튼하게 뿌리를 내리고, 민족의식 주체의식 독립정신이 흐물흐물한 남녘 사회에서 별다른 저항을 받지 않고 왕성한 번식력으로 사회 각계각층에 침투해 친일 사대사관(事大史觀)을 선동하였다.

나 자신도 모른다. 부족국가 때부터 이 땅을 오염시키기 시작한, 기저귀(훈도시) 찬 키 작은 떼도둑의 피가 내 혈관을 타고 흐르는지도 모른다. 그렇기 때문에 키 큰 떼도둑 양키 털발들이 이 강산 강점에 이렇게 비겁한지도 모른다. 양키 털발들은 총칼, 스텔스 폭격기, 핵잠수함을 몰고 와 강토를 짓밟는데 나는 왜 돌멩이 하나도 제대로 던지지 못하고 있는 것일까.

토착왜구는 뉴라이트와 형제 간이다. 아비는 각각 다르지만 어미가 하나다. 그들의 혈관에는 반민족 반통일 사대매국의 피가 흐른다. 토착왜구는 왜놈 쪽발이 고쓰까이 밑씻개이고 뉴라이트는

코쟁이 양놈 푸들 강아지이다. 이것들이 요즘 합작하여 대통령에서부터 장관, 국회의원, 검찰, 미국기 들고나오는 광화문 떨거지들까지, 한 무더기로 뭉쳐서 준동 발악을 한다. 나라를 일본에 팔아먹지 못해서 안달이 난 것이다. 구한말 이용구 등의 일진회(一進會)와 똑같이 닮은 꼴인 것이다. 양키 米제국주의 군대 대신 왜놈 쪽발이 군대가 용산에 들어와야 한다는 것이다.

숭미 從日(종일), 이 더러운 반역자들은 간도 쓸개도 없는 간나구 갈보 근성의 인간쓰레기들이다. 우리 역사상 단 한 번도 제대로 청소를 못 한 사대 굴종 매국노들이다.

역사는 승리의 날을 예비한다. 조국이 하나 되는 그날, 민족해방의 날에 숭미 종속 종일 굴종, 양키 강아지 왜놈 밑씻개 뉴라이트와 토착왜구들의 심판의 날이 될 것이다. 일천삼백여 년 자주와 주체, 주권을 잃어버린 역사의 치욕, 민족이 흘린 핏값을 기필코 받아낼 것이다.

승리의 날이여 오라.
조국의 자주 통일 만세!
완전한 통일 독립국가 건설 만세!

3장
한국은 주권 국가인가?

1. 국격도 주권도 없는 나라

21. 3. 15. 현장언론 민플러스

음력 정월 대보름이 지나고 우수 경칩이 지나면 평양 대동강 물도 풀린다.

옛 선인들의 지혜와 통찰력은 대단했다. 눈 덮인 땅속 저 깊은 곳으로부터 오는 봄의 발자국 소리를 미리미리 앞질러 들을 수 있었다. 산야엔 하얀 눈이 두텁게 쌓여 있고 살갗을 에는 찬 바람이 쌩쌩 부는데 봄이 오는 발자국 소리를 미리 듣고 '입춘(立春) 절기'를 겨울 한복판에 박아 놓은 것이다.

며칠 전 대관령에 폭설이 내려 도로가 막혀 큰 소동이 벌어졌는데 벌써 여기저기서 꽃 소식이다. 지리산 자락 구례 산동면 산수유마을에선 노란 산수유가 피었다는 소식이다. 이에 뒤질세라 광양 매화마을에서 매화가 활짝 피었다는 것이다. 깊은 산골짜기 실개천에는 한겨울 얼음 속에서도 버들강아지가 하얀 솜털을 피워

낸다. 산등성이에는 생강나무꽃이 눈바람 속에서도 땅속 깊은 곳에 봄이 오고 있음을 알려준다.

고산 윤선도의 귀양처 보길도 세연정에도, 다산 정약용의 유배지 강진 땅에도 하마 봄이 오고 있으리라. 지리산 피아골 세석평전 불무장 등에도 봄볕이 내릴 것이다. 광양 백운산 빨치산 소굴 전남부대 옛터, 구름 위로 고개를 빳빳하게 쳐들고 서 있는 산꼭대기에도 봄이 오고 있으리라.

지난 5일 경칩이 지나자 계속해서 영상 10도를 웃도는 요즘 서울 날씨이다. 없는 사람 살기는 여름이 좋다는 말이 있듯이 역시 어렵게 살아가는 바닥사람들에게는 추운 겨울보다는 따뜻한 봄이 좋은 것이다. 나이 든 사람들에게는 '봄' 하면 강남 갔던 제비가 다시 찾아오는 음력 춘삼월(春三月)을 떠올린다. 하지만 요즘 세대는 진달래 벚꽃이 만발하는 양력 4월쯤을 생각하기 마련이다. 음력 3월이건 양력 4월이건 봄이 오면 날씨가 따뜻하고 온통 세상천지에 새싹이 돋고 아름다운 꽃이 피어서 좋다.

지금은 비닐 온실이 일반화되어서 겨울꽃 보기가 일상화되었지만 '보릿고개' 시절 겨울에 꽃을 본다고 하는 것은 세상에 없는 일이었다. 그래서 그리운 임에게 '동지섣달 꽃 본 듯이 날 좀 보소'라는 민요가 생겼다. 일었던 땅 위에 새 생명이 돋아 오르고 강눌이 풀려 휘감아 흐르는 들판엔 아지랑이가 일었다. 푸른 보리밭 위로는 노고지리가 우짖는 봄, 흰옷 백성들은 구십춘광(九十春光)을 노래했었다.

이렇듯 평화로운 땅에 쪽발이들의 군홧발길 소리에 이어, 바다 건너온 양키 털발들의 캐터필라 소리가 물경 1세기를 두고 봄꽃 소식을 대신하고 있는 것이다.

　오늘도 아침 신문에는 한반도의 긴장과 전쟁책동을 일삼는 기사가 빠짐없이 올라온다. 3월 들어 부쩍 마음이 급해진 사대매국 언론들이 하루도 거르지 않고 미국인들의 전쟁책동을 부추기고, 교묘하고 고약한 표현(말투)으로 북의 비윗장을 거스르려 드는 것이다. 새로 들어선 바이든 정부를 충동질하고 미국인들의 대북여론을 악화시키려는 데 그 목적이 있는 것이다. 또 다른 한편 한국의 외세의존 숭미세력들을 선동, 꺼져가는 반공의식 대북 적대의식을 일깨우고 어떻게 하든지 전쟁 분위기를 띄우기 위한 술책을 부린다.

　어느 때를 막론하고 미국이 세계평화, 한반도의 안정을 위해 조용하게 있은 적이 있었으랴만, 해마다 해가 바뀌고 3~4월 꽃 피는 봄이 오면 전쟁연습, 군대를 동원한 각종 기동훈련이 많았다. 휴전 이후 30~40년 동안 하루도 쉬지 않고 그들이 한반도 상륙작전 이북 침공훈련으로 한반도 정세를 악화시킨 일들은 접어 둔다고 치자. 북이 자위적 핵 개발 징후를 보인 이후 미국은 그야말로 무자비한 대북 말살작전에 돌입했다.

　오키나와, 괌, 하와이, 미 본토로부터 대규모 병력 이동작전을 감행했다. 한반도에서의 전면전을 가상해 핵추진항모와 핵잠함을 위시하여 대규모 선단이 한국 내해 깊숙이 수시로 진입 위협을 가했다. 스텔스 기능의 최정예 정찰기와 이른바 그들의 전략자산인 초대형 스텔스 전폭기(죽음의 백조)가 휴전선 부근까지 근접 비행을 하는 실로 아슬아슬한 일촉즉발의 전쟁모험극을 감행했다.

　시시때때로 도발적이고 기분 나쁜 이름을 붙여 실시하는 전쟁

연습은 말할 것도 없지만, 팀스피릿 훈련, 키리졸브 훈련, 몸에 소름이 끼치는 '참수작전' 등은 그야말로 악명 높은 흉측스런 도발훈련이었다. 미국의 침략근성, 폭력성, 흉측하고 잔인한 그들의 야만성을 그대로 잘 보여주는 전쟁 소동이었다. 힘의 지배, 총과 자본으로 세계를 지배하겠다는 패권주의의 모습을 적나라하게 보여주는 군사행동이었다.

인간이 땀 흘려 생산한 부의 열매, 축적된 자본을 사람들의 복리(福利), 인류의 평등 행복을 위해 소비하지 않는다. 동물적인 힘, 폭력을 확대 재생산하는데 쏜다. 끊임없이 전쟁수단에 매달려 패권추구에만 열을 올린다.

자기들은 아무런 죄도 없는 우리에게 76년 동안 강제 점령, 강제 분단의 악행을 범하고도 얼굴색 한번 변하지 않고 중국의 인권, 북의 인권문제를 들먹거린다. 한국전쟁 베트남전쟁에서 그렇게 많은 사람들을 폭격으로 죽이고도, 홍콩시위 미얀마시위에서 희생된 인명피해를 들먹거린다.

끈질기게도 악독스런 돌림병 코로나19에 시달리며 지난해 한국인들이 피땀으로 벌어들인 돈 중에서 1조 1833억 원이 쓸데없이 지출된다. 미국 군대의 주둔비용으로 주는 돈이다. 전국에 산재한 미군 주둔지 그 많은 땅을 내주고 주둔비용까지 대주고도 온갖 내정 간섭을 다 받는다. 상말에 내 무엇 주고 뺨 맞는다는 말이 있다.

주권국가이면 당연히 가져야 할 국군 전시작전권도 미국의 점검 판단 기준에 맞아야 전환이 가능하다는 것이다. 백 년 하세월로 식민지군대 운영체제 그대로 두겠다는 것이다. 한국군 통수권을 거머쥐고 두고두고 주권 침탈에 무기까지 팔아먹겠다는 수작이다.

문재인 정부가 추진하는 한반도 평화 프로세스에 의한 '선 종전선언, 후 비핵화' 협상에도 미국의 기준에 의한 안보평가에 '합격'해야 한다는 것이다. 중국을 포위하는 미국의 대중(對中) 적대정책에 무조건 동조를 해야 한다. 뿐만 아니라 위안부문제, 징용문제를 모두 다 일본에 양보하고 한미일 삼각동맹을 전제로 한 협상에 임하라는 압력도 드세다. 한국 내에 동결된 70억 달러의 이란 자금도 풀어주지 않겠다고 으름장을 놓는 판이다.

도대체 대한민국이라는 나라는 그들 미국인들에게 어떤 존재일까. 봉건왕조의 시녀, 귀족의 몸종쯤에나 그 격이 해당하는 것일까. 함포 외교로 식민지를 확장하고 아프리카를 침공하여 노예를 사냥하던 지난 세기의 몽상에서 아직도 깨어나지 못하고 있는 것이다.

1866년 셔먼호 사건에 이은 신미양요 이후 1백60년 동안 미국은 왜 우리를 계속 못 살게만 구는 것일까. 무력이 약한 나라는 국격도 국권도 없다는 말인가. 대한민국의 정부는 도대체 무얼하고 있다는 말인가. 정권 담당자들은 도대체 배알도 쓸개도 없다는 말인가. 미국인들의 눈치만 보다가 세월 다 보낼 참인가. 대원군 영감은 서양인들의 침략에 맞서 대포를 쏘아 대고 전국 곳곳에 척화비라도 세웠었다.

주권을 행사 못 하는 나라, 국권이 없는 나라. 이런 나라 살림하자고 옛 선열들이 그렇게나 많은 피를 흘렸다는 말인가. 세계 속 대한민국의 국격을 객관화하고 이 민족적 수치에서 벗어나야 한다. 국권과 국격을 침탈당한 이 치욕의 현실을 절치부심, 기필코 이를 타파해야 한다.

2. 불법 강제점령 주둔군에 돈을 준다?

21. 2. 23. 현장언론 민플러스

남한이 북보다 46배나 잘 산다고 떠들어 댄다. 삼성의 반도체 장사, 현대의 자동차, 조선(造船) 사업이 잘된다고 한다. LG를 선두로 한 SK와 삼성SDI 등 한국 전기차 배터리 제조 3사가 2020년 기준 전 세계 시장 점유율 34.7%를 차지했다는 것이다. 미래의 먹거리 산업으로 자율주행차와 인공지능(AI) 기술 개발에도 천문학적인 돈을 집중 투자할 계획이란다.

1960년대 구로공단의 가발 가공으로 시작한 한국의 수출산업이 비약적으로 발전한 것은 세계의 주목을 받을 만한 자랑거리임이 틀림없다. 5·16 군사쿠데타 이후, 경제개발 5개년 계획을 세우고, 아무리 발버둥을 쳐도 밥을 제대로 먹을 수 있는 나라 형편이 아니었다. 농자천하지대본(農者天下之大本) 사회, 농촌인구가 전 국민의 8할 이상을 차지하고 있었다. 국민소득 일백 달러가 채 안 되는 상태에서 해마다 봄이 오면 가파른 보릿고개를 넘어야 했다. 절대다수의 절량농가(絶糧農家)에선 풀뿌리 나무껍질로 겨우 연명을 하고 있었다. 손톱 밑에 피가 어리고 허리가 휘는 고령층 농업 종사자의 희생을 딛고 공업 생산품이 조금씩 생산되기 시작한 것은 70년대 들어서부터였다.

수출입국으로 우리가 끼니를 거르지 않게 되기까지 이 시대를 버티게 해 준 몇 가지 희생이 더 있었다. 도시 서민들에게 공급되는 싼 연탄값은 목숨을 담보로 한 채탄 광부들의 저임금 노동의 대가였다. 베트남전쟁에서 들어오는 돈과 숨 막히는 중동 열사의 사막에서 벌어들이는 오일달러를 빼놓을 수가 없다. 입에 담고 싶지 않은 일이지만 일본인 상대 '기생관광' 역시 산업화의 밑천, 수출제일주의의 일익을 담당했음을 기억한다.

무엇보다도 수출입국의 초석은 나라 땅덩어리와 국민들의 머릿수를 저당 잡힌 차관, 국민 각자의 잘살아 보자는 의지와 근면성이었다. 열 식구 일곱 식구가 굶어 죽지 않고 살아남기 위해서 식구 하나 입을 더는 것이 그렇게나 절실하고 간절한 일이었다. 식구 많은 집에 태어난 시골소년들은 서울 가서 식당뽀이가 되어 삼시세끼 밥을 굶주리지 않는 것이 당장의 소원이었다. 시골소녀들도 서울 부잣집 식모살이 가는 꿈을 꾸며 가슴이 설레던 시절이 있었다.

지금은 밥은 먹고 사는 세상이 되었다고 한다. 밥을 먹고 사는 세상이 되어선지 몰라도 그만큼 쓸쓸이가 많아졌다. 겉치장은 화려한데 속을 들여다보면 서민생활 바닥인생들 살기는 예나 지금이나 고달프고 팍팍하다. 지금도 생활고로 죽어가는 가족들 소식은 끊이지 않는다. 차가운 밤거리 노숙자들의 참혹한 잠자리 모습도 여전하다. 점심 한 끼를 얻어먹기 위한 무료급식소 앞의 줄서기는 오늘도 차고 넘친다. 허장성세로 돈을 펑펑 쓰고 돈 몇 푼 벌었다고 부를 과시할 처지는 아닌 것이다.

우리가 지금 난방이 잘 된 지하철을 타고, 맥도날드 햄버거에 이태리 빈대떡 한 판을 시켜 먹고 게트림을 할 계제가 아니다. 메이저리그에서 류현진이 던지는 강속구를 즐기고 메시와 손흥민의 화려한 발재주를 감상하며 '치맥'을 즐긴다고 누가 우리를 존경해 주고 국격이 올라가는 것도 아니다.

당장 밥을 못 먹어서 생명에 위협을 받는 지독한 가난, 조상 대대로 자주권을 짓밟힌 식민체제의 연속이었다.

급기야는 강대국의 정략에 의한 국토분단이라고 하는 치욕적인 현실을 딛고 겨우 밥을 먹고 옷을 입고 사는 형편이 되었다. 밥을 먹고 옷을 입고 살게 되었으면 이제 제정신을 차려야 한다.

밥을 굶고 옷을 헐벗었을 때엔 밥과 옷 핑계를 댈 수 있었다. 우선 살기 위해서, 우선 동물 아닌 사람이기 위해서, 우선 급해서 제정신을 차릴 겨를이 없었노라고…. 밸 창자도 다 긁어내 버리고, 얼 넋, 겨레 혼, 민족정신, 나라의 통일 자주독립을 챙겨 들고 나설 그럴 힘도 용기도 아무것도 없었노라고…. 다 잃어버리고 목에 숨이 붙어서 짐승처럼 살아만 있었노라고….

우선 밥을 먹고 옷을 입고 죽지 않고 살아가야겠다고, 조상이 물려준 땅을 파고 갈고, 코쟁이가 들려준 총칼 들고 베트남에도 갔었다. 중동 모래바람 속에서 돈을 벌어 호랭이보다도 더 무서운 가난을 이겨내고 한번 살아보겠다고 이빨을 물고 아우성을 쳤었다. 2만 달러 3만 달러 고개를 넘으면 사람처럼 살 수 있을 것이라고, 사람 사는 세상을 이룩할 것이라고 소원하고 빌고 빌고 또 빌었었다.

새해 들어 OECD 30개국 중 7위를 넘어 이태리를 제치고 6위권에 올랐다는 자랑 보도가 있었다. 돈을 많이 버는데, 나라가 부자가 된다는 데 싫거나 거부할 생각은 전혀 없다. 그런데도 어쩐지 가슴이 철렁 바윗돌 내려앉는 소리가 들리는 것 같았다. 인간은 밥만 먹고 사는 동물이 아니기에 그렇다.

사람은 먹고 생각하는 동물이기에 사람 대접을 받는다. 생각도 사람다운 생각을 하기에 인간이 되는 것이다. "사람(人)이면 다 사람(人)이냐, 사람(人)이라야 사람(人)이지"라는 말이 있다. 우리는 지난 76년 동안 미국의 압제 아래서 종속국가의 국민이 되어 살아왔다. 고래로부터 예속국가의 국민은 완전한 자유인, 자주권을 가진 독립인격체로서의 사람이 아니었다.

사람은 살아만 있는 생존체 본능에 반응하는 동물적 생명체에서 끝나는 존재가 아니다. 생각하고 창조하는 발전력, 현재만이 아닌 내일 미래까지도 유추 예상하고 설계하는 특수 개체인 것이다. 인격체란, 상상 실행 창조 능력에 예의 규범 덕성을 더한 윤리적 완전개체를 말한다. 우리는 국토의 분단 핏줄공동체의 혈맥분단으로 완전한 인격체, 사람다운 사람, 참인간의 삶이 아닌 생활을 계속하고 있는 것이다.

GDP 3만 달러를 넘어서고 경제력 세계 6위권에 들어도 지구 공동체의 완전한 한 인간, 주체적 자유인 "세계시민"의 격에는 이르지 못한다. 아직도 우리는 아메리카 제국의 압제 아래 있고 "세계시민"으로 완전한 인격체의 삶을 누리지 못하고 있는 것이다.

국제사회 세계의 시선은 냉정하다. 밥만 먹고 사는 동물이라고, 백 년 동안 깨어날 줄 모르는 형편없는 족속이라고, 자주와 독립 주체를 모르는 백성이라고….

경기도 평택에는 세계에서 제일 크고 최신예 전략기지로 설계 건설된 미군주둔기지가 있다. 미군 2개 사단 이상의 2만 8천여 명이 둥지를 틀고 있다. 이들의 주둔비용을 우리가 부담해야 한다는 것이다. 왜? 무엇 때문에 이들 침략군대의 강점 주둔비용을 우리가 부담해야 하는가? 이제야 겨우 밥을 먹고 사는데, 옆구리에 칼 들이대고 강도 수법으로 협박 돈을 빼앗아 가려는 것이다.

2만 달러 3만 달러만 벌어들이면 살 수 있을 것이다. 사람답게 살 수 있을 것이다 생각했는데 아니었다. 나라 땅은 여전히 갈라져 있고 민족공동체 역시 핏줄이 끊어진 채, 압제의 사슬 아래 신음 중이다. 백성들이 피땀으로 쌓아 올린 3만 달러 경제탑은 허울뿐이고 속은 텅텅 빈 모래성이 되었다.

종주국의 지시로 강제 배정된 신예 스텔스기 한 대 값이 머리가 핑핑 도는 천문학적 돈 보따리인 것이다. 여기에 60만 병력 유지, 군사훈련비, 미국이 생산해 내는 신예병기 구입비가 더 있다. 쓸데없이 미국이 시키는 대로 동족끼리의 적대행위와 전쟁놀음에 남한 백성들의 인간다운 삶, 세계시민으로서의 품격유지 비용은 저 멀리 뒷전이 되었다. 반역사 행위, 반민족 사대매국 행위에 아까운 돈 보따리를 헛되이 쏟아붓고만 있는 것이다.

새로 들어선 미국 정부와 미군 주둔비용 액수를 비밀 협의 중에 있다. 트럼프가 요구한 액수보다 싼 13% 인상선에서 타결이 될 것이란 전망이 나노는 판이다. 돈이 썩이 남아도는 모양이다. 대한민국 국고가 차고 넘쳐서 달러 무더기를 다 감당할 수가 없는 모양이다. 더 오래 쌓아두면 곰팡이가 끼어 못쓰게 될 지경이 된 것이다.

그렇게 넘쳐나는 돈이 있으면 왜 우리 사는 사회가 이다지도 살기 팍팍하고 어렵고 힘이 드는 것인가. 길거리 노점상, 영세상공

2부 대한민국의 현실

업자, 영세자영업자, 하루 벌어 하루 먹고 사는 일당 노동자, 배고픈 알바생, 아직도 연탄 때고 사는 독거노인, 각종 배달업 종사자들에게 돈을 풀어주라. 세상에 강제 점령 불법 주둔 군대에 그들 주둔 비용을 퍼내 주는 나라가 어디 있다는 말인가.

정신이 나가고 넋 떨어진 한국 정부 당국자들 제정신 바로 차리고 똑똑히 들어라. 얼 넋 빠져 버리고 민족혼이 죽어버린 사대매국 반민족 패거리들도 귀가 있으면 들어라. 평택 주둔 미국군대는 "주한(駐韓)" 미군이 아니다. 미국의 이익을 위한 전략적 판단에 의해 세계 어디에라도 어느 때를 가리지 않고 출동할 수 있는 "기동타격군대"인 것이다. 전 세계를 대상으로 한 국제전략타격군대이다. 한국인의 혈세로 그들의 주둔비용을 감당할 성질의 군대가 아니다.

지체 없이 미국 군대는 그만 꾸물거리고 제 나라로 돌아가야 한다. 백번을 고쳐 생각을 하고 아무리 머리를 짜내어 거듭거듭 생각해도, 남한 땅을 불법 강점 주둔한 군대의 주둔비용을 내줄 수 없는 것이다.

3. 남녘 동포들의 두 가지 우상

23. 2. 4. 현장언론 민플러스

남쪽 사람들에겐 깨어나지 못하는 우상이 있다.

1945년 8월 15일 일제로부터 해방이 왔다. 실로 도적같이 온 해방이었다. 동학혁명을 진압하기 위해 조선에 출병한 청나라에 대응하여 일본군이 조선반도에 상륙했다. 이어서 일어난 청일전쟁, 러일전쟁에서 승리한 일본의 위세는 대단했었다. 중국을 비롯한 아세아 대륙 거의 모두와 오세아니아 태평양권, 아메리카 대륙까지를 손안에 넣겠다는 계획하에 진주만(하와이)을 폭격하고 달려들었던 것이다.

전쟁 말기에 일억옥쇄(壹億玉碎)를 부르짖으며 전의를 불태우던 일본의 기세로 보아, 해방의 날이 그렇게 빨리(?) 오리라곤 아무도 예측을 못 했었다. 우리의 염원인 조국 통일의 날도 이처럼 예고 없이 예상치 못한 어느 날 우리를 찾아올 것이다. 도적같이 찾아올 참 해방의 날, 남북 8천만 우리 민족 전체가 하나가 되는 완전한 자주독립국가의 쟁취를 위해 남녘 동포 스스로가 해야 할 두 가지 과제가 있다.

물론 우리 민족의 완전한 자주통일 독립국가 건설을 위해선 무엇보다도 시급한 것이 아메리카 자본제국 군대의 철거이다. 이것은 전체 우리 해달겨레 앞에 놓인 현실적이고 실질적인 현안이고, 당장 실천 실행에 옮겨야 할 최급선무, 긴급 의무 사항이다.

이런 일대 사변적 투쟁, 거족적 역사 변혁의 대결전을 앞두고, 우선 마음을 가다듬고 투혼을 일깨우고, 의식 개혁과 정신 혁명을 먼저 이룩해야 한다. 식민사회에 태이니서 식민정책 철저한 식민제도 속에서 살고 있는 남녘 동포들에게 있어선, 무엇보다도 어렵고 거의 성취 불가능에 가까운 것이 의식 개혁과 정신 혁명일 것이다.

자기 자신 찾기, 자기 정체성, 독립 의지, 주체성 회복이 지극히 어려운 문제가 되는 것이다. 하늘을 향해 곧추선 자기 얼·넋

찾기, 이것 없이는 사람 노릇, 인간 노릇, 시민 노릇, 국민 노릇이 불가능하다. 제대로 된 민족 구성원 노릇을 할 수가 없는 것이다.

우리는 5년마다 한 번씩 이른바 대통령 뽑기라는 것을 한다. 미국(米國)식 개별 비밀 투표라는 것이 까놓고 보면 사기꾼 돈 있는 자들의 말 잔치 '돈지랄' 놀음이다. 조금만 생각해 보면 알 수가 있다. 남쪽에서 이것저것, 이런 선거 저런 선거, 수십 가지의 직접 비밀 투표에 의한 선출직 뽑기가 실시된다. 높게는 대통령에서 국회의원, 도지사, 교육감, 시장 군수, 시·군·구의원, 농축협 조합장, 산림조합장에 이르기까지 모두가 직접선거에 의한 선출직이다. 이 외에도 잡다한 여러 가지 단체장, 심지어는 산골 조그만 동네 이장님까지 선거에 의한 감투들이다.

이 많은 선거의 당선자, 선출직 장(長) 자리들 중 빈민 노점상, 하루 벌어 하루 먹고 사는 일당 노동자는 단 한 사람도 없다. 몇천 몇백억이나 수십억, 최소한 저 먹고 살 만한 재산이 부유층이다. 허울 좋은 자본주의 헌법과 선거법엔 모든 인간은 평등하고 균등한 기회를 가진다. 새빨간 거짓말이다. 米國식 선거민주주의란 돈 판돈 놓고 돈 먹기인 것이다. 돈 없는 빈민 노동자, 하층 임시직 청소부, 바닥 인생들과는 아무 상관이 없는 돈 놀음이다.

그러므로 서민 빈민 바닥 인생들 잘 살고, 인권 누리고, 사람다운 삶을 사는 세상은 실현되지 않는다. 수백 번 수천 번 선거 하고 붓 뚜껑 들고 빨간 인주 묻혀 제 맘에 드는 이름 밑에 꾹꾹 눌러 찍어보아야, 대동세상 통일세상은 펼쳐지지 않는 것이다. 선거 천만번 해 보아야 그놈이 그놈이고 그 나물에 그 밥이다. 78년 식민지 백성 억압의 굴레를 벗을 수가 없는 것이다. 불법으로 강제 점령하고 나라 주권을 좌지우지하는 米國 군대의 용산 둥지가 천날만날 요지부동이다.

깨어나야 한다. 식민 통치 일백 년 깊은 잠에서 깨어나야 한다.

첫째, 비정상 사회와 식민 통치, 억압 체제 최면에 걸려 정상사회 주권국체(主權國體)라는 착각에서 벗어나야 한다. 우리 남녘 동포가 주권국가이자 정상사회에 살고 있다는 허황된 꿈속에서 깨어나야 한다. 특히 아메리카 자본문화, 돈 제일주의, 개인 편의주의에 쩔어 혼이 나가버린 청년 학생, 꽃다운 청춘들 말이다.

얼을 되찾아야 한다. 겨레 혼을 일으켜 세워야 한다. 해달민족의 기상을 깨워내야 한다. 삼족오(三足烏)로 상징되는 태양(天神·해)의 아들 부르(火·불)족의 진취적인 기상을 되찾아야 한다. 해모수(해의 아들) 해 머슴아, 해달겨레 사나이들의 떠오르는 기백을 살려내야 한다. 남녘 동포 모두가 주권국가, 정상사회에 살고 있다는 허상을 버려야 한다.

두 번째, 대한민국 대통령을 우리 손으로 뽑아서 결정짓는다는 '택도 없는' 허수아비 꿈을 버려야 한다.

참으로 웃기는 뽑기 놀음이다. 지난해 선거에서 우리는 5천년대 최대 최고의 '위대한 인물'을 대통령으로 선출했다. 그 이름도 거창하고 웅장한 윤석열이라는 쪼다 아니고, '덕망과 인품을 갖춘 거룩하고 폼나는' 인물을 뽑아낸 것이다. 유사 이래 걸출한 인격자였다.

米國기만 들고나오고 싶은데, 체면상 어쩔 수 없이 거추장스런 태극기까지 들고 광화문에 나오는 사람들의 인물 고르는 안식이 용산 넘어가는 고갯길만큼 그야말로 높고 높은 '꼭대기 수준'임을 알 수가 있는 것이다.

여기에 더불어 전형적인 사이비 회색 지식인에 사대매국 친일 친미 반민족 반통일주의자 안철수 아니고, 간철수라는 '왔다리 갔다리' 우유부단, 맹물, 국민 배신자 흐리멍텅구리가 '0.73%의 승리 숫자'를 만들어 내는 데 기여한 공로 또한 절대적이고 지대한 것이었다.

부동산 투기로 잘 먹고 잘살고, 강남 학군 찾아 위장 전입, 병역 기피, 주식 조작, 두 손 두 발 싹싹 빌어 아부 잘하고, 쪽발이 양코배기에 빌붙어 높은 벼슬 꿰차는 재주가 그렇게나 비상한데, 백성 죽이고 나라 팔아먹는 꿈에서 깨어나는 데는 그렇게나 머리가 안 돌아가는 것이다.

남녘에 사는 동포들의 의식은 통 굳어 있어서 양(洋)꿈 꾸고 양똥 싸는 일에서 깨어날 줄을 모르는 판이다. 그렇게나 여러 번 대통령을 뽑아보고도 통 도무지 감을 잡지 못하고 헤매는 판이다. 대한민국 대통령은 미안하게도 우리 손으로 뽑아서 결정짓는 것이 아니다. 0.73%와 간철수와의 함수 관계를 한번 풀어 보면 답은 곧바로 나오고야 마는 것이다. 대한민국 국적을 가진 어떤 대단한 존재가 선거 닷새 남겨 놓고, 안철수를 '간철수'로 바꿔 낼 수 있다는 말인가?

역사와 전통에 빛나는 대한민국의 슬기로운 동포들이여, 한번 가슴에 귀를 대고 지혜를 짜내어 진정한 양심의 소리를 들어보시는 게 좋을 것 같기도 하다. 아메리카의 검은 그림자 음흉한 목소리가 진정 들리지 않는다는 말인가?

4장
사대매국세력의 발호(跋扈)

1. 희대의 요령꾼 이승만

24. 3. 28. 현장언론 민플러스

이승만은 대단한 요령꾼이었다. 일신의 영달과 출세를 위해서는 나라 민족, 스승 선배, 동지 따위 막무가내로 짓밟고 넘어가는 철면피였다. 그는 일찍이 머리 잘 돌리는 체질이어서, 서양 선교사 밑에 들어가 영어도 배우고 출셋길도 열어가기로 작정을 하였다. 배제 학당에 들어가 신학문을 맛보고는, 그동안 선교사에게서 배운 영어 실력으로 불과 일 년 만에 모교의 영어 선생이 되었나.

1885년 서재필 선생이 귀국하여 독립협회를 조직하고 독립신문을 발행하며, 사대 모화의 상징 '영은문'을 헐어버리고 그 자리에 민족자주의 상징 '독립문'을 세웠다. 뿐만 아니라 민중과의 소통 언로(言路)를 열기 위하여 만민공동회를 개최해 사회의 큰 반향을 불러일으켰다. 이승만은 약삭빠르게 이에 가담, 독립신문에 논설을 쓰기도 하고, 만민공동회에서 민중 계몽과 독립사상을 고취하여 크게 성과를 거두기에 이른다.

당시 이승만이 가까이 모시고 따른 선교사들은 자기들 모국인 식민지 침략제국주의 세력 확장을 위해 충성을 다하는 정치적 편향성을 가지고 있었다. 아프리카, 인도, 오세아니아, 동남아 등 구미 열강의 식민지 침략과 노예사냥 인신매매를 간접 지원하며, 이를 정당화하고 용이하게 하는 데 앞잡이 노릇을 하고 있었던 것이다.

조선 땅에 파견된 기독교 선교사들이라고 예외일 수가 없었다. 이들은 한 손에 종교 경전을 들고, 약소국 침략, 살인 약탈, 노예사냥, 인신매매 등 피로 얼룩진 얼굴을 십자가로 가리우고, 자비와 인간 구원을 외쳐대는 양두구육의 사이비 종교인들이었다. 이 서양 선교사들이 만약에 자기들의 모국과 중국, 일본제국주의가 서로 경쟁 적대관계가 아니었다면, 조선인들의 반중 반일 독립운동을 도와주지 않았을 것은 빤한 이치였다.

이승만은 매우 운수가 좋은 사나이였다. 요령꾼이어서 시류(時流)에 약삭빠르고 기회를 잘 잡아, 서재필 선생의 민중 계몽, 독립사상 고취 운동에 편승해, 일약 바다 백성을 위한 민중 투사의 반열에 오른다. 수구파들의 모략과 이간질 배척에 의해 서재필 선생이 추방을 당하자 '협성회회보' '매일신문'의 주필 자리에 오른다.

나중 그는 미국으로 건너가 언론 활동을 계속하였으나, 하와이 한인사회의 한인학교와 한인교회에서 경영권 문제를 야기하고 공금을 횡령한 혐의로 큰 물의를 일으켰다. 한인 1세 사탕수수 노동자들의 피 같은 독립운동자금에 사사로이 손을 대었던 것이다.

그는 1919년 4월 상해(중국) 임시정부에서 초대 국무총리로 추대되었으나 스스로 대통령 직함을 사용해 크게 문제가 되었다. 뿐만 아니라 미국에 구미위원부(歐美委員部)를 만들어 불법적으로 독자적인 외교활동을 벌였다. 이승만은 미주에 계속 남아 있으면서 제대로 직무를 수행하지 않고 임시정부 활동에 많은 제약을 야기시켰다. 시대가 요구하는 대일항쟁, 화급한 무장 독립투쟁에는 뜻이 없고 외교 제일주의, 외교로 독립을 얻어 내야 한다는 주장으로 일관하고 있었다. 미국 중심의 강대국에 의한 위임통치안을 제출하기도 했었다.

이 황당무계한 이승만의 사대 매국, 종속 식민지 추종 노선은 임시정부의 반대에 부딪히지 않을 수 없었다. 이에 임시정부 의정원은 보다 보다 못하고, 참다 참다 더 이상 참을 수가 없어서, 1922년 6월 이승만 불신임 결의안을 상정해 통과시켰다. 그러나 이승만은 이를 무시하고 안하무인격으로 과대망상증에 걸린 출세주의자가 되어, 대한민국 대표 대통령직을 사칭하며 국제적인 외교 행각을 멈추지 않았다. 미국 지상주의, 미국의 힘에 의지한 외교 종속주의자 이승만은 결국 1925년 3월 임시정부의 탄핵을 받고 제명되고 말았다.

태평양전쟁이 끝나고 조선 땅이 해방을 맞자 이승만은 그해 10월 서둘러서 귀국해 독립촉성회를 조직하고 지주 그룹인 한민당 세력, 서북 출신 기독교 세력과 손을 잡고, 권력을 잡기 위한 협잡질에 열을 올린다. 이승만은 좌우합작 반대, 미·소공위 참가 거부, 반탁 반공 노선의 남선(南鮮)만의 단독정부 즉각 설립을 주장했다.

　민족자주 역량을 발휘하여 외세의 간섭을 배제하기 위한 좌우 합작을 주장하고, 심지어 '부르주아 민주주의 공화국' 설립에도 찬성을 표한, 보편적인 현실주의자 여운형 암살에 동의한 혐의가 있다. 이어서 세상이 다 아는 보수우익 민족주의자 애국적인 김구 선생 암살은 직접 관여했을 가능성이 크다. 물론 미군정과 짜고 벌이는 정치놀음이었지만, 이승만은 이와 같이 자신의 정치적 목적을 위해선, 반일 독립투쟁 동지도 선배 후배도 안중에 없었다.

　독립운동 사회개혁 운동의 스승이고 대선배였던 서재필 선생에 대한 배신은 가히 패륜적 배신 배반의 극치였다. 이 나라 근대화 독립, 자강 자립의 선구자였던 서재필 선생은 가족이 몰살을 당하고 두 살짜리 아들은 종로 바닥에 던져져 굶어 죽는 참극을 겪었다. 나라에 끼친 공으로 보나 이승만 자신이 입은 은혜로 보나 대한민국의 초대 대통령은 어쩌면 서재필 선생이 되어야 했다.

　이승만의 이런 제 버릇 개 못 주고, 민족분단 남선 단독정부의 권좌에 앉아 '전쟁주의자, 북진통일 맹신자' 발톱을 드러내며, 6·25전쟁의 전범 제1호가 되었다. 그의 범죄 항목을 열거하려면 끝이 없다. 미군의 남선 불법 강점에 반대하고, 친일파의 재등용에 항거하여 입산한 순수 민족주의 청년인 야산대의 토벌학살, 4·3과 여순항쟁의 민간인 학살, 보도연맹 사건, 국민방위군 사건, 6·25전쟁 중 관제 빨갱이로 몰아 죽인 양민학살 범죄를 어찌할 것인가.

　정치적 과오로는 첫째가 국토분단 수용, 친미 종속 미국의 앞잡이가 되어 단독정부 수립 찬성, 민족통일국가 건설의 훼방꾼이 되었다. 헌법을 짓밟고 의정을 무너뜨린 부산 사사오입 정치 파동, 일방적인 북진통일 주장, 영구 집권을 위한 야당 탄압과 무자비한 정적 제거를 감행했다. 고리채와 미국의 잉여농산물 처리정책에 의한 농촌 경제의 파탄, 빈익빈 부익부의 악성 자본주의 수탈정책, 관리들의 부정부패로 사회기강은 모두 다 결딴나 있었다.

자유당 제2인자 이기붕의 처, 박마리아의 농간으로 이강석을 양자로 들인 이승만은 결국 이 교활한 암 여우의 변태적 정치야욕에 의해 운명의 날을 맞고야 만다. 우남 이승만의 '배필' 이기붕을 부통령에 당선시키기 위해 3·15부정선거를 획책하고, 이에 맞선 4·19혁명으로 이승만 정권의 악몽은 종말을 고한다.

희대의 요령꾼, 국토분단의 하수인이자 두목인 이승만, 아무 죄도·없는 우리 민족에게 79년 동안 양키 식민통치를 받게 한 원흉이었다. 참으로 원통한 일이 아닐 수 없다.

2. 외세의존 사대매국세력의 준동

20. 10. 30. 현장언론 민플러스

사내매국세력의 준동은 이제오늘의 일이 아니다.

멀리는 당(唐, 중국)나라 세력을 끌어들인 신라의 김춘추를 비롯하여 그의 아들 김법민 김인문 형제가 있다. 고려 말엔 우리 조상의 고토, 요동 정벌을 명한 최 도통을 거역하고 위화도 회군을 단행한 이성계와 조민수가 있고, 중세에 들어선 세종이 한글을 창제하여 반포하자 이를 반대하고 명(중국)에 고자질한 최만리 일파가 있었다. 근세에 와선 이완용을 위시하여, 1904년에 송병준과 이용구가 조직한 일진회(一進會) 세력까지 합세해 한일합방을 적극 지지·찬성하고, 나라의 자주권을 통째로 팔아먹는 데 앞장섰다.

그러니까 뿌리가 깊어도 여간 깊은 존재들이 아닌 것이다. 그야말로 나라를 팔고 민족을 욕되게 하는 데 앞장을 섰던 이들의 매국행각은 역사와 전통에 빛나는 크나큰 업적을 자랑하고 있다.

지난 12일 화상으로 진행된 미국 주재 한국대사관에 대한 국정감사 중 매우 흥미 있는 문제 하나가 불거져 나왔다. 이수혁 주미 한국대사의 지극히 타당하고 이치에 맞는 '미국 사랑' 친미 발언이 세상을 떠들썩하게 했다. "미국을 사랑하지도 않는데 70년 전에 동맹을 맺었다고 해서 한미동맹을 계속해야 한다는 것은 미국에 대한 모욕"이라는 발언이었다.

어려울 것도 없고 문제가 될 것도 없는 그야말로 평범하고 정직하기 짝이 없는 매우 소박한 주장이었다. 어찌 보면 표현 수준이 너무 낮은 중학생식 연애의 전범(典範) 이론이었다. 따지고 보면 주미 한국대사의 주장은 미국을 진정으로 사랑하고 깊은 존경을 담은 양심에 의거한 표현이었다.

미국이 어떤 나라인가. 전 세계를 커버하는, 전 지구를 손금 보듯이 속속들이 내려다보고 들여다보고 세상 비밀을 다 파악하고 있는 최고 수준의 정보력을 자랑하는 국가가 아닌가. 한국 정부가 주미대사 아그레망을 넣었을 때 만약 친미 성향의 인물이 아니었다면 대사 부임을 미국이 동의했을 리가 없다. 그러므로 주미 한국대사의 성향은 대단히 친미적이고 미국의 국가 이익에 부합

하는 행적을 가진 인물임에 틀림이 없다. 그런 인물이 미국의 이익에 반하는 발언을 하거나 미국 사랑에 흠집을 내는 주장을 할 리가 없는 것이다.

그런데도 한국의 사대매국 언론들은 한미동맹에 균열이 생기면 안 된다느니 어쩌느니, 미국의 반중국 정책에 불협화음을 낸다느니 하며, 온통 세상을 시끄럽게 호들갑을 떨었다. 일제에 충성을 다한 반민족행위자의 후손들과 친미 사대매국세력을 향해 요란스럽게 선전선동 나팔을 불어댔다.

뿐만이 아니었다. 미·중 갈등 속에 외교의 악재가 되었다고 떠들어 대는가 하면, 한미동맹을 포기하겠다는 것이냐고 협박을 하고 워싱턴에서 좋게 받아들이지 않을 것이라고 으름장을 놓았다. 미·중이 서로 국제패권을 다투는 신냉전적 상황에서 미국 편을 들지 않으면 대한민국이라는 나라가 곧장 무너져 내릴 것처럼 호들갑을 떨었다. 비상식적이고 지극히 몰상식한 충동질이다.

이는 사회의 공기이고 '정론직필' 언론 본래의 기본 상식에도 어울리지 않는 저질 맹목의 사대친미 논조이다. 여기에 일제 강점기 민족을 배반하고 나라의 자주권을 팔아서 일신의 영달을 꾀했던 친일파의 후손들이 벌떼처럼 일어났다. 이것들은 대대로 부와 권력을 거머쥐고 한국 사회를 좌지우지 오노하고, 흔들어대는 고약한 버릇을 가지고 있는 무리들이다.

매판자본 차관경제로 배를 불린 이들 토착왜구의 후손들은 재계는 물론 정치계에 다수 진출하여 국회를 장악하고 정권탈취를 시도한다. 촛불항쟁으로 빼앗긴 권좌에 대한 향수를 버리지 못한다. 기회만 있으면 사건을 침소봉대하고 견강부회하여 떼거리로 생떼를 쓴다.

　이들은 국회의원이라는 직위를 이용, 오로지 친일친미, 대한민국의 국익에 앞서 미국과 일본의 이익을 위하여 혼신의 노력을 다하는 무리들이다. 이들 친일친미 사대매국 토착왜구들은 주미 한국대사의 지극히 정당한 국익우선 발언에 대해 당치도 않은 매국이론을 전개한다.

　노무현 정부 때 겨우 첫발을 떼어 어렵사리 논의를 시작한 전시작전권 반환 문제만 해도 그렇다. 겨우 걸음마를 시작한 전작권 문제를 더욱 발전시키기는커녕, 이명박·박근혜 정부에선 외려 주저앉혀 버리는 추태를 연출했다. 겨우 협상 테이블에 올려놓은 국군 통수권 문제를 다시 들어다 미국 정부에 갖다 바치는 매국친미 행위를 감행했었던 것이다. 이야말로 매국적이고 치욕적인 정치 행각이었다.

　나라의 자주권을 스스로 포기하는 집권자, 제 나라 군대의 통수권을 통째로 들어다 종주국 정부에 갖다 바치는 국가 지도자가 이 세상 어디에 있다는 말인가. 도대체가 정신이 썩어 문드러지고 국가관 민족의식은 그만두고 배알도 없고 속 창자도 없는 물건짝들인 것이다.

　이렇게 사대매국세력이 날뛰는데 고무되어 주한 미국대사라는 자가 외교관으로서 제 위치를 망각하고 안하무인격으로 설쳐댄다. 주한미군의 주둔비용 인상에 대한 문제를 비롯하여 일본과의 군사정보 교환협정 문제, 한국 정부의 대북 정책에 대해 내정간섭적인 발언을 서슴지 않는다. 심지어는 한국 정부에서 군사기밀상 밝히지 않는 전략무기 도입을 의도적으로 공개, 친일친미 사대매국세력들을 고무 충동질하고 문재인 정부를 공격할 수 있는 시빗거리를 제공하고 있다.

그 실례로, 전작권 전환에 구색을 맞추기 위한 전략무기 도입계획에 의해 최신예 첩보전략 정찰기 글로벌호크기가 도입되었다. 한국 공군기지 격납고에 정착해 있는 사진을 일부러 트윗터에 올려 불난 집에 부채질을 했다. 이 사진을 공개한 해리스 주한 미국대사의 의도는 뻔한 것이다. 무조건 사대굴종, 맹목적 친일숭미세력에 보내는 격려의 신호탄이었다. 북의 눈치를 보고 반발을 의식하여 비위를 맞추기 위한 비공개 조치일 것이라는 암시를 주고 있는 것이다.

사대매국 언론과 반민족 세력들은 북과의 전쟁 상황을 벗어나 평화 정착에 힘을 쏟는 문재인 정부를 비방하고 흔들어대는 데 혈안이 되어 날뛴다. 일만 있으면 평화 정착을 깨부수고 긴장 구조를 획책한다. 전쟁상태로 몰고 가기 위해 온갖 야비한 수단을 다 동원하고 괴상한 몸짓과 이상한 이론을 전개한다. 전쟁을 하지 않고 못 배기는 미국의 폭력 근성에 발맞추어 사사건건 시비를 걸고 쌈닭처럼 끈질기게 전쟁을 획책한다. 이 반민족 사대매국세력이 이렇게 날뛰고 세상 무서운 줄 모르고 발악을 하는 데는 그럴만한 믿는 구석이 있는 것이다.

이렇게 천지분간을 못 하고 불의와 정의, 악과 선을 구별 못 하는 맹목적 사대 친일숭미주의자들의 상징을 우리는 광화문 광장에서 만날 수 있다. 태극기와 미국기를 같이 들고 뛰어다니는 겉모양만 한국인이고 얼·넋 정신과 혼이 일본인이고 미국인인 이상하고 괴상한 인간군상을 대할 수 있게 된다. 이들에게 있어선 미국은 무조건 신성하고 거룩하다. 따라서 한국군의 전시작전권도 넘겨받을 필요가 없다. 한미동맹은 신성불가침 조약이다. 미국의 지시에 따라 일본과 군사정보를 교환하고 한·일 군사동맹의 길을 열어야 한다.

언제나 가상의 적을 설정하고 피비린내 나는 전쟁구도를 만들어야 직성이 풀리는 나라가 곧 숭미주의자들의 정신적 조국인 미국이다. 경제 굴기와 군사 굴기로 부쩍 덩치가 커진 중국을 거꾸러뜨리기 위해 요즘 미국은 지구를 두 쪽으로 편을 갈라 세우는 전략에 착수했다. 한국의 입장이 매우 난처한 지경에 처한 것이다. 이것도 무조건 미국의 편 가르기에 동조하고 당연히 중국을 적대시하고 미국 편에 서야 한다는 것이다. 미국의 비위를 절대 건드려서는 아니 되고 한국은 미국에 종속된 식민지 국가임을 자랑스럽게 알아야 한다. 만약의 경우 한미동맹에 금이 가거나 한국 주둔 미군이 철수하게 된다면 이는 하늘이 무너지고 땅이 꺼지는 지구 멸망보다 더한 초사변적 사태가 되는 것이다. 도대체가 상상조차 할 수 없고 입에 올려서도 아니 되는 절대 절대 금기인 것이다.

우리나라 대한민국은 미국이 존재하므로 그 종속적 가치를 인정받는다. 오직 아메리카의 영광을 위해서만 존재가치가 부여되는 것이다. 대한민국이라는 나라는 있어도 좋고 없어도 좋고 별 필요값을 매기지 않아도 되는 것이다. 오로지 대일본제국에 합방이 되고 아메리카 연방에 편입되기를 학수고대 빌고 빌고 또 소원하는 것이다.

외세의존 친일친미 사대매국세력이 때를 만났다. 인류역사의 수레바퀴가 전쟁반대와 평화 쪽으로 기울고 세계사의 대조류가 한반도의 통일 쪽으로 용틀임을 시작했다. 대동강변에 등장한 ICBM과 SLBM의 무게에 의해 지구 역사의 방향이 바뀌고 있는 것이다. 미국은 배가 아프고 속이 뒤집어져서 편히 밤잠을 잘 수가 없는 것이다. 이런 속내를 누구보다도 잘 아는 부류들이 대한민국의 친일친미 사대매국세력들이다. 기회가 딱 맞아떨어진 것이다. 미국은 이런 매국세력들을 격려 충동질하고, 이를 기다렸다는 듯 이 땅의 외세의존 매국세력들이 함부로 날뛰고 활개를 치고 나서고 있다.

사대매국 반민족세력의 저질적인 발악도 이제 그 끝이 얼마 남지 않았다. 세계사의 대조류가 평화와 통일을 지향하고 있기 때문이다. 반민족 반통일 외세의존 매국세력의 준동에 빨간불이 켜지고 바야흐로 이들의 통일 역주행에 경고음이 울려 퍼지기 시작하고 있다.

3. 사대매국 언론들의 반란선동

21. 1. 23. 현장언론 민플러스

사대매국 언론재벌들의 반민족적인 보도행태가 어제 오늘의 일은 아니다. 이들 언론재벌들의 사대매국 반민족 행위는 너무 오래전부터 있었다. 이제 절대다수의 일반 민중들은 "너희 많이 떠들어라" 하고 그저 그러려니, 지나쳐 버리는 경향이 있다. 지극히 부도덕하고 파렴치한 보도행태에 그만큼 면역이 생겼다는 증거이다.

　문재인 대통령의 신년 기자회견에 대한 언론재벌들의 보도행태가 매우 불순하고 노골적인 반평화 반민족 선동행위로 일관하고 있는 것이다.

　1953년 7월 이후, 미국은 대북 침공협박을 위한 이른바 한·미 기동훈련이란 걸 시도 때도 없이 연례행사로 계속해 왔다. 근래에 와선 특수전 부대와 최신예 전략무기를 동원, 정기적으로 또는 자기들 필요에 따라 한·미 연합훈련을 실시하고 있다. 이에 대해 북은 기회 있을 때마다 이런 도발적 전쟁연습을 중단할 것을 요구해 왔다. 미국의 이런 전쟁행위는 명확히 침략야욕을 드러낸 반평화적 국제법 위반이고 정전협정 위반인 것이다.

　여기에 대해서 문재인 대통령은 "필요하면 남북군사공동위원회에서 협의할 수 있다"고 기자들에 응답하였다. 6·15공동선언과 4·27판문점선언 정신에 따라 남북이 군사적 적대행위를 중단하고 평화번영의 길을 가자고 굳게 약속한 바 있다. 이런 기조 위에서 대규모의 병력 이동과 전략장비가 동원되는 한·미 군사훈련에 대해 남북이 상호 오해나 오판을 방지하기 위한 회담이나 협의는 당연한 것이다.

　이런 것이 비난이나 시비의 대상이 되는 것 자체가 크게 잘못된 것이고, 풀어나가야 할 남북 관계를 더욱더 어렵게 만드는 반평화 반통일적 매국행위인 것이다. 반통일 반민족 사대매국 언론재벌들은 이에 그치지 않고 건드리지 말아야 할 현역 군부세력을 공공연하게 부추겨 대통령의 한반도 평화 프로세스 운영에 반하는 발언을 크게 보도하고 있었다.

그동안 사대매국 반민족 언론의 대표 주자였던 조선일보를 제치고. 요즘 한창 친일친미 반통일전선의 맨 앞장에서 출싹거리고 있는 동아일보의 꼬락서니가 가관이다. 김대중 대통령과 노무현 정부 때는 정부 시책에 그렇게나 각을 세우더니, 부패와 적폐 협잡의 상징인 이명박근혜 때엔 또 그렇게나 협조적이었다. 그러던 동아일보가 문재인 정부 들어서자, 카멜레온처럼 표변하여 사사건건 어긋지게 물고 늘어졌다. 특히 대북관계 대미관계 정부시책엔 눈에 핏발을 세우고 이빨을 바득바득 갈고 덤벼드는 것이다.

지난 19일 자 동아일보는 신문 한쪽(A10) 전면을 할애하고 "군(軍) 내부와 미국의 반발을 우려"라는 제목 아래 특별 해설기사를 실었다. 뿐만 아니라 1월 20일 자 1면 머리기사로 삼성 이재용 부회장 구속에 대한 불만을 은근하게 선동하는 제목을 크게 달고, 바로 그 밑엔 현역 장성과 예비역 장성들이 문 대통령의 기자회견 내용을 비판하는 발언을 실었다. 이에 빠질세라, 임기가 끝나는 해리스 미국대사의 악의적이고 매우 난폭한 내정 간섭적인 발언도 같이 실었다.

이것은 도대체가 현역 군부에 대한 반란 선동이고 반민주적 정부 전복 음모이다. 군대 특성상 현역 장성들의 반정부 행위나 국방에 관한 대통령의 대외 정책을 정면 비판하는 것은 곧 반란행위이고 하극상에 해당한다. 현역 군복을 입은 고급 장성이 국군통수권자에 대한 최소한의 예의도 저버리고, 장성 자신이 모범을 보여야 할 군율을 스스로 범한 것이다. 국가로부터의 은전과 온갖 특혜를 누려온 장성으로서 군복을 벗은 다음에도 정부시책에 반하거나 자신의 옛 상관에 대한 비판행위는 그렇게 보기 좋은 모양새가 아니다. 하물며 현역으로 번쩍이는 별을 3개씩이나 달고 사대매국 언론의 충동질에 함부로 입을 놀린다는 것은 지극히 비인격적이다. 오직 국토방위에 전념해야 할 참군인, 천군만마를 호령해야 할 충성스런 장군의 모습은 아닌 것이다.

"때리는 서방보다 말리는 시어미가 더 밉다"는 속담이 있다. 나라에 충성하고 오로지 군무에 충실해야 할 군부를 충동질하고, 반민족 반통일 반란을 선동하는 저급하고 얍삽한 사대매국 언론재벌의 반민주 행태가 구역질나게 역겹고 저주스럽다.

사대매국 언론재벌들은 기회가 있으면, 입만 벌리면, 북을 비판 적대시하고 평화와 화해 분위기에 찬물을 끼얹고 민족 대결과 전쟁 상태로 몰고 가려고 온갖 술책을 다 부린다. 부정부패 반민주 반통일 세력이 뽑은 대통령이나 재벌 2·3세, 고관대작들, 언론재벌의 유력자들은 하나같이 군대 복무를 기피한 자들이다. 전쟁이 터지면 외국으로 도망갈 생각이나 하는 부류들이, 어찌 그렇게 남북대결을 부추기고 전쟁을 못 해서 안달을 하는지 참말이지 알 수 없는 일이다.

광화문광장에 나오는 태극기부대는 '미국이 우리를 지켜준다'고 공공연하게 나발을 불어댄다. 제 나라 제가 지킬 생각은 안 하고, 북이 방귀만 뀌어도 미국, 미국, 오로지 미국 바짓가랑이 잡을 생각만 하는 것이다. 이따위 민족 반역집단 비충성자들이 어떻게 대한민국을 지킬 수 있다는 말인가.

언론재벌들의 남북대결 평화파괴, 미국이 시키는 대로 전쟁 분위기 띄우기, 남한과는 아무 상관도 아무 관계도 없는 북핵 반대 비핵화 노래부르기가 그들의 사명이고 유일한 삶의 목적이다. 그들이 태어난 대한민국은 사실 있으나 마나 한 존재인 것이다. 아메리카합중국이나 대일본제국의 식민지, 두 제국을 섬기는 종속 관계가 유지될 때에만 대한민국이란 나라의 존재 의미가 부여된다. 혼이 나가고 얼이 빠지고 정신이 없는 허수아비 인간군상이다.

분단 상태의 조국, 강대국 제국주의의 폭압 아래 짓밟힌 민족의 현실은 암담하다. 스스로 돕지 않는 자를 누구 있어 구원해 줄 것인가. 외세를 등에 업고 까불어 대는 언론재벌들, 이들의 부추김에 놀아나는 사대매국 반민족 반통일집단이나 각 개인들, 반성하고 대오각성하라.

그대들의 발부리에 심판의 도끼가 놓였다. 막힌 강물이 흐르고 민족이 하나 되는 날, 그날은 도적같이 올 것이다.

4. 밀정 밀대 사이비들의 세상

24. 10. 29. 현장언론 민플러스

밀정 밀대들의 역사는 오래다.

인간 세상에 권력이 생기고 그 권력에 맞서거나 반항하는 세력이 생기면서 밀정 밀대가 필요했을 것이다. 상대 세력을 교란하고 파괴하여 망하게 하기 위한 필요 수단이었을 것이다. 물론 왕권을 지키기 위한 교활한 수단이기도 했지만, 특히 제국주의자들의 식민 통치를 위해선 없어서는 안 될 필요 불가결한 특수 요소가 아닐 수 없었다.

서구 제국주의가 창궐하던 15세기 말과 16세기 이후, 초기 승승장구하던 스페인, 포르투갈이 쇠퇴하고 영국, 네덜란드, 프랑스가 식민지배 역사의 주역이 되면서 근대적 의미의 스파이(SPY, 간첩間諜), 밀정, 밀대도 본격적으로 등장한다. 이 중 영국은 거대한 인도 대륙을 식민지화하고 침략, 강점, 약탈 정책을 체계적으로 연구개발, 그들 나름대로 근대화 선진화했다. 또한 식민지 침략, 강점, 약탈 정책의 원활화를 위한 현지인의 회유, 협박, 특혜를 무기화하고, 이를 실행하기 위한 비밀 특수 정책기구, 즉 첩보 정보기관이 필요했다.

영국은 식민지 여러 나라의 민족(부족) 특성, 사회 환경 등을 분석 평가하고, 현지인의 부족(종족) 갈등, 종교 분파 쟁투, 지역 갈등 신분 차별 등을 조장 충동질 선동하며, 식민지 여러 나라의 단결을 저해하여 현지인들의 국민적 민족적 응집력을 약화 분산하였다. 세계 제2차대전 후 영국은 그들의 국력이 쇠퇴하자, 이를 직접 식민 통치의 방법을 바꾸어, 간접통치, 대리통치 수법을 동원하였다.

이것이 영연방(英聯邦)하의 독립 또는 종주국에 협조적인 왕초 밀정인 현지의 왕과 왕족들에게 통치권을 넘겨주는 형식을 취했다. 이것이 호주, 인도의 독립, 동파키스탄(방글라데시)과 서파키스탄의 설립, 쿠웨이트, 아랍에미리트, 바레인 등의 정략 독립이었다. 중동의 영토 종교 갈등, 아프리카의 수많은 부족(종족) 분쟁 등이 영국의 식민 정책이 뿌려 놓은 씨앗이었다.

그중에서도 대표적인 것이 오늘날의 아랍 세계와 이스라엘의 분쟁이다. 2천 년 동안 아랍인들이 조상 대대로 살았던 팔레스타인 땅, 영국과 미국의 국제전략 술수에 의해 유대인을 긁어모아 이스라엘이란 나라를 세웠다. 우리 조선반도를 분할, 생살을 찢어 남북을 갈라놓은 것과 경우가 똑같다. 조선반도는 강제 분할이고 이스라엘은 강제 건국이다.

총칼로 타국을 무력 점령하고 식민지화하며 약탈을 일삼던 영국 제국주의의 술책과 악습을 그대로 계승하고, 이를 더 과학적으로 고도화·체계화한 세력이 바로 미 제국주의자들이다. 이들은 그들의 간악하고 흉포한 특성대로 세계제일주의를 주창하고, 세계지배 야욕을 채우기 위해 밀정 밀대 정책을 최우선시, 극초기밀 기구, 거대조직기구, 최첨단 기능 기구화하여 은밀화하고 음지화했다.

비인간적이고 반지구적이며, 인류 멸망과 생태환경 파괴, 우주의 황폐화가 예약된 정치 이념, 자본제국주의의 기수가 곧 아메리카합중국이다. 이들은 압도적인 폭력에 의해 세계를 지배하고, 상품 생산 판매망을 전 지구적으로 확산 구축하고, 끝없는 상업 이윤 추구로 자본 확대를 위한 무한 경쟁에 돌입한다. 이 과정에서 인간의 상품화, 인간 가치의 평가절하, 인간의 기계 종속으로 이루어지는 반인륜 패륜적 노동착취가 자행된다.

미국은 조선반도를 분할하고 남쪽을 강점하여, 허수아비들을 내세워 허수아비 정권을 수립하고, 영원한 전초기지화 계획을 조선 점령 초기부터 실행, 치밀하게 실천했다. 전범국 일본 대신 조선 분할 음모, 남조선 단정 수립 공작, 조선전쟁 유발 책동 등은 하나같이 그들의 정보기관이 짜내는 국제전략 계획에 의한 정보공작적 술책의 실행 실천이었다.

지금도 그들은 대한민국을 정보 공작적 차원에서 관리 조종한다. 순리와 정정당당한 인류정의, 국제관례에 의해 대한민국을 상대 교류하고 있는 것이 아니다. 대한민국은 미국의 촘촘한 정보, 첩보 그물망 속에 갇혀 있다. 더 앞선 것은 그만두고라도 4·19 이후의 것만 우선 간단하게 살펴보자.

박정희의 5·16 군사쿠데타만 보아도 뻔한 일이 아닌가. 탄약고의 탄알 하나 꺼내는데도 미 군사고문의 허락이 있어야 하고, 무장 부대가 영(營) 밖으로 이동하는데 미 8군 사령관 명령 없이 불가능한 일이었다. 더구나 탱크부대가 이동해 서울 시내 요소요소를 점령했다. 간물(奸物) 김종필 일당과 만주군 출신 일본 밀대 장교들이 미국군 밀정으로 옷을 갈아입은 결과물이었다. 미 국무성을 하늘처럼 믿었던 윤보선류들은 모두 물을 먹었다.

박정희 패거리는 미국 정보 정치를 그대로 배우고 익혀서, 4·19세력 야당과 재야 세력을 와해하고, 학생세력의 무력화를 위한 정보 공작과 밀정 밀대 심기에 총력을 기울였다. 그 결과가 독립운동단체와 4·19 관련 단체, 수많은 사회단체들의 한일 굴욕외교 기본협정 지지와 삼선개헌 유신 지지 성명이었다.

박정희 정권 18년 동안 밀정 밀대 공작 정치의 성과는 실로 눈부신 바가 있다. 이 말을 바꾸어 보면, 더럽고 추잡하고 낯 뜨거운 변질과 훼절이 많았고, 총칼 휘두르는 군대 권력에 겁을 먹은 단체와 개인, 돈 몇 푼에 매수된 단체와 개인, 일신의 명예와 영달을 위해 민족혼 조상의 얼, 자신의 신념, 지조를 파는 사이비 부류들이 많았다. 박정희 때 2선 3선 밀정 밀대들이 전두환 노태우 일당 시절 모두 휩쓸려 나와 국보위(國保倭)에 이름을 올리거나 나중에 벼슬자리 하나씩을 꿰차고 앉았다. 이때까지도 마각을 드러내지 않고 있던 밀정들은 이명박근혜 때 거의 4선 5선에 숨어 있던 그 추악하고 흉측스러운 몰골들을 드러냈다.

물론 밀정 밀대들의 선(線)과 임무는 항상 가변적이다. 고정된 것이 아니다. 식민 종주국과 그 앞잡이 권력자들은 시대와 때를 달리해서 계속 끊임없이 1선 2선 3선 4선 5선의 비밀 첩자들을 심는다. 그래서 오열(五列)이란 말이 예부터 전해온다. 어쩜 박정희 전두환 때 심은 3, 4, 5선이 요즘 많이 나타나는지 모른다. 얼마 전에 이른바 재야(在野)를 팔고 민주화를 파는 어떤 사이비 인사의 장례식이 있었다. 별로 입에 올리기도 싫지만, 양심을 속일 수는 없고 역사는 바로 적어야 한다.

단군 이래 우리 역사는 청소가 제대로 된 적이 없다. 민족사의 정통이었던 고구려가 거꾸러지고, 외세와 결탁한 사이비 야합세력이 주인으로 둔갑, 역사의 주류를 형성해 오늘에 이르렀다. 그 결과, 그 영향의 폐단으로 민족의 얼과 넋, 민족 전래의 기상과 의기(義氣), 애국 애족 역사와 정의가 사라졌다. 고구려의 웅혼한 국가이상(國家理想), 상무정신(尙武精神), 외세를 불용하는 독립투혼, 주체 자주정신이 사라져 버렸다.

원통한 일이다. 지금이라도 눈 똑바로 뜨고 밀정 밀대 사이비들의 농간에 속지 말아야 한다. 언제나 이 잡종 역사쓰레기들의 등 뒤에는 강대국, 이들을 조종 관리하는 식민 종주국이 있다. 우리는 지금 아메리카 자본제국주의와 일본 식민군국주의와 맞서 싸워야 한다. 매우 엄중한 시기이다.

지난번, 재야와 민주화운동을 팔아서, 수십 년 동안 순수한 민중세력 통일투쟁세력을 속이고 오도해 온, 반민족 반민주 반통일 세력들의 어용 장례식을 잘 보았다. 수십 년 동안 민주화운동의 가면을 쓰고 뻔뻔스런 얼굴로 민중 앞에 섰던, 밀정 밀대 사이비들의 모습이 장례위원이란 이름으로 공개되었다. 각계각층에서 그럴듯하고도 다양한 밀정 밀대 임무를 수행했던 인물들이다.

　식민 종주국의 검은 손은 아직도 밀정 밀대 사이비들을 더 많이 숨겨 놓고 있다. 어느 게 암까마귀이고 어느 게 수까마귀인지 구별하기가 쉽지 않다. 정신 바짝 차려야 한다.

　이른바 밀정 밀대 사이비들이 준동하던 운동의 시대는 가고, 바야흐로 정의로운 힘에 의한 판갈이 투쟁의 시대가 도래했다. 가증스런 밀정 밀대 사이비들의 머리통 위에 역사 심판의 불벼락이 예비되어 있다.

5장
혼돈의 세상

1. 핵 재배치 핵무장을 떠벌리는 철부지들

22. 10. 18. 현장언론 민플러스

요즘 한창 '국정 감사'라는 연례행사가 진행 중이다. 주인이 갓 쓰고 장에 가니까 머슴이 두엄 지고 장에 간다는 말이 있다. 미국이 주민들을 동원하여 국회의원을 투표로 뽑는다고 하니까, 대한민국도 거기 따라서 국민 직접 선거에 의해 국회의원이라는 물건들을 4년에 한 번씩 투표로 선출하고 있는 것이다. 그 물건들이 이른바 '국정 감사'라고 하는 것을 실시하는 중인데, 된 소리 안 된 소리에 국민들 귀가 시끄럽다.

그중에서도 가장 귀에 시끄럽게 크게 들리는 소리가 '핵 재배치', '자체 핵무장'이라고 어쩌고 저쩌는 희떠운 소리이다. 핵, 핵무장, 핵전쟁이 무엇인 줄도 모르는 것들이, 아이들 공기 던지기나 자치기 놀이쯤으로 아는 모양이다. 우스운 나라 우스운 선거판에, 우습게 뛰어들어 대통령이 되고, 우습게 국회의원 또 그 우스운 정당의 당 대표가 되고 보니, 온통 세상이 헐렁하고 물렁물렁 우습게만 보이는 모양이다.

그런데 이렇게 전쟁, 핵 재배치, 핵무장을 떠들어 대는 무리들은 자유당 때부터 내려오는 특별난 공통점이 있다. 그들은 하나같이 멸공 승공 반공을 외쳐댄다. 동족을 적으로 몰아세우고 반북(反北)에 흡수 통일을 주장하며, 양 눈에 쌍심지를 켜고 민족자주 평화통일을 가로막는다. 애국을 부르짖고 북진 통일을 적극 주장하면서도, 그들은 그들 자신의 나라 방위를 위한 병역의무 수행을 절대적으로 결사적으로 부정한다. 그들 자신은 물론 그들 자식까지도 대물림으로 군대 복무를 거부한다.

돈 없고 권력도 빽도 없는 저 아래 하층 백성들이 그들의 목숨과 안전, 그들만이 잘 먹고 잘사는 잠자리, 대한민국을 피 흘려 지켜야 한다는 주장이다. 그들은 피 한 방울은 고사하고 땀 한 방울도 흘릴 필요가 없다는 것이다.

이 신조, 이 특별난 국방 철학은 현재의 윤석열 무리에까지 세습되어 굳게굳게 지켜지는 악습이고 폐습으로 역사와 전통을 자랑한다. 여기에다가 강하고 큰 나라에 빌붙어서 가문의 영광과 일신의 영화에만 매달리는 반민중 반민족행위를 일삼는다. 이들 반민중 반민족 행위자들은 米국 깃발 들고 아메리카 자본제국 만세를 부르고, 욱일승천기를 흠모하고 대일본제국의 부활을 부르짖는다. 외세의존 친일친미 사대매국 세력임을 자임하고, 외세축출 자주독립 민족통일을 염원하는 민중세력을 증오하는 버릇을 가지고 있다.

이 버릇 역시 족보가 있는 끈질긴 것으로, 신라의 김춘추를 필두로, 몽고제국시대(元)의 역관(譯官)들, 한말(韓末)의 이완용 송병준 일진회(一進會) 무리로 이어진다. 그 사대매국 반역의 피가 오늘에 이르러 광화문광장의 태극기, 미국기, 쌍국기 부대의 광란 행위로 피어나고 있다.

참으로 부끄럽고 또 부끄럽다. 참으로 분통이 터지고 또 또 열두 번도 더 등이 터져 죽을 일이다. 어쩌다가 나라가 이 판국이 되었을까. 군대도 안 갔다 온 것들이라 총알이 무엇인지, 수류탄이 어떻게 터지는지, 원자탄 핵탄두가 폭발하면 어떤 재앙을 몰고 오는지도 모른다. 당연한 일이 아닌가.

지난번 국군의 날 계룡대에서 열병 행사 후 표창 행사가 있었다. 열병 시간 내내 가슴이 먹먹하고 숨이 차올랐다. 군대 훈련소 정문 구경도 안 한 문외한(門外漢)이 일정하게 군 경력을 갖춘 수천수백의 군대, 대부대의 정규군 병력을 사열(査閱)하는 모습이 어쩐지 맘에 걸렸다. 아무리 마음을 눌러도 용납할 수 없었다.

도대체 용납이 되질 않는다. 더구나 수십 년 군대 경력의 별 두세 개를 단 장군들이 표창 수여자인 군대 군사 문외한에게 거수경례를 올릴 때마다 보는 사람의 가슴이 다 찡찡 울었다. 군사 군대 문외한의 표창을 받는 그 지휘관들이 너무 초췌하고 처량해 보였다. 제법 병사다운, 국가 민족을 지키는 전투원다운 모습을 보이기 위해 절도 있는 동작을 취했다. 그러면 그럴수록 그 절도와 결의는 넌센스였다. 허구(虛構)였다. 만화(漫畫)였다.

이유도 없이 까닭도 모르고, 제 나라 국토를 분단시키고 동족을 죽여야 하는 전쟁 허수아비로 세뇌 교육된 병졸과 장군들…. 미국(米國) 군인들은 그들의 '영광스런' 자본제국을 지키기 위해 우리 국토를 강점하고 우리 국민을 인질로 삼은 것이다.

미군(米軍) 그들에겐 대아메리카 제국을 지키고 방위하는 명예와 자존심, 그들 나름의 '정당한' 명분이 있다. 그들은 세계지배를 위한 전략 전술에 의해 극동의 조선반도 남녘에 전초기지를 건설 유지해야 한다. 전초기지의 원주민인 한국인들의 정신을 혼미하게 뒤흔들고 어지럽게 하여, 숭미(崇米) 허수아비를 만들어야 한다. 맹목적 숭미 정신으로 무장시켜 동족 살육 전쟁에 총알받이로 내몰아야 한다.

米軍, 그들은 성공하고 있다. 계룡대 연병장의 모습은 그들의 대성공을 상징하고 있었다. 조상 전래의 땅, 조국 분단을 기정사실화하고, 영구 분단화에 동의하고 적극 찬성하며, 앞장서서 분단 고착을 사수하겠다는 군복 몸뚱어리들로 가득했다. 한국인의 혼과 얼이 빠져 버린 오직 숭미, 동족 적대시 통일 반대의 목소리로 가득 찬 사대매국 반민족 광장이었다.

병역 기피자 윤석열을 중심으로 권력을 잡은 친일, 친미, 사대, 반민족 반통일 매국 무리는, 북과 약속한 〈9·19군사합의〉를 깨기 위해 혈안이 되었다. 사대매국 무리는 가만히 있는 북을 자극하여 조선반도는 물론 동북아에 긴장을 조성하고, 이를 핑계로 전쟁 상인 米國으로 하여금 값비싼 무기를 팔아먹게 분위기를 조성, 전쟁 책동에 열광한다. 남북 간에 합의한 평화 약속을 지키고 같은 민족끼리 오가며 공동 번영의 길을 걷는 게 배가 아픈 것이다. 어쩌든지 미국과 일본의 식민지로 살아야 하는데, 남북이 합심 협력을 하거나 통일이 되어서는 결코 아니 되는 것이다.

친일 친미 반민족 반통일 사대매국 무리는, 세계 최대를 자랑하는 핵 추진 항공모함을 부산 내항까지 끌어들이고, '죽음의 백조'라는 더러운 이름의 스텔스기를 우리 영공 머리 위에까지 끌어들였다. 이뿐만이 아니었다. 일본이 게걸스럽게 침을 흘리고 기회를 노리는 독도 인근에서 한, 미, 일 3개국 군대가 연합훈련을 전개했다. 미군(米軍) 하나로는 부족해서 일본 군대까지 끌어들여, 그것도 독도 근해에서 합동으로 전쟁 연습을 감행한 것이다.

아무리 철부지 매국노들이라지만 이런 억장 무너지는 매족 행위를 자행할 수 있다는 말인가. 아무리 철딱서니가 없는 것들이라지만, 나라 민족을 팔아먹는 매국 매족 행위를 숨어서 숨기기라도 해야지, 백주 대낮에 내놓고 이런 하늘 무서운 짓을 감행할 수 있다는 말인가? 핵 재반입 재배치, 자체 핵무장에 핵전쟁 좋을시고, 방사능 먼지와 원자핵 구름 맛이 그렇게도 좋다는 말인가?

맹목적 숭미에 무조건 米國만 믿고 까불어대는 친일친미 사대매국 반통일 반민족 미꾸라지, 송사리떼들이 바라고 소원하는 전쟁의 날이 온다고 하자. 며칠 전 강릉에선 동쪽 바다로 쏘아 올린 유도 탄두가 거꾸로 날아 서쪽에 있는 국군부대 앞마장에 떨어지고 말았다. 핵 재반입과 재배치로 핵무장에 핵전쟁 철부지 매국노들의 전쟁 소원 성취야 그렇다 치지만, 평양을 향해 북녘으로 쏘아야 할 핵탄두가 서울 용산을 향해 남녘으로 되돌아온디면 어찌할 것인가. 그 일이 좀 난감한 일이긴 하다.

2. 대선판, 갈가리 찢긴 우리 사회

22. 1. 28. 현장언론 민플러스

일제 강점 식민지 시절 우리 민족의 민족성을 폄하하여, 하나로 크게 뭉치지 못하며 서로 헐뜯고 분열을 좋아하는 특성을 가졌다는 지적이 있었다. 일본인들은 사람 둘이 모이면 그 힘이 두 배가 되고, 세 사람이 모이면 세 배, 다섯 사람이 모이면 다섯 배가 된다고 했다. 반대로 조선인들은 두 명이 모이면 그 힘이 두 배가 되기는커녕, 한 사람이 쓸 수 있는 힘마저 두 쪽으로 갈라져서 그 힘이 절반이 된다고 했다. 그러니까 조선인들은 사람이 많이 모이면 모일수록 그 힘이 세분화되어 오히려 약화돼 버리고 만다는 것이다.

일본인들의 국가(國歌)는 '조약돌이 큰 바위가 되어 이끼가 낄 때까지(모래알이 모여서 바위가 되고)'이다. 한국 사람들의 나라사랑 노래는 '동해물과 백두산이 마르고 닳도록'이다. 조약돌이 큰 바위가 되어 이끼가 낄 때까지와 동해 물이 말라버리고 백두산이 닳아져 없어져 버린다는 것과는 그 정신적 발상 차원이 전혀 다르다.

8·15해방 후 국토의 강제 분단으로 나라가 남북으로 나뉘고 민족이 좌와 우로 갈라졌다. 이 분열의 대가는 실로 엄청난 전쟁 참극을 불렀다. 아직도 역사의 굴레가 되어, 인류의 숙제로 민족의 무거운 짐이 되어 분단(휴전)선으로 현존한다. 분열과 흩어짐에 대한 징벌은 우리에게 무서운 재앙이 되어 다시 찾아온다. 그것이 우리 스스로가 부른 분열과 흩어짐이 아니었더라도 말이다. 하물며 우리 스스로가 부른 분열과 흩어짐일 경우, 이를 말해서 무엇

하랴.

지금 우리 사회는 수준 낮은 정치 잡배들에 의해서 사분오열이 되었다. 남북이 강제로 갈라진 것도 원통한데, 남이 들려준 총칼 들고 좌우 대리 싸움질한 것도 원통한데, 또다시 지역감정을 부추겨 동과 서로 나뉘어 증오를 불렀었다. 그것은 일제의 괴뢰인 만군(滿軍) 출신 군사 도당들이 미제 탱크를 몰고 나와 저지른 망동(妄動)이라고 치자. 요즘 대선판의 저질적인 정치 집단과 권력욕에 눈이 붉은 정치 잡배들의 사회적 분열 조장 행위는, 도를 넘어 실로 망국을 재촉하는 경거망동이 아닐 수 없다.

여기에 반민족 사대매국 재벌언론들이 이를 부추기는 보도 만행은 더욱 가증스러운 것이다. 언필칭 꼰대니 청년이니를 들먹거리고, 2030(이십대 삼십대), 4050, 육십대와 칠십대를 세대별로 나누어 서로 대립각을 세우게 한다. 아들과 아버지 사이, 젊은이와 늙은이 사이에 무슨 큰 넘지 못할 장벽이라도 있는 것처럼 나발을 불어낸다.

직장생활에서도 선임사원과 신입사원, 팀장, 과장과 평사원 사이의 불화와 차별을 크게 부각하고 문제로 삼는다. 각 정당들은 직장의 일자리를 늘리고 근무 연한을 올려서, 정년을 연장할 방책을 세우질 않고, 나이 든 선임자 이른바 꼰대들 때문에 청년 실업자가 많은 것처럼 터무니없는 갈등을 부추긴다.

여기서 그치지 않는다. 남자와 여자, 장애인과 일반인 서로 편을 가르고, 젠더 갈등을 들고나와 여성가족부를 폐지하느니 마느니, 성소수자, 동성애자, 또 이리저리 선을 그어 갈라놓는다.

고래로부터 남자와 여자는 그 능력의 차이 신분적 차별이 아닌,

기능과 특성에 따른 일종의 자연 현상적인 구별이었다. 남과 여는 위계에 의한 구분이 아니고, 조화의 원리 음양지화합(陰陽之化合), 양성합혼(兩性合婚) 본능에 의한 각각의 역할 명칭일 따름이었다. 남자 남성이기 이전에 아버지이고 아들이었다. 여성 여자이기 이전에 어머니와 딸이었고. 아내와 누이였다. 남성은 오빠이고 지아비였다. 생물학적으로도 암수는 평등이었다. '사내'와 '계집'은 특질과 특성, 그 기능이 다를 뿐 서로 '고임'을 주고받는 한 인간으로서의 평등 윤리였다.

 개체 인간, 인간체(人間體)의 완성은 어쩌면 남과 여의 합일체를 말함인지도 모른다. 그래서 요즘 청춘들이 좋아하는 상대를 반쪽이라 부르는 것이다. 괜스레 굳이 페미니즘을 내세우고, 이에 맞불을 놓아 '이대남'들의 청춘 불만, 청년 울분을 충동질할 일은 아니다.

 국회의원 선거와 대통령 선거가 파렴치한 무뢰배들의 벼슬 쟁탈전으로 변질된 정치판이 되어버렸다. 4~5년 단위로 우리 사회는 선거 때문에 아주 호된 홍역을 앓는다. 어중이떠중이들이 저 잘났다고 나와서 되지도 않은 감언이설로 민중을 속여 먹는다. 그들이 거짓으로 쏟아낸 선거공약은 거개가 다 실천 실행이 불가능한 것들이다. 아예 처음부터 실행할 의지도, 실천할 계획도 없으면서 유권자들을 속이기 위한 헛소리 흰소릴 마구 쏟아내 놓는 것이다.

 원대한 꿈을 펼쳐나갈 대륙길이 38선으로 막혔으니, 시원시원하고 배포 큰 역사적 선거공약이 나올 리도 없고, 민족의 앞날 이상(理想)을 선도할 재목이 나올 리도 없는 형편이다. 그저 외세에 빌붙어 한자리 해 먹고 돈 한 뭉치 꾸려 들고나오면 그만인 것이다. 나라 민족의 영광, 인류공영, 사람다운 삶 따윈 우리네 남녘땅 정치판에선 영 궁합이 안 맞는 항목이다. 우물 안 개구리들의 썩은 시궁창 내 풍기는 속 빈 맹꽁이 타령이 한창이다.

세대 간의 갈등이란 인위적으로 어찌할 수 없는 생명 성장 활동의 한 현상이다. 그것은 어떤 문제로 불거진 사건이 아니다. 먼저 싹을 틔운 나무는 나중 움트고 나온 나무보다 키가 더 클 수밖에 없고, 가지와 잎이 무성할 수밖에 없다. 나중에 나온 나무는 앞서 나온 나무의 그늘에 가림을 당하고, 가지와 잎을 마음대로 펼치자니 자리가 너무 비좁다. 앞서 나온 나무들의 장해를 받는다. 그러면서도 숲과 나무는 조화를 이루어 자란다.

공자(孔子) 시대에도 젊은이는 버릇없고 노인네는 잔소리가 많다고 서로 간 불협화음이 일었다. 생각의 차이 사상 간의 대립도 그렇다. "인간은 천 층, 만 층, 구만 층"이란 말이 있다. 어찌 생각(思考)을 가진 인간이 똑같은 사고를 하고 똑같은 사상으로 획일화 단일화가 될 수 있다는 말인가. 생각 사고 사상이란 '물건' 자체가 그렇게 동일하게 규격화 정형화할 수 있는 것이 아니다. 그렇다면 그것은 이미 생각 사고 사상일 수 없다. 따라서 아무리 훌륭하고 위대한 이론이나 사상도, 정신적인 고귀한 소산이라고 존중받거나 두고두고 후세까지 높이 평가될 까닭이 없는 것이다.

유사 이래 강한 나라들은 약한 나라들을 종속지배하는 게 당연시되었다. 종속지배정책의 가장 쉬운 방법으로 식민지 백성들의 내부 분열을 꾀했다. 하나로 크게 뭉쳐서 저항할 수 없도록, 하나를 둘로, 둘을 넷으로 갈가리 찢어서 저희끼리 싸우도록 분열과 갈등을 조장해 놓는 술책이다. 내부 분열은 강대국의 덫이다. 여기 속아 놀아난 민족은 자격과 수준 미달의 미개한 종족으로 당해 세계사의 무대에서 예외 없이 도태되고 말았다. 이것이 냉혹한 인류사의 현실이고 역사법칙이었다.

　우리는 지금 오천 년래의 큰 시련 앞에 서 있다. 아무리 적게 잡아도 일천오백여 년 동안 한솥밥을 먹으며 같은 언어를 쓰고 흰 옷 민족으로 살아왔다. 조선조 오백 년 내내 '남인 북인' '노론 소론' 파당을 짓고, 양반 상놈, 씨족 다툼으로 갈라져 힘이 다 빠진 상태에 있었다. 그 결과 이십 세기 들어 해일처럼 밀려오는 서양 물결에 편승한 칼잡이 왜놈들한테 나라를 빼앗기는 치욕을 당해야 했다.

　이십일 세기 새천년 2022년 오늘 우리는 나라 땅 반쪽을 속수무책으로 미국 코쟁이들한테 강점을 당하고 있는 형편이 되었다. 오늘 우리 사회의 분열상은 어느새 강자의 억압과 지배에 익숙해져 버린 종속사회의 식민지 병이 계속 도지고 있는 현상인 것이다. 파리 대가리만 한 남녘땅, 저들의 선배 사대매국 군사 도당들은 서와 동을 나누고 갈라서 꿀맛 같은 권력 맛을 즐겼었다.

　그들의 손자뻘이 되는 요즘 반민족 반통일 정치 잡배들은, 가는 데마다 인연 연고를 들먹거리며, 남녘 일천오백 리 강산을 다 헤집고 지역 분열에 눈이 붉었다. 출생지, 마누라 친정, 근무지 연고, 선조의 산소, 선친의 처가(외가), 사돈네 8촌까지 별의별 연고 인연을 내세워 편을 가르고 아첨을 떤다. 땅이건 사람이건 나눌 수 있는 데까지 나누고, 찢어발길 수 있으면 찢어발길 수 있는 데까지 또 더 찢어발기는 게 이들의 목표이고 사명이다.

　책 한 권 제대로 읽지 않는 것 같은 텅텅 빈 머리통에, 곰팡이가 덕지덕지 낀 사고방식의 대통령 후보라는 사람들, 참으로 나라의 앞날 민족의 진로가 걱정스럽고 난감할 뿐이다.

3. 미꾸라지 놀음의 정치판

22. 9. 2. 현장언론 민플러스

한국이란 나라가 처음 생겨날 때부터 원래가 빠라크(판잣집, 군막사, barack) 건물이었다. 이승만 일파가 코쟁이들 등에 업혀 건국이랍시고 나라를 세울 때부터 미군 군수물자 빡스로 쓰고 버린 나무쪽을 주워다가 대강 얼기설기 지어 놓은 학꼬방이었다. 우리네 풍속으로는 통나무를 찍어다가 흙과 버무려 귀틀집을 짓는데, 왜놈들은 통나무를 얇게 켜서 판자 쪽으로 벽을 막아 집을 짓는다. 꼭 그 왜속(倭俗)을 따라, 초가삼간 토담집도 귀틀집도 아닌 판잣집 학고방을 지었던 것이다.

이승만이야 해방되고 어수선한 판에 정신이 없어서 그랬다고 치자. 그동안 윤보선 장면 박정희 전두환 그리고 문민정부라는 김영삼이를 거쳐, 이명박근혜 등이 한자리 하는 동안 77년의 세월이 흘렀다. 동양식 계산으로 하면 3세대가 지났고, 서양식으로 해도 반세기 50년을 훨씬 넘긴 1세기에 가까운 80년이 다 되어 간다. 이제 제정신 차리고 제 살림 제가 할 때도 된 것이다.

모든 생명이란 저대로의 독특한 특성을 가지고 태어난다. 그래서 생명인 것이다. 이 세상에 몇천만 가지의 여러 종(種)의 생명이 있다. 그 생긴 모양이 다 다르듯이, 생명은 개체 저대로의 특성이 있다.

　인간에게는 그 특성이 강조된다. 인간에게는 제 몸의 주인이 되는 특성이 있어야 한다. 인간의 특성은 제 몸을 제 스스로 움직이는 자의식, 주체성이 있다. 식물에는 개체대로 서로 다른 저만의 독특한 본성(本姓)이 있고 동물에게는 서로 다른 개체별 본능이 있다. 인간이 저만의 고유한 독립성 주체의식이 없으면 동물 짐승이 되는 것이다.

　생명은 독립을 전제로 태어난다. 인간은 뭇 생명체 중에서도 만물의 영장이라고 한다. 독립성이 없고 주체성이 없다면 그것은 한갓 동물에 지나지 않는다. 나라 국가는 사람들이 모여서 세운 인간 공동체이다. 여러 개의 독립성과 수많은 주체성이 모여서 하나의 큰 덩어리, 독립성과 주체성으로 뭉쳐 세운 것이 바로 나라 국가가 되는 것이다. 독립성과 주체성이 없는 나라 국가는, 본질적으로 나라 국가일 수가 없다. 그렇기 때문에 그런 나라와 국가는 독자적인 나라 이름이나 나라 깃발이 없다. 스스로 서 있는 독립 국체(國體)일 수 없기 때문이다.

　요즘은 제국주의자들의 식민지 통치 수법도 매우 매끄럽게 발달하여, 독립성 주체성이 없는 종속국가에 국호(國號)와 국기를 허용하여 자주국가로 거짓 꾸미기를 잘한다. 유엔에도 가입을 시키고 외교 행위도 독자적 행보를 하는 것처럼 위장하는 것이다.

　특히 米 자본제국 산하 블록에 속해 있는 '위장 식민통치' 종속국가들에 이런 현상이 두드러진다. 미국(米國)은 세계 제2차대전을 계기로 영국을 대신하여 명실공히 세계 제일 패권국이 되어, 아시아 침략의 야욕을 본격적으로 드러내기 시작했다. 1898년 스페인으로부터 필리핀을 할양받은 후, 아시아 침략에 맛을 들인 미국이, 제2차 세계대전의 종전과 함께 조선 남녘을 불법 점령하고 나선 것이다. 6·25전쟁을 빌미로 유엔의 탈을 쓰고 서울 용산에 둥지를 틀고 앉아 장장 77년 동안 식민통치를 자행하고 있다.

원래 식민 지배를 즐기는 제국주의자들에게 정의(正義)는 없다. 예의(禮儀), 도덕, 아량과 자비, 선의(善意)는 더더구나 없다. 米제국주의자들의 목적은 약한 자를 짓밟고 억압하여, 일 시키고 부려 먹고, 약자들이 가지고 있는 모든 자원의 수탈, 자신들의 자유와 행복을 위하고 배를 채우자는 것이다.

식민제국주의자들은 양의 탈을 쓴 이리들이다. 그들은 아주 본질적으로 음흉하고 악독하다. 전쟁을 일으켜 사람 죽이는 것을 즐기고, 인류가 가난하고 병들고 불행하게 사는 것을 조장하여, 이를 자신들의 세력 확장에 이용한다. 전 세계를 대상으로 끝없는 자본시장의 확대를 위해, 생산수단 생산품 제조 판매에 끊임없는 경쟁을 유발하며, 인간 정신의 황폐화와 자연환경에 무한 공해 배출의 원인을 제공한다.

이런 자본제국주의를 숭상하고 거기 빌붙어서 민족을 배반하고 제 나라 제 조국을 팔아넘기지 못해 안달이 난 매국노들이 활개를 치는 세상이 되었다. 일제강점 시기 일본에 빌붙어 벼슬을 하거나 친일 사업으로 민족을 수탈, 돈을 벌었던 자본가의 후손들이 토착왜구가 되어, 남쪽 사회의 아주 튼튼한 보수 꼴통층이 되었다. 조국 해방 독립운동을 한 애국자들의 후손들은 거지가 되어 3대를 빌어먹는다는데, 해방투쟁 조국 독립에 헌신한 열사 투사들을 잡아 가두고, 고문하고 학살을 감행한 자들의 후손들은, 남쪽 사회의 기득권층 귀족 떼거리가 된 것이다.

돈 있고 권력 있는 이들 친일 친미 기득권 떼거리들이 밀어 올린 대표 주자가 바로 윤석열이라는 위대한 인물이다. 대한민국 건국 이후 친미 친일 역대 대통령 중에서도 아마 가장 뛰어난 인물일 가능성이 높은 것이다. 뿐만 아니라 그의 부인 역시 대단한 대학에서 대단한 박사논문으로 학위를 딴, 대단한 학벌을 자랑하는 대단한 여성계 인물이다. 그가 차려입은 옷 모양새를 보면 더욱 그가 대단한 여성계 인물임을 알 수가 있는 것이다.

대단한 박사 부인의 조언 때문인지, 존경하는 무속 도사의 영향 때문인지, 위대한 윤석열 대통령께서 하시는 일은, 일마다 남다르게 낯설고 유별나다. 빠라크 건물이긴 하지만, 한 나라의 최고 방위본부 국방부 건물을 하루아침에 빼앗아 앉는가 싶더니, 외교의 산실인 외교부 장관 공관을 말씀 한마디로 본래 주인을 몰아내 버리는 위력을 보이셨다. 각부 장관들을 임명하는데도 청문회고 야당의 의견이고 모두 다 무시되었다.

국민이고 경찰이고 발 아래 뭉개대고 을러대서 목에 힘주고 기소, 공소, 압수수색에 능한 검사 출신들에게만 활짝 열린 '등용문'이 되었다. 그것도 바늘로 찔러도 피 한 방울 나올 것 같잖은, 찬바람이 씽씽 부는 새파란 애송이 검사 출신을 각별 총애한다는 세평이 돌았다. 4·19혁명 직전 자유당 때 이승만이 내무부 장관에 임명한 최인규를 연상케 하는 인물이었다.

이 나라 법조계에도 인물이 고갈되어 사람 종자 메말랐는지, 검은 테 안경까지 꼭 최인규를 빼닮은 송사리 한 마리가, 하룻강아지 세상 무서운 줄 모르고 날뛰는 판이다. 선거 때 20~30 청년 표 얻겠다고 젊은 대표 세워 놓고 청년을 현혹하더니, 드디어 윤핵관과 부딪쳐 핵분열을 일으키고 말았다. 윤석열의 '내부 총질'에 젊은 대표 이준석의 가처분 판결 날벼락 폭탄이 떨어진 것이다. 이 모두가 입에서 젖비린내 나는 것들의 망동이라.

　행정자치부 장관이라는 자는 주먹구구식 행정에 사랑방식 구태 자치에 매달리는 경향을 보이고 있어서, 한창 시정의 여론이 시끄럽다. 전두환의 군사통치 시절 대학생 밀정 프락치를 만드는 '녹화사업'이라는 것이 있었는데, 이에 대한 향수를 못 버리고 경찰국을 신설, 그 시절 변절자, 정신 파탄자를 그 경찰국장 자리에 앉혔다는 것이다. 참으로 가소로운 일이 아닐 수 없다.

　위대하신 윤석열 정부와 '국민의힘'은 나랏일, 국정, 국민의 살림살이를 대수롭지 않게 생각하고, 장난질 비슷하게 대강대강 하는 방식으로 넘어가는 형식이다. 진지하지도 심각하지도 않다. 전혀 진실성과 성실성이 보이질 않는다. 정권 잡고 우선 벼슬자리 높은 데 앉아서 우선 마냥 좋기만 하고, 시간만 지나면 되는 것이고, 나라고 민족이고가 없는 것이다. 그저 한자리 해 먹고 우쭐거리면 되는 것이다.

　역사가 밥 먹여 주는 것도 아니고, 몽둥이 들고 찾아오는 것도 아니고, 그들을 심판하여 감옥에 보내는 것도 아니다. 지난 역사를 보면 친일파가 대대로 잘살고, 숭미주의자들이 지금도 크게 득세하고 있지 않은가 말이다. 무조건 한미동맹만 잘 챙기고, 일본 어른들 이익만 잘 찾아 거기 복무하면 되는 것이다. 米國이 시키는 대로 비핵화 노래나 부르고 민족통일은 영원무궁토록 안 하는 것이다. 결국 '국민의힘'의 모습은 어리석은 국민들 잠시 속이는 것이고, 절대 맹세코 '국민의집'이 되고자 총매진한다는 것이다.

4. 제멋대로 되어버린 막가는 세상

25. 3. 9. 현장언론 민플러스

세상이 어지간해야 말을 하고 소리를 지르지, 아주 막가는 세상이 되어버리니, 말중치가 막히고 벌어진 입이 다물어지지 않아, 소리를 지를 수도 없게 되었다. 어지간한 일을 당해야, 거기에 상당한 반응을 하고, 어떤 대책을 세우지, 너무 엉뚱하고 충격적인 일을 당하면, 유구무언(有口無言)이 되는 것이다. 입이 있어도 할 말이 없다는 말은, 요즘 세상을 두고 나온 말인 것이다. 도둑이 매를 들고 방귀 뀐 놈이 화를 낸다는 말도 요즘 세상에 맞는 말인 것이다.

지난해 12월 3일 밤에 벌어진 일종의 해프닝은, 정말이지 뜻밖이었고 어처구니없었고 기상천외(奇想天外)의 희극이었고 비극이었다. 뭐라고 어찌 정의(定義)할 수 없는, 그러나 충격적이었고, 그대로 웃어넘길 수 없는 거대한 사건이었고, 반드시 규명하고 넘어가야 할 역사 사실이었다.

이렇게 우스꽝스럽고 황당하고 억울한 일을 당할 때 쓰는 시정아치들의 상말이 있다. 미꾸라지한테 뭐 물린다는 것이다. 대한민국 정부 수립 후, 77년 동안 5천만 전체 국민이 피땀으로 쌓아온 국위(國威) 국격을 일시에 무너뜨리고 땅바닥으로 추락시키는 웃지 못할 촌극이 연출된 것이다. 그것도 나라와 국민을 그렇게도 아끼고 사랑한다는, 우리 역사 5천 년래의 위대한 인물이신 그 이름도 거룩한 윤석열 대통령님에 의해서 말이다.

참으로 가소로운 일이다. 이럴 때 사람들은 소가 웃는다는 말을 떠올린다. 우리 모두가 우러르고 존경하는 윤석열 대통령님은 0.73%의 표차로 대통령에 당선되었다. 품격이나 양심이 있는 사람 같으면 좀 부끄러워할 승률이었다. 그런데 윤석열 대통령께옵서는 박사 마누라님의 뒷배를 믿어선지, 목에 힘을 주고 고개를 도리도리 까딱까딱 까불어대며, 죄인 잡아 족치는 검사티를 영 버리질 못하는 것이었다.

후보 시절, 손바닥에 왕(王) 자를 써 붙이고, 나올 때부터 어쩐지 좀 이상하다 싶었지만, 그 정도로 질이 낮고 도저히 요령부득하고, 세상에 보이는 것이 없고, 천공 점쟁이, 태균 도사, 예비역 장성이 변신한 애기보살 정도에 휘둘리는 미신쟁이일 줄은 누가 짐작이나 했었을 것인가.

시설 좋고 안정적인 청와대를 버리고 제가 무슨 임금질이나 할 것처럼, 옛 용오름 뫼였던 용산으로 대통령 집무실을 옮긴다고 수선 방정을 떨고, 나랏돈을 물 쓰듯 건물을 고쳐 꾸미고 난리굿을 쳤다. 옛 같으면 파천(播遷)에 해당하는 큰일이고, 요즘으로 따져도 수노를 옮기는 일에 비금기는 큰 행사이다.

이런 거대 국가적 행사를 불과 3개월 정도를 앞두고 무리하게 설쳐 댈 일이 아니다. 나중에 알고 보니 천재적인 머리를 가진 박사 마누라님께옵서 무당패 점쟁이 저지능 무리의 점괘에 따른 결정이었다니, 세상천지 입이 있어도 할 말이 없는 것이다.

친일파 제 아비가 입은 은혜를 갚기 위해, 오로지 민족적 양심과 국가적 권위 그리고 권력을 헌신짝 버리듯 땅에 팽개치고, 일본을 상전 모시듯 굴욕외교로 일관한 대통령, 미국에도 동맹~ 동맹~ 귀신 씻나락 까먹는 소리로 가치동맹을 되뇌며, 비굴하게도 종속 굴종 외교와 노예근성으로 일관한 대통령이었다.

그리고도 그는 이에 끝나지 않았다. 종미 친일 사대 반민족 반통일 매국도당의 근성을 아낌없이 발휘하여, 동족을 죽이고 동족의 불행을 자초하는, 북을 상대로 전쟁을 벌이기 위해, 피눈이 되어 날뛰는 반평화 반인륜범죄의 저질 폭력주의자였다.

골목대장 근성의 조무래기, 군대에도 안 갔다 온 사이비 애국자, 검찰 완장 차고 뇌물이나 밝히는 반지성주의자, 제 의견에 반하는 모든 사람을 범죄자 빨갱이로 몰아붙이는 반인도주의자, 이가 곧 우리 모두가 받들고 우러르는 윤석열 대통님이셨다. 급기야 그는 피해망상과 과대망상증 환자가 되어, GDP 3만 6천 달러의 세계 제6위의 경제민주공화국, 북보다 몇십 배나 잘 산다고 떠벌려 자랑하는, 대한민국 얼굴에 똥칠하는 비상계엄령을 선포하는 지경에 이르렀다.

그런데 문제는 전쟁 정신분열증에 걸린 윤석열 대통령이야 그렇다 치지만, 그 주위를 에워싸고 있는 권가(權哥)네들과 나가(羅哥) 여인네, 꼴뚜기 윤가(尹哥) 및 송사리들이 볼만하다. 돈을 얼마나 얻어 잡수셨는지 모르지만, 한물간 누런색 성씨와 국민을 적으로 삼고 궤변을 늘어놓는 변호사 아니 '돈호사님'도 문제다. 정치깡패 이승만의 밑씻개 백골단, 4월혁명 때 사형 처단된 이정재 임화수의 주먹 귀신이 되살아 왔는가? 사이비 정치 브로커, 예수 천당 장수, 전 목사님이 풀어 던진 일당(日當) 바람의 회오리인가? 판사 협박 재판소 유리창 때려 부수기 전문범들….

세계 제2차대전 전후처리 과정에서 미군 별 세 개의 바짓가랑이에서 긴급 날조된 빠라크 공화국 대한민국이라는 나라, 그것을 유지 지탱하기 위해서 만든 불법 폭력의 상징이 서북청년단이고, 한청, 백골단, 땃벌떼이다. 박정희가 이것을 고급화, 치밀화, 거대 국가 조직화한 것이 중앙정보부, 공수부대, 특전사 등이다. 이것을 다시 기동성 빠른 전광훈 윤석열 일당이 돈을 풀어 만든 게 백골단이다.

해방 후, 우익 백색테러는 김구, 여운형 등 쓸만한 애국 지도자 민족주의자들을 다 죽여버렸다. 나라 사랑, 민족 사랑, 인류 사랑의 원천 정치사상은 민족주의다. 민족주의는 정의 자유 휴머니즘의 근본이고 시작이다. 모든 정치사상은 건전하고 정의로운 민족주의를 가져야만 공정한 주체성을 확립한 정치사상이 될 수 있다.

민족주의는 곧 주체적이고 공정한 인간중심주의이기 때문에 미 침략자본주의가 볼셰비즘보다도 더 증오한다. 특히 대한민국에서의 주체 민족주의는 미 자본제국주의의 제일 주적이다. 그 증좌가, 미국 강점 80년 동안 진보 비스무리한 정당들은 존재 가능하지만, 민족주의 정당은 단 하나도 존재 불가능한 것이다.

세상은 될 대로 되고 막가는 세상이 되었다. 미군의 용산 점령 80년, 이제 미국도 될 대로 되고 이 땅에서 쫓겨갈 때가 된 것이다. 폭력 군사 통치로 안 되어 이명박근혜를 내세웠으나 안 되었다. 어쩔 수 없이 물밥통령 문재인에게 주었는데, 윤석열이 같은 머리 이상한 0.73% 통령을 내세웠다가 이 지경이 된 것이다. 미국도 이제 남한 통치자원의 바닥을 드러낸 것이다.

이제 통일의 날은 가까워졌는데, 대한민국 국민이 문제다. 아직도 백성 수준에 머무는 사람들이 35%쯤 된단다. 여론조사라는 것이 그렇게 발표한다. 비상계엄령이 시의에 맞고 윤석열이 그 자리에 더 있어야 한다는 것이다. 인간은 왜 밥을 먹고 살고, 나라는 왜 있는 것이고, 민족 피붙이가 무엇인 줄을 모르는 사람들이다.

"사람이면 다 사람이냐, 사람이라야 사람이지.(人人, 人人.)"라는 말이 있다. 최소한 사람은 짐승, 개와 돼지와는 다르다. 언필칭 인간은 사회적 동물이라 한다. 인간에게는 가족이 있고, 사회가 있고, 나라가 있다. 그 이전에 생각하는 인간 "나"가 있다. "나"가 모여서 가족 사회 국가가 된다. 그래서 국가를 "나라!"라고 한다.

이 "나라!"가 없는 눈 달리고 코 달린 사람들이 한국 땅에 35%쯤, 밥을 먹고 똥을 싸고 살고 있다고 한다. 아, 이 땅이 언제부터 이런 사람들이 이렇게 많이 사는 나라가 되었나? 참으로 무섭고 몸서리쳐지는 일이다. 토착왜구에 토착양키의 세상이 되어버렸다. 세상은 될 대로 되고 막가는 세상이 되어버렸다. 이 나라는 지금 어디로 가고 있는 것일까….

5. 언제쯤, 이 땅에 먹구름이 걷히고

21. 2. 8. 현장언론 민플러스

먹을 것 없는 잔치에 말만 많다는 말이 있다. 나라도 나라 같잖은 살림살이 하면서 좁쌀 껍데기 하나도 안 되는 잡소리들이 많다.

조선 왕족의 찌끄레기로 한양성에서 멀리 떨어진 황해도 쪽에 쫓겨가 있던 이승만이가 어쩌다가 코쟁이 선교사를 만나 야소교(耶蘇敎)를 알게 되었다. 고분고분 심부름을 잘하고 말을 잘 들어 코쟁이 선교사의 눈에 들게 되었고, 그 선교사 덕택에 미국으로 건너가게 되었다.

감지덕지 숭미사상에 젖은 이승만이 세계 제2차대전이 끝나자, 조선 점령 미국 군대의 바짓가랑이에 묻어 귀국을 하게 되었다. 그가 급한 김에 미군 부대에서 흘러나온 나무 빡스 쪼가리를 주워다가 대강 얼기설기 지은 집이 대한민국이다. 대한민국이란 빠라크 건물을 지을 적에 그의 주위에는 맹목적 숭미주의자, 간나이(갈보) 근성의 친일파 찌끄레기들이 무더기로 모여들었다.

지금 한국 사회를 좌지우지 돈과 권력으로 오물조물 떡 주무르듯 온통 세상을 뒤숭숭하게 만드는 친일친미 사대매국노들은 그 때 이승만 주위에 모여들었던 떨거지들의 후손들이다. 요것들이 박정희 전두환 군사패거리들의 보호 아래 호의호식하고 잘 자라서 이명박근혜의 형님과 누나의 발자취를 따라 나라를 들쑤시고 난리굿을 하는 것이다.

새해에 들어 서부의 총잡이 부동산 재벌 트럼프가 물러가고 전형적인 졸장부 바이든이 자본제국의 권좌에 앉있다. 이에 때를 만난 듯 이들은 대북정책의 강경화를 부추기며 미국 군대의 영구주둔, 반민족 반통일 푸닥거리에 열을 올리는 것이다. 날이면 날마다 한미동맹의 굳건화와 일본과의 친밀관계 복원을 부르짖는다.

바이든 정부가 아직 출범도 하지 않고 입을 열기도 전 미리미리 서둘러서 북핵 문제를 들고나와 미국이 할 말을 자기들이 앞장서서 입을 놀리고 분수도 모르고 떠들어 대는 것이다. 한국의 대일관계 복원에 미국이 개입해 내정 간섭적인 압력을 가해 줄 것을 자청하고 달려드는 꼴새였다.

실로 낯 뜨겁고 부끄럽기 짝이 없는 행동거지가 아닐 수 없다. 대한민국 심장부 서울 한복판 광화문 광장에 미국기를 양손에 거머쥐고, 무슨 큰 벼슬이라도 한 것처럼, 한미동맹 강화, 경제 군사적 대일 예속을 외쳐대는 인간쓰레기들의 사대매국근성이 바로 그것의 발로인 것이다.

이런 저질적 반민족 집단을 배경으로 요즘 한창 시끄럽게 논의되는 현안이 있다. 문재인 대통령과 김정은 위원장의 판문점 회담이다. 판문점 회담 당시 두 정상이 보도다리에서 만났을 때 북에 대해 무슨 비밀스런 뒷거래를 제안하지 않았나 하는 황당무계한, 이른바 북풍여론 조작이다.

북에 원전(原電)을 지어 줄 것을 비밀 제안했다느니, 그때 건네준 USB에 무슨 나라 팔아먹을 큰 비밀거래가 있는 것처럼 침소봉대 야단법석 신바람이 난 것이다. 하늘 무너지는 결정적 잘못이라도 있는 것처럼 과대선전으로 입에 게거품을 물고 열을 올렸다.

당시 대북 특사로 평양에서 김정은 위원장을 만나는 등 남북정상회담을 주도했던 정의용 외교부 장관의 해명에도 불구하고 막무가내로 굿을 치고 손나팔을 불어대는 것이다. 트럼프 정부의 대북 초강경파 볼턴 국가안보보좌관에게도 북에 전달한 것과 동일한 USB를 동시 전달했다는 정의용 외교부 장관의 명확한 답변에도 불구하고 무조건적으로 계속 물고 늘어지는 판이다.

북에 대한 원전계획은 미국의 대북 기본전략의 하나로, 1994년 클린턴 정부 시절 북미 간의 제네바합의서에 함경도 금호지구 경수로 건설사업으로 이미 명시된 바 있었다. 이 사업은 한창 기초공사를 하다가 미국의 대북제재 원유공급 중단으로 현재 중단된 채, 이명박근혜정권에서도 북의 비핵화를 전제로 계속 유효적으로 계획 검토 상태에 있었던 사항이었다.

만에 하나, 북에 원전을 건설하는 중요 사업을 문재인 정부가 독자적으로 북과 뒷거래를 했을 경우 천하의 정보대국 미국 정부가 모르고 있을 리가 없는 것이다. 또 이를 미국이 손 놓고 지금까지 보고 앉아 있을 리도 없는 것이다. 볼턴과 같은 대북 초강경파가 입을 다물고 있을 리도 없다.

반공군사파쇼정권 시절 선거 때마다 빠짐없이 북풍공작이 떠들썩하게 전개되었다. 전가의 보도처럼 써먹던 북풍공작에 대한 향수가 오죽하랴. 그래도 어느 정도 이치에 맞는 사건을 끌어다 대야 백성들이 속아 넘어가지, 이번 일처럼 소가 웃어댈 사건을 끌어다가 씨도 안 먹히는 희떠운 소리를 퍼뜨려 보아야 이에 속아 넘어갈 사람이 어디 있겠는가.

일전에 발표된 2020년 국방백서 내용이 또한 반민족 매국노들의 좋은 입방앗거리가 되었었다. 북한군을 '적'이리 표현하던 것을 지난해에 이어 또 빠뜨렸다는 것이다. 이것만이 아니고 그들이 선대로부터 오늘에 이르기까지 망극한 은혜를 입은 일본에 대해 그들의 존경심과 달리 낮추어 홀대를 했다는 트집이었다. 존경하고 사랑하여 모시는 일본에 대한 호칭을 '우방'이라 칭하지 않고 그냥 '이웃 나라' 이웃이라고만 표현했다고 생트집을 잡고 늘어졌다.

박정희의 대구사범 교련 교관이었던 일본인이 '박정희는 일본인보다도 더 일본인다운 인물'이라 평을 했었다. 이들 친일친미 사대매국 무리들의 사고방식은 어떤 애국적인 미국인보다도, 어떤 충성스런 일본인보다도 더 미국인답고 일본신민다운 부류들이다.

미국과 일본은 어떻게 하든지 우리민족을 이간질시키고 둘로 대립을 시켜 영구적인 분단을 획책한다. 아시아 전략의 미군 전초기지, 확고부동한 식민지 예속화에 대한 야망을 버리지 않는다. 이것을 누구보다도 잘 알고 헤아리는 무리들이 바로 사대매국 친일친미 한국인의 탈을 쓴 쓰레기 집단이다. 기회만 있으면 나라와 민족을 팔아 개인의 영달을 취하는 자들이다.

우리는 수천 년 긴긴 세월을 이들 버러지 같은 악의 무리들과 맞서 싸우며 오늘에 이르렀다. 이들은 조선민족의 피부에, 우리와 똑같은 언어를 구사하며, 우리 곁에서 동족을 사칭하며 외세의 앞잡이 노릇으로 일관해 왔다. 우리 민족의 피를 빨고 우리가 사랑하여 지켜온 나라의 멸망을 선도해 왔다.

일제강점기 중국에 망명해 초지일관 조국의 자주독립투쟁에 한생을 바친 신채호 선생은, 그 유명한 '조선혁명선언'에서 일본제국주의의 압제에서 벗어날 길은 인민들의 각오와 무력수단을 동원한 혁명밖에는 다른 길이 없다고 단언한 바 있다.

우리는 긴긴 역사 동안 단 한 번도 외세의존 반민족행위자들에 대한 철저한 청소작업을 단행한 바가 없다. 가까운 예로 8·15 해방 후 친일파 청소작업, 반민족행위자 처벌에서 실패한 쓰디쓴 경험을 갖고 있다. 원통한 일이다.

4·19혁명 후에도, 8·90년대 민주화운동 후에도, 오늘 이른바 민주화세력의 집권이라고 하는 문재인 정부하에서도 반민족행위자들에 대한 철저한 청소작업이 이루어지지 못하고 있는 현실이다. 외세에 의존해 나라와 민족을 팔고 기득권 세력이 되어 호가호위 떵떵거리고 까불고 잘 사는 무리들의 세상이 오늘 우리가 살고 있는 남한사회 한국사회의 실상이다.

언제쯤 이 땅에 먹구름이 걷히고 밝은 태양 떠오르며, 희망과 평화의 햇살이 빛나는 새 하늘이 열릴 것인가. 나라와 민족이 하나 되는 세상, 평화 세상, 진정한 제2 해방의 날이여….

3부 — 새 하늘과 새 땅을 찾아

1장
점령군을 몰아내고 통일의 길로

1. 그 더러운 짝사랑 한미동맹

25. 9. 10. 현장언론 민플러스

그 더러운 짝사랑 한미동맹을 때려치워야 한다.

한국이 천문학적 자금을 투자하여 건설 중인 조지아 현지 공장에서 한국인 전문인력 300여 명이 체포되었다. 정말로 창피하고 울화통이 부글부글 끓어오른다.

아무리 80년 식민지라 해도 그렇다. 단 한 번의 경고도 없이, 단 한마디의 사전 예고도 없이 특수군사작전 벌이듯, 헬리콥터까지 동원하여 건실 노동자들을 급습했다. 지난 세기 서구 제국주의자들의 야만적인 노예사냥 수법 그대로이고, 양키 기병대의 인디언 토벌 수법 그대로이다.

너무 분해서 글 쓰는 손이 부들부들 떨릴 지경이다. 도대체가 대한민국 정부는 무얼 하고 있는 것인가? 도저히 있을 수 없는 만행, 21세기 밀레니엄 시대에 상상조차 할 수 없는 인권 유린 노동

탄압이 벌어졌다. 이에 항의 성명 규탄의 말 한마디, 강력한 외교적 반대, 반발 담화 발표도 없이 '자진 출국'만을 얼버무리는 정부 당국의 저자세에 환멸과 구토를 느낀다.

우리 노동자들의 피땀으로 벌어들인 달러를, 한국 오천만 국민의 1년 살림살이의 1.5배에 달하는 자금을 미국에 갖다 바치고, 이런 더럽고 창피한 굴욕을 당하다니…. 참말로 할 말이 없는 것이다.

명색이 좌파라는 자들이 정권을 잡았다. 물론 이들은 선거에서 표를 찍는 국민들을 속여서 좌파의 허울을 쓰고 당선된 사람들이긴 하다. 그래도 그렇다. 불과 몇 달 전에 친일친미 반민족 반통일 사대매국세력, 12·3계엄 윤석열 일당의 멸망을 눈으로 보았다. 12·3계엄에 반대한 민중 세력의 지지를 얻어 오늘 그들 집권 세력이 존재한다.

이런 마당에 직전 미국 대통령 바이든의 바짓가랑이를 붙잡고 알랑거리던 사대매국 주구들의 비루한 외교 행태를 그대로 답습할 수 있단 말인가. 이재명 대통령은 대통령 그 자리가 자기 인생 최대의 정치적 목표인가? 각 부처 장관 국회의원 벼슬아치들은 장관 국회의원 지내는 것이, 자기들 인생 다 산 최종의 목표인가? 참으로 가소로운 짓이다. 자신들이 누리는 영화와 명예 이 모든 것을 안겨 준 바닥 민중, 전체 국민들의 생활과 국가의 명예, 국가의 위상, 국가적 자존심 따윈 안중에 없다는 말인가?

대통령 장관 국회의원은 사사로운 개인이 아니다. 적어도 국가를 대표하는 공인 인격체이다. 아무리 사람이 안 나오는 한국 땅이지만, 이렇게 찌질하고 이렇게 자기 개인, 사적인 것만 아는 소인배들만 득실거리는 땅이 되었는지, 한심하고 참괴한 일이다.

미국 대통령 트럼프 따위가 뭐 그리 무서운 존재인가? 부동산 투기나 해서 호텔업으로 돈을 많이 벌어서 자본주의의 본산인 미국 사회의 지지를 얻어 대통령이 되었다. 그런 자본주의 사회의 떠버리, 불량아, 좌충우돌, 공갈 협박, 말 바꾸기 잘하는 깡패식 외교주의자가 뭐 그리 무섭다는 말인가? 반지성, 국제적 예의 파괴, 모든 것을 상업행위, 자본 유통과 거래에 기본을 두는 인간성 말살, 인간 품위 파괴주의자가 뭐가 그리 대단하다는 말인가?

국가를 대표하는 인격체는 적어도 국가적 자존과 공공 의식으로 당당해야 한다. 이재명 대통령은 이번 조지아 건설 현장에서 벌어진 우리 국민들에 대한 인권 무시와 난폭하고 저질적인 신체 억압에 대해 정정당당하게 한마디 꾸짖는 말을 해야 한다.

전혀 도망할 의사도 없고 도주할 예비 행위도 보이지 않는 우리 노동자들에 대해, 손을 묶고 심지어 발에도 쇠사슬을 꿰차게 했다. 이건 도대체가 인간의 기본적인 인권 탄압 행위이고 우리 국민을 자기들의 식민지 노예로 인식하는 야만적이고 동물적인 폭압 행위이다.

외교부는 외교부대로, 국회는 국회대로 국가 민족의 위상 자존심을 걸고 당당하게 분노에 찬 반대 반박 성명을 내야 한다. 가만히 앉아서 명예만 지키고 잘 먹고 잘사는 개인적인 욕망만 채우는, 반사회 반국가 사대매국노가 되어서는 안 될 일이다.

80년 동안 미국의 식민지로 순하고 착한 양이 되어 종주국의 이익에 충성을 다하는 오늘 대한민국의 모습이다. 이대로는 안 된다. 이대로 계속 수모를 감수하고 굴종에 익숙한 백성이 되어 노예 생활을 계속할 것인가. 자기 스스로를 업신여기는 자는 남에게도 대접을 받지 못한다. 남에게 업신여김을 받고 굴종을 감수하고 노예 생활을 자처하는 자는 미래가 없다. 나라를 운영하고 나라의 주인 될 자격이 주어지지 않는다.

우리 국민이 수모를 당하는데 분노할 줄 모르는 자는 국민이 될 자격이 없다. 우리나라가 국제적으로 망신을 당하는데 말 한마디 항의도 못 하는 정부, 대통령, 장관, 국회의원은 사대매국노가 분명하다. 오늘 이런 현실 앞에서 이 땅의 벼슬아치들은 크게 반성해야 한다. 막대한 돈을 가져다주고 뺨을 맞고 모욕을 당하는 꼴이다. 지구촌의 다른 나라들, 지구촌의 생각 있는 사람들이 보았을 때 가관이고 웃음거리이고, 참으로 창피하고 쥐구멍에라도 들어갈 일이다.

지구촌의 유일한 분단국가, 참으로 피를 토할 일이다. 이제 그만 끝장을 내야 한다. 젖 먹는 아기에서 백세 늙은이까지 모두 일어서야 한다. 식민지의 굴레를 벗어 내쳐야 한다. 돈 가져다주고 뺨 맞는 그 더러운 동맹을 때려 부숴야 한다. 사람이 사람다운 독립인격체, 나라가 나라다운 완전 자주독립 통일국가 수립을 향해 총매진해야 한다!

2. 미군 주둔 비용은 한 푼도 줄 수 없다

24. 7. 23. 현장언론 민플러스

미군은 점령군이다. 그들 초대 사령관 맥아더가 1945년 9월 7일 발포한 포고령에 명명백백하게 밝혀져 있다.

점령군에게 무슨 점령 비용을 내준다는 말인가? 해방 공간 5년은 말할 것도 없거니와, 6·25전쟁 때에도 미군이 조선 땅에 발을 붙일 아무런 근거도 없었다. 미국과 맺은 방위 협정이라는 게, 이승만이 맥아더에게 보낸 편지(각서) 한 장이었을 뿐이다. 양국 당사자가 회담을 하고 국회에서 절차를 거쳐 국제 조약(협정)으로 인준한 것도 아니다. 강대국, 제국주의 군대가 자기들의 필요에 의해 강제로 불법 점령 주둔하고 있는 경우인데, 그런 군대의 주둔(생활)비를 피점령국 국민의 혈세로 충당을 한다? 세상에 이런 부당하고 억울한 일이 어디 또 있다는 말인가.

임오군란 때(1882년) 일본인 교관을 죽이고, 일본 공사관을 불지른 데 대한 배상을 요구한 제물포조약으로, 일본 군대가 우리 땅에 발을 들여놓는다. 일본은 1894년 동학혁명 진압 명목으로 본격적으로 조선 점령(주둔)의 야망 실현에 성공한다. 이어서 청일 전쟁에 승리한 일본 군대는 조선 정부의 승인 없이 한강변 청파동 언덕배기 용오름 뫼(용산) 고개 턱에 따리를 틀고 똥오줌을 싸기 시작한다. 1910년 조선합방 강점, 세계 제2차대전 패망으로 철퇴(撤退), 이 땅은 코쟁이 양키 군대의 점령지가 된다. 양키 군대는 79년 동안 불법 강제 점령 피천 한 닢 땅 사용료를 낸 적이 없다. 지세(地稅)를 내기는거녕 전기세 무료로 특혜를 누리고, 치외법권적 특권을 보장받아 상전 대접을 받으며 오늘에 이르렀다.

이들은 여기에서 끝나지 않고, 노무현과 문재인을 꼬드겨 세계에서 제일 큰 육상기지를 무상으로 얻어내 평택으로 그 전쟁 둥지를 옮겼다. 이 거대한 전쟁 기지 안에는, 비행장을 비롯한 양키들의 세계 정복을 위한 사령부와 상대를 침략 점령 학살하기 위한 각종 작전 수립 시행 세부계획 부서들의 건물들이 즐비하다. 살인 파괴 인류 멸망과 지구 종말을 부르는 최첨단 비밀 무기들의 은폐 보관 창고들 또한 거대한 덩치를 으스대며 평화를 비웃는다. 하루도 쉼 없이 지구촌의 피바람을 부르는 작전 무기들의 이동과 훈련이 빈번하다. 수많은 양키 군대가 불법으로 강제 주둔·점령한 병력들의 발자국 소리가 요란하고, 조용하던 평택 시골 마을 팽성읍 내에는 화약 냄새 풍기는 바람 소리마저 스산하다.

정신 얼·넋 빠진 대통령들, 그렇게나 넓은 땅, 피 같은 조국 내 나라 살덩어리를, 무법자 악당 털발들의 전쟁 놀이터로 내어주다니…. 그들은 본래의 아메리카 땅 주인 인디언을 몰살하고 멸종시킨 폭력 위에 자본 대제국을 세운 무서운 괴물들이다.

굴뚝 모자를 쓰고 나비넥타이를 매고 천사의 웃음을 보내는 선교사들에게 우리는 속았다. 손에는 야소교(耶蘇敎)의 복음서가 들려 있었지만, 그들의 가슴속에는 아메리카의 영광 미합중국 대자본제국 세계 재패의 야망이 숨어 있었다. 세상 물정 모르는 흰옷 백성, 부처님의 자비, 공맹(孔孟)의 천도(天道) 인도(人道)만을 알고 살아온 조선 사람의 눈엔, 야소도인(耶蘇道人)의 옷자락에 숨긴 쌍철포(雙鐵砲)를 보지 못하였다.

신학 공부하는 학생들, 신학 교수님, 목사 신부님들, 유일신 여호와 하나님과 그의 아들 예수 그리스도를 믿는 여러 신자분들! 왜 우리는 같은 민족끼리 적이 되어 휴전선을 떠안고 살아야 하고 물경 일백십오 년 동안 일본과 미국에 종속된 식민지로 살아야 하는 것입니까?

이 땅에 발을 딛고 사는 모든 사람들은 각성해야 한다. 이 땅은 자주권을 행사하는 나라, 우리 국민이 우리 운명을 결정하는 독립 국가가 아니다. 대한민국의 최고 지도자인 대통령은 식민 종주국인 미국의 국제 패권 전략에 따라 미국의 국익을 위해 움직이는 허수아비 대통령이다. 우크라이나의 젤렌스키, 이스라엘의 네타냐후와 똑같은, 미국의 신식민전략 대리 간접 통치, 눈 가리고 아웅 하는 예속 수법에 놀아나는 것이다.

긴긴 일백여 년을 당해보고도 잘 감이 잡히지 않는다는 말인가. 지난번 대통령 선거 때도 당해보지 않았는가 말이다. 선거 닷새 남겨 놓고 안철수 데려다가 0.73퍼센트로 선거판 뒤집는 것 못 보았는가 말이다. 대한민국 대통령의 선거 투표는 우리 손으로 하고 당선자 결정은 미국 펜타곤과 국무성이 하는 것을 아직도 모른다는 말인가? 대한민국 대통령 자리가 어떤 자린데, 미국이 그대로 보고만 있을 리 있겠는가. 중국과 러시아를 직접 견제 봉쇄할 수 있는 세계 최주요 전초기지가 아닌가.

미국은 윤석열처럼 바짓가랑이 잡고 가지 말라고 아양 새실떨지 않아도 절대로 미국은 이 땅에서 물러가지 않는다. 미국 군대는 우리를 억압하고 정치 경제 문화 종교 식민지로 타고 앉아 점령군의 애초 목적하는 바를 그대로 시행할 것이다. 계속해서 민주화니, 선진국 진입이니, 투표에 의한 정권 교체니 하여 당근과 채찍으로 시간을 끌며 엿을 먹일 것이다.

분단 상태의 지속을 위해 친일친미 굴종 세력을 키우고, 이들 사대매국세력에게 특혜를 주어 자본과 권력을 쥐게 하여 반민족 반통일 세력의 집단화로 '양키 고 홈' 소리를 숨죽이게 할 것이다. 조선인의 얼·넋 투쟁혼을 짓밟아 통일조국 민족해방 의지의 말살을 꾀할 것이다.

생각 있는 자는 정신을 가다듬고 미 펜타곤의 대한(對韓) 통치 전략을 산출해 내는 대형 컴퓨터와 맞서 싸워 이겨야 한다. 고급화되고 과학적으로 고도화된 양키들의 식민 지배 전략의 본질을 간파하고 그들이 간교하고 음흉한 잔꾀를 한발 앞서 때려 부숴야 한다. 한 수 위에서 그들을 내려다보고 가차 없이 박살을 내야 한다. 절대로 결단코 속아서는 아니 된다. 79년을 속았으면 이제 그만이다.

양키 군대는 우리를 억압하는 점령군이다. 우리 영토를 불법 강점한 양의 탈을 쓴 포악한 무법자들이다. 깨달았으면 미몽에서 깨어나 두 주먹을 불끈 쥐고 일어서야 한다. 강도 점령군에게 무슨 주둔비를 내준다는 말인가. 소가 웃을 일이다.

조국 분단과 민족 분열의 원흉, 우리 겨레 불행의 근원, 아비와 형들에게 동족상잔을 부추긴 집단 살상을 즐기는 전쟁광, 알고선 우린 그대로 둘 순 없다. 두 팔을 걷고 몰아내야 한다. 주둔비 대신 똥물을 씌워 몽둥이찜질로 내쫓아야 한다.

3. 독일은 통일이 되었는데

22. 6. 29. 현장언론 민플러스

'사월혁명회'가 주최한 재독 통일인사 김성수 박사 초청 간담회 자리였다.

독일은 분단 직후부터 치열하게 통일운동을 벌이거나, 통일을 위해 전쟁을 하지도 않았는데, 우리보다 먼저 통일이 되었다. 우리는 분단 후 72년 동안 통일을 위해 치열하게 운동을 전개하고 6·25라고 하는 큰 전쟁을 겪으면서까지, 통일 독립을 목마르게 염원해 왔다. 그러나 현실은 분단 극복은커녕, 날마다 총칼 맞겨누고 남과 북이 불신과 증오의 눈을 부라리고 있다.

독일은 전쟁 당사자이고 패전국이자 피점령 대상국으로 마땅히 서방 연합국의 통치를 받아야 할 분명한 처지였다. 그래서 미, 영, 불, 쏘 4개국의 분할 점령, 동·서독으로 갈라져 분할 통치를 받아야 했다. 그러나 우리는 패전국도 아니었고 전쟁범죄와는 상관이 없는, 전쟁 당사국으로 패전국인 일본의 식민지였을 따름이었다. 우리가 분할 통치를 받아야 할 이유나 국제법적 근거는 전혀 터무니없는 억지이다. 조선국의 분할 통치와 강제 점령은 전혀 미·쏘의 정략에 의한 위법 부당한 불법행위인 것이다. 국제법 위반, 힘의 논리에 의한 강제 점령 강제 분할 통치인 것이다.

그럼에도 불구하고 독일은 1990년 동서 베를린장벽을 허물어뜨리고 통일 독립을 쟁취하였고, 조선국의 불법 분할 점령 통치는 오늘도 계속되고 있다. 이것은 국제 질서에 대한 배반 행위이고 국제 평화를 부르짖는 유엔안전보장이사회 상임이사국 스스로 유엔 헌장을 모욕한 아이러니가 아닐 수 없다.

문제는 조선의 분할이었다. 진짜 문제는 조선국의 통일이었다. 더 진짜 문제는 전쟁 주범국 독일은 벌써 통일이 되었는데, 전범국의 식민지로 해방의 대상이었던 이 땅은 아직도 분단의 고통 속에 오늘을 살아야 하는가이다. 논제는 다시 원점으로 돌아와서 전범국 독일은 통일이 되었는데, 해방의 대상국이었던 조선은 아직도 왜 분단 상황인가이다. 그 원인에 대해선 말이 많을 수밖에 없었다. 말이 적을 수가 없는 것이다.

물론 라인강의 기적을 이룩한 서부 독일의 경제력, 서부 독일의 포용 정책, 브란트 수상의 동방 정책들이 논의되었다. 동부 독일 역시 사회주의 국가 중 가장 모범적인 체제 운용 국가였다. 게르만 민족으로서 종족의 동질성에 바탕을 둔 민족적 자긍과 자존심도 논의 대상이었다.

전쟁범죄자 패전국 독일은 동·서독 상호 증오와 전쟁 없이 평화적으로 통일이 되었는데, 전쟁 피해 대상국, 해방의 땅이어야 할 조선국은 아직도 분단의 멍에를 목에 메고 신음하며 살아야 하는가? 이건 이치에도 안 맞고 국제법상 전후처리 관례에도 맞지 않는다. 순리대로라면 조선반도가 독일보다 먼저 통일이 되었어야 한다. 정말이지 진실로 역사에 정의가 있다면 처음부터 애초 조선반도는 분할되지 않았어야 한다. 분단 자체가 너무 엉뚱한 모순인 것이다.

미국(米國) 총잡이들은 원래가 이렇게 불법, 어거지, 강도적 술책을 잘 쓴다. 무력을 앞세운 이들의 폭력적 강제 행위와 힘은 정의이고 진리라는 주장은 자본제국 아메리카 합중국의 건국 모토이고 양키 근성의 행동 철학이다.

이들은 순진하기 짝이 없는 동양의 오래된 한 나라와 예절과 도덕을 숭상하는 흰옷 백성을 하룻밤 사이에 둘로 갈라놓았다. 천인공노(天人共怒), 천벌을 받아 마땅한 범죄행위였다. 갈라진 국토의 허리에서 날마다 흐르는 피가 멎을 날이 없었고 생이별을 당한 부모형제 가족들의 눈에선 피눈물이 마를 날이 없었다.

독일은 통일이 되었는데 조선국은 왜 아직도 통일이 요원한가? 이에 대한 대답은 백가쟁명(百家爭鳴)일 수 있었다. 문제가 여기에 이르자 간담회장의 분위기는 뜨거워질 수밖에 없었다. 이에서 뜨거워지지 않았다면, 이상한 나라의 이상한 사람들이 이상한 심장을 달고 앉아 있다고 말을 해야 옳을 것이다. 모두의 가슴속에선 제각각 정답들이 아우성치며 입 밖으로 뛰어 나오 기 위해 용용거리고 서성거리며 준비운동(?)에 열을 올리고 있었다.

이에 대한 대답은 사흘이 가고 나흘이 가고 닷새가 지나도 마음의 숙제가 되어 얼른 머릿속을 떠나지 않고 있었다.

못난 민족….

가슴을 쥐어뜯고 싶은 것이다.

게르만족도 하나 되었고 남만(南蠻)이라 얕보던 베트남도 자력으로 통일을 이루어 하나가 되었다. 유엔 회원국 190여 개 나라 중 세계 제2차대전 후 통일되지 못하고 남아있는 나라는 조선반도, 대한민국이 유일하다. 이 얼마나 분통 터지는 일인가. 이것은 치욕이다. 전 세계 190여 개 나라의 시각으로 우리 대한민국을 객관화했을 때, 이 얼마나 부끄럽고 남세스러운 일인가. 미국기를 들고 광화문 광장에 나가는 일과 선제 타격이니 북(北)이 주적(主敵)이니를 입에 올리는 사람들을 생각하면, 쥐구멍에라도 들어가고픈 것뿐이다.

'비핵화'가 무슨 뜻인 줄 모르는 자들이 미국이 시키는 대로 비핵화 나발을 불고 다니는 것을 보면서, 과연 이 백성들의 나라는 어떤 나라인가…. 과연 쓸개가 있는 나라인가. 제가 태어난 나라 제가 지킬 생각은 전혀 그만두고, 코쟁이 아저씨 미국이 지켜 줄 것을 하늘처럼 믿는 백성들…. 그러니까 그들이 찍어준 친일친미 사대매국 우파 대통령들은 국방의무인 군대에 복무한 자가 단 한 명도 없다.

도대체 분단국 대통령으로서 양심이 있는 것인지, 불량한 염통에 쉬가 슬어서 민족 국가가 보이질 않는 것인지 알 길이 없다. 수치(羞恥)를 모르는 민족, 스스로 남의 종이 되겠다고 종살이를 자처하는 무리들이 충만한 나라다.

이 순간에도 미국과 일본의 종살이 앞잡이가 되겠다고 유럽까지 날아간 사내가 있다. 그가 米國 대통령 바이든과 나토 가맹 유럽 정상들 앞에서 또 얼마나 우리 대한민국을 부끄럽게 만들려는지, 생각만 해도 모골이 송연해진다. 더구나 그 그로테스크한 분위기를 풍기는 미인 부인까지 동행을 했으니….

답은 민족의 수준이다. 통일의 정답은 민족의식 사회사상의 격 높은 수준이다. 강자가 통제할 수 없는 민족, 식민종주국이 마음대로 부려 먹을 수 없는 민족이어야 한다. 다시 말해서 더 쉽게 말해서, 우리를 압제하고 우리 땅을 77년 동안 불법 강점하고 있는 米國이 시키는 일을, 절대로 실행하지 않는 주인의식이 확고한 민족이어야 한다. 줏대 있는 민족, 주체성이 강한 민족이어야 한다. 강대국이 압제하고 억압을 해도 여기 굴하지 않는 민족, 식민 종주국인 米國의 손아귀에 잡혀 들지 않는 민족이어야, 조국통일의 영광을 함께 할 수 있다.

내 몸의 주인은 나다.

내가 지켜야 한다.

내 나라의 주인은 나다.

내가 지켜야 한다.

통일도 내가 쟁취해야 한다.

독일인들은 米國人들의 손아귀에 들어가지 않는 종족이었다. 독립국가, 즉 제대로 된 주권국가를 충분히 운영할 수 있는 수준의 민족 집단이었다. 그래서 그들은 통일이 우리보다 먼저 되었다.

흰옷 민족, 오천만 남쪽 민중이 米자본제국의 식민 통치 억압과 압제를 거부할 때 통일은 온다. 식민종주국 米자본제국의 종살이의 멍에를 벗어 내치고 민족자주·통일투쟁의 선봉이 되어야 한다.

통일은 투쟁이다.

통일 투쟁은 곧바로 외세와의 싸움이다.

이 판가리 싸움의 승리는 우리의 것이다.

4. 진정한 종전선언

21. 10. 6. 현장언론 민플러스

지금으로부터 71년 전 1950년 6월 25일 한국전쟁이 터졌다. 그 후 3년 만인 1953년 7월 27일 휴전이 성립되었다. 꼭 68년 전의 일이다. 그러니까 지금 70세 이하의 연령층은 6·25전쟁의 참상을 구체적으로 알 수가 없다. 실감이 나지 않는다는 말이다.

하나의 나랏땅이 두 동강이 나고 허리가 잘렸다. 하나의 민족 하나의 피붙이가 남과 북 둘로 나뉘어 총부리를 맞겨누고 큰 전쟁까지 치러야 했다. 어떻게 세상에 이런 일이 있을 수가 있다는 말인가.

민족 내부에서 분란이 일어나고 서로 갈라서서 맞대결하고 총칼을 휘둘러 싸움질을 했었다면 또 모른다. 그런데 그렇지 않고 강대국의 이익을 위해서 생짜로 나라 땅을 자기네 입맛대로 가르고 한 핏줄 하나의 민족을 생살을 찢어 갈라놓은 것이다. 전혀 우리 민족의 뜻과는 상관없이 강대국의 불법적인 무력에 의해 땅도 갈라지고 이 땅에 생을 부여받은 한 핏줄 겨레붙이도 남북 둘로 갈라서 찢어 놓은 것이다. 이에서 그치지 않았다. 총칼을 손에 들려주고 강제로 서로 싸움질을 시켰다.

그 무서운 전쟁이 끝나고도 '휴전'이란 이름으로 그대로 전쟁의 불씨를 묻어놓고 38선을 휴전선으로 바꾸어 부른 세월이 68년이 지났다. 아메리카 자본제국군대가 이 땅을 강제 점령하고, 쏘련과 중국을 포위해 국제 패권을 거머쥐기 위한 냉전 전략의 최전방 기지가 된 반도 남녘땅, 휴전선 남쪽이 문제였다. 미 자본제국의 완전한 식민 통치가 시작된 것이다.

이승만 일당과 친일 세력을 한데 묶어 허수아비 정부를 서둘러 수립하고 미국의 야만적인 전쟁 만능주의 냉전 전략 수행에 충성을 다하도록 조직적인 식민정책을 실시했다. 조선반도는 세계 제2차대전이 끝나고 미국이 점령한 식민지 중에서 규모가 가장 크고 쏘련과 중국의 목을 조이는 데 가장 전략적 요충에 해당했다.

미국이 전쟁 노획물로 움켜쥔 조선반도 남녘은 남중국해의 필리핀제도, 태평양상의 마리아나군도, 마샬제도 따위와는 비교가 안 되게 여러 가지로 이용 가치가 많은 풍성한 먹잇감이었다. 미국은 이 아시아의 순박한 '시골 아낙네'의 순진성을 도와주기는커녕 갖은 악랄한 수법을 동원하여 자기네를 위한 냉전의 제물, 희생양으로 만들고야 말았다.

옛 우리 조선 민족의 민간설화 전래동화에 나오는 음흉한 속임수의 호랑이 형상을 꼭 닮았다. 산 넘어 동넷집에 품팔이 갔던 어미를 기다리는 어린 남매를 먹잇감으로 삼으려는 그 탐욕스럽고 음흉한 호랑이 설화는, 일제강점기 미국에 점령당한 해방공간, 전쟁 시기의 나라 현실에 비추어 비극적이게도 시사하는 바가 많은 것이다.

요즘 종전선언 문제가 UN 바람을 타고 떠들썩하고 시끄럽다. 지금으로부터 68년 전 휴전이 성립되고 1, 2년 후 또는 3, 4년, 늦어도 5, 6년 후에는 이미 끝냈어야 할 전쟁이었다. 그때 바로 '전쟁 끝' 선언을 해야 했었다.

미국 군대를 선두로 언필칭 참전 16개국으로 표현되는 UN군과 조선민주주의인민공화국, 중화인민지원군 군대가 이 좁아터진 조선 팔도강산을 무대 삼아 한판 승부를 걸었던 전쟁이었다. 시산혈해(屍山血海)! 피범벅, 이유도 불분명하고 명분도 서지 않는 들짐승만도 못한 무조건 사람을 많이 죽이는 살인 놀이였다.

미국 군대가 앞장을 서서 돌격 나팔을 불어대면 이른비 UN 16개국 군대가 우르르 '반공' 전선으로 몰려들었다. 북의 인민군대나 중국군대는 이를 막기 위해 '해방' 전선으로 몰려들었다. 낙동강 전선, 백마고지 전투, 장진호 전투, 이루 헤아릴 수 없는 크고 작은 전투들은 지구 이곳저곳에서 모여 온 무고한 젊은이들의 피를 불렀다.

미국은 그들의 자본력에 의거한 힘을 바탕으로 또는 그것을 미끼로 삼아 열여섯 개 나라를 끌어모았다. UN의 탈을 쓰고 반공 깃발을 내세워 16개국을 유인해 냈지만, 이 그럴듯하게 겉치장을 잘한 반공 깃발 뒤에는 아메리카제국의 음흉한 세계지배 야욕이 숨어 있었다.

양키들의 음흉한 미소 평화를 가장한 손짓 뒤에는 언제나 총과 돈이 숨어 있었다. 이들의 자본과 무력은 약한 나라를 침공하고 세계지배 야욕을 위한 강제 식민지화의 유용한 전략자산이 되어 주었다. 국제 전쟁범죄의 원흉인 미국은 자본과 무력을 뒷배경으로 국제연합(UN) 깃발을 자기 나라의 사적인 이익을 위해 교묘하게 이용하는 데 이골이 났다. 함포(艦砲)를 앞세운 무력 침략에 재미를 본 서구제국주의 식민종주국들을 뒤에 업고, 세계대전의 전승 노획물인 다수의 소규모 미군 점령 UN 가입국들을 포섭하여 합법을 가장한 UN 지배에 나선 것이다.

UN은 1945년 10월 24일 '세계 평화 유지와 인류 복지 향상'이라는 큰 목적 아래 세계 5대 강국과 그 외 29개국이 UN 헌장을 비준함으로써 세계 최대의 국제기구로 탄생했다. 오늘 현재는 조선반도의 남과 북을 포함하여 190여 개 국가가 총 19장 111조로 된 UN 기본 헌장 아래 회원이 되었다.

스웨덴 한림원이 설립한 노벨 재단에 미 CIA의 입김이 작용하는 것은 세상이 다 아는 일이다. 특히 노벨평화상과 노벨문학상에선 그 영향력이 대단하다는 세평이다. 이런 미국 정보조직의 잘못된 행태는 세계 최대 국제기구인 UN의 각종 이사회를 비롯한 그 산하 모든 의결기구에 작용하는 보이지 않는 그림자이고 검은 손이다.

6·25전쟁은 미국의 보이지 않는 손이 작용하는 UN 기구에 절대적인 책임이 있다. 그 대표적인 기구가 UN 안전보장이사회다. 미, 영, 불, 중, 쏘 5대 상임이사국이 거부권을 가지고 있는 사실상 UN의 핵심이고 명실상부한 UN의 대표 기구이다. 너무도 비극적이고 참혹한 6·25전쟁의 제일 책임자이다. 내용이야 어찌 되었건 공식적으론 UN 안전보장이사회의 결의로 이른바 UN군의 전쟁 참가가 결정되었다. 당연히 이 전쟁의 시작과 끝 결과에 대해서도 책임을 다해야 한다. 미국의 선동으로 '거부권'이라고 하는 국제적 특권을 가진 명색이 세계 5대 강국(당시 쏘련은 불참)이라는 명예와 채신을 다 버리고 부화뇌동에 들뜬 과오행위에 대한 반성과 참회가 있어야 한다.

비전투원인 이 땅의 민간인과 전쟁에 참가한 양측 군대 수백만 명의 죽음과 일천만 명에 이르는 전쟁상이자, 6백만 명의 이산가족을 상기한다. 서울과 평양을 비롯한 삼천리 팔도강산 어느 한 곳 성한 데 없이 갈가리 찢기고 폐허가 되었다. 집은 불타고 삶의 터전인 농토는 쑥대밭이 되었다. 공장과 학교 병원도 산산이 부서지고 가축과 식량도 다 불에 타버리고 아무것도 없었다.

미국의 충동질에 맹목적으로 기수기 노릇을 했던 당시 UN 회원국들과 이른바 세계 5대 강국이 좌지우지하는 안전보장이사회는 보편적 인류 양심을 되찾아야 한다. 세계 평화를 위한 정의와 공정성, UN 각개 회원국의 공익에 충실해야 한다.

국제 평화와 인류의 복지 안전을 목적으로 한 UN 기구가 깡패, 망나니, 살인적 폭력행위로 온통 지구촌을 피로 물들이는 전쟁광

신자의 앞잡이 도구가 되었다. 세계 평화를 교란하고 인류의 안전과 행복을 파괴하는 무법 불법행위자의 하수인으로 전락한 추악한 모습이어서야 어디 되겠는가 말이다. UN은 6·25전쟁 종전선언은 물론 평화협정을 맺는 데 팔을 걷어붙이고 나서야 한다. 이에 책임과 의무를 다해야 한다.

사실 UN은 창설 76주년에 이르는 동안 평화와 안전, 복지 증진에 앞장을 서고 성실한 노력에 임했다기보다는 아메리카제국의 패권 놀음에 덩달아서 억지 춘향 노릇으로 일관해 왔다. 인류에게 해독을 끼치는 일에 양심을 잃고 부역했다. UN도 이제 제정신을 차리고 인류 최대의 국제기구답게 정의롭고 뼈대 있는 주체성을 되찾아야 한다.

오늘의 시점에서 UN은 그동안의 과오와 미국의 전쟁범죄에 이용된 책임을 통감하고 모든 기구를 혁명적으로 개편해야 한다. 소위 5대 강국이 거머쥐고 있는 '거부권' 제도를 폐지해야 한다. 극히 비민주적이고 극히 힘(무력)의 논리에 의한 식민제국주의 약소국 지배의 국제폭력 색채가 너무 고약하다. 수많은 UN 회원국을 무시하고 전근대적 사고, 식민제국주의 권위 의식, 강대국 위주 5대 강국의 세계 균점 지배 야욕을 벗어나지 못한 행태이다. 치졸하고 유치한, 지극히 부도덕한 발상이고 지극히 부끄러운 국제제도이다.

전 세계의 자주적이고 평화애호 인류애의 양심을 가진 정의와 공정(公正)을 신봉하는 모든 국가에 호소한다. 5대 상임이사국의 횡포와 불의에 맞서 UN 해체, 재결성 또는 완전한 민주적 운영체제로의 개혁 개편에 발을 벗고 나서야 한다. 미국의 전쟁 나팔 소리에 끌려다니고 국제평화를 어지럽히는 어릿광대 노릇을 그만두어야 한다. 거부권이 없는 수많은 여타 회원국들이 하나로 뭉쳐서 민주적 국제기구 운영 투쟁에 떨쳐나서야 한다.

국토분단과 6·25전쟁은 죄 없는 우리 민족에게 너무 많은 고통과 슬픔을 안겨주었다. 76년 동안의 대재앙이었다. 일본의 전쟁범죄와 전후처리, 그 후 동서냉전의 모든 세계적인 역사의 짐을 우리 민족이 걸머지고 있다. 원통한 노릇이다. 엉뚱하고 전혀 이치에 맞지 않는 너무 부도덕한 국제정치 현상이다.

미국은 말할 것도 없고 UN 안전보장이사회 5대 상임이사국, 그 밖의 모든 회원국들은 조선반도의 평화와 통일을 위해 책임 있는 태도로 임해야 한다. 적극적인 자세로 최대의 노력을 경주해야 마땅하다.

종전선언, 이는 당연한 것이다. 늦어도 한참 늦은 것이다. 미국의 어깃장, 불법 강제 점령, 우리 민족의 통일을 가로막고 자기들의 세계전략을 위한 무한적인 식민지 통치를 감행하겠다는 만용이다. 고양이도 낯짝이 있고 굼벵이도 체면이 있다. 더 이상 미국의 횡포와 불법행위, UN 안전보장이사회, IAEA의 편벽된 미국 편들기식 운영방식을 철폐해야 한다.

세계 제2차대전 전후처리의 잘못으로 결과된 미국의 조선빈도 강제 분할 문제를 이대로 두고서 세계 역사는 한 발짝 더 이상 앞으로 나아가지 못한다. 미국의 조선반도 남녘 강제점령은 국제적 대재앙이고 인류사의 도덕적 파행이다. 인류 역사의 씻을 수 없는 오류이고 세기의 인류 범죄이다.

이런 엄중한 시대 현실에 처한 문재인 정부는 제정신을 차려야 한다. 우선 당장 숭미사대 매국적 타성과 관행을 떨쳐버려야 한다. 인류사의 미래를 위해 우리 민족국가의 앞날을 위해 케케묵은 냉전적 국정운영 방식에서 벗어나 평화와 정의에 입각한 일대 방향 전환이 화급하고 절실하다.

주체적 자주독립 의지로 민족 통일국가 건설을 위한 대담하고도 통 큰 새로운 민족의 진로를 개척하라. 외세 억압의 쇠사슬을 끊어내리고 민족 자체 역량에 의한 분단 극복만이 우리의 살길이다. 이 길만이 국제평화와 인류공영에 이바지하는 크고 밝은 길이다.

우리민족끼리 가슴을 열고 하나가 되는 것만이 지금까지 맹목적인 증오, 강요된 싸움을 끝장내는 진정한 의미의 종전선언이 되는 것이다.

2장
일본은 과연 우리에게 무엇인가?

1. 왜(倭), 너희는 우리의 원수이고 적이다

23. 3. 7. 현장언론 민플러스

명색이 대통령이란 자의 대(對)일본관(日本觀)은 빗나가도 한참 빗나간 것이다.

"일본은 과거 군국주의 침략자에서 우리와 보편적 가치를 공유하고 안보와 경제, 그리고 글로벌 어젠다에서 협력하는 파트너로 변했다."

이런 빗나간 시각이 이른바 '한국 대통령'이란 자의 대일본관이다. 참으로 무슨 말을 어떻게 해야 할지, 하늘을 보고 땅을 보고 억장이 무너진다. 일본인들은 항상 우리를 보고 '형편없는 종족'이라고 얕잡아 말하고 폄하한다. 역시 그들 말마따나 '형편없는 종족'이라는 자괴감이 앞을 서는 것이다.

대통령은 한 나라의 국정을 책임진 최고 통수권자이다. 5천만 한국 백성의 대표이고, 대한민국이라는 나라의 제일 간판 인물이다. 언행에 신중을 기하고 일거수일투족에 막중한 책임이 따른다는 것을 간과해선 아니 되는 것이다.

어떻게 해서 일본이 우리와 보편적 가치를 공유할 수 있는가? 인류의 보편적 가치는 신체의 자유, 표현의 자유, 사상적 자유를 누리며, 균등한 기회를 갖고 자유와 평화, 독립된 인격체로서의 존엄을 누리며 사는 것을 말한다.

일본인은 과거 전 조선인의 독립권, 인격권, 행복할 권리를 모두 빼앗고 근본적인 생존권 모두를 억압 박탈하였다. 안보와 경제 글로벌 어젠다에서 어떻게 협력하는 파트너란 말인가?

일본은 기회만 있으면 호시탐탐 우리 국토 독도를 노린다. 힘이 커지고 살만하면 정한론(征韓論)을 내세워 한국 침략에 혈안이 되어 날뛴다. 그들 일본이 지금 미국(米國)에 굽실거리며 한·미·일 삼각동맹에 열을 올리는 것은, 한민족의 이익을 위한 국제 행각이 전혀 아니다. 米國을 등에 업고 조선반도의 침탈 기회를 잡기 위한 간악한 술책이다. 중국 견제에 눈이 어두운 미국세(米國勢)에 편승, 어떻게 하든지 약체(弱體)인 한국에 대한 간섭권, 침략권을 따내기 위한 음흉한 간계(奸計)가 숨어 있는 것이다.

하필이면 어찌하여 그 넓은 바다 태평양을 다 내버리고 꼭 우리 땅 독도 근처에서만 전쟁 연습인가? 미국인(米國人)들이야 중국만 견제하면 그만이니까 식민지 한국쯤이야 별 관심 둘 것이 없는 것이다. 20세기 초 가쓰라-태프트 밀약 때에도, 米國은 제 물건인 양 조선을 일본에 내주고, 필리핀을 자기들 식민지로 차지하고야 말았다.

경제 관계에서도 일본은 결코 한국의 경제 파트너가 아니다. 일본은 한국경제의 파탄을 노린다. 한국경제가 파탄에 빠질수록 그들은 경제이익을 누리고, 수출입 격차가 커질수록 일본 기업은 살이 찌고, 한국기업들은 배가 고파 파탄 지경에 이르는 것이다.

불과 몇 년 전 일본 총리 아베 신타로가 조처한 반도체 주요 부품 소재인 불화수소의 대한(對韓) 금수조치를 벌써 잊었는가? 아무 예고도 없이 갑자기 특별 금수 조치된 불화수소 때문에, 한국의 반도체 관련 산업이 극심한 타격을 입고, 국가 경제가 휘청거렸었던 일을 기억하라.

일본은 한국경제의 몰락, 한국 국가산업의 파탄을 노린다. 파탄이 난 한국 국가산업은 일본의 식민지 착취 경제의 번성과 원활을 안겨주게 되는 것이다. 작게 보면 한국기업의 몰락이지만, 크게 보면 대한민국 국체의 몰락이고 멸망이 되는 것이다.

해방 이후 한국은 78년 동안 일본의 경제식민지에 단 한 번도 대일(對日) 수출에서 일본을 능가해 본 적이 없다. 첨단 부품이나 소재, 고급 공산품, 핵심부품은 두말할 것 없이 일본 제품이었고, 첨단 핵심기술 역시 모든 분야에서 일본에 의지해야 했다. 기술 이전에서도 일본은 인색하기 짝이 없어서, 정치 식민지 36년에 이어서 계속 예속 경제 78년을 보태면, 실로 일백 년이 넘는 식민지 생활에서, 기술 독립의 길은 아직노 요원하여 밀고 민 터널 속 암흑의 길인 것이다.

안보 문제는 더욱 험악하다. 일본은 중국의 군사 굴기, 北의 핵과 미사일 시험을 핑계 삼아 '전쟁할 수 있는 국가'로의 군대 재무장을 통해 군사대국화의 길을 열었다.

군국주의 전범국가에 대한 미련을 버리지 못하고, 달콤한 영토 확장 침략 제국주의에의 꿈을 실현하기 위해, 두 팔을 걷어붙이고 나선 것이, 오늘의 일본 기시다 정권이다. 틈만 생기면 기회만 있으면 우리를 모욕하고, 국제적으로 곤란에 빠뜨리고, 자존심에 상처를 내어 민족혼의 역린을 거스른다.

일본 총리나 거물 정치인, 고위 관료들이 야스쿠니 신사를 참배해 곡물을 바치는 일, 군함도 등 우리 민족의 치욕이 서린 곳이나 역사물을 유네스코 문화유산으로 등록을 시도하는 일, 도굴 약탈 문화재 환수에 무성의로 배짱을 내미는 일 등, 일인들의 건방진 도국근성(島國根性)에 의한 여러 행위는 이루 다 셀 수가 없다.

특히 비극적인 분단 상황에 시달리는 우리 민족의 참담하고 가혹한 현실을 비웃기라도 하는 듯, 남북을 이간질시키고, 죄 지은 자가 사과는커녕 죄 없는 북을 사사건건 적대시하며, 米國의 앞잡이 노릇을 일삼는 요사스런 행위야말로 도저히 용서할 수 없는 왜인들의 야만 행위이다.

이번 윤석열의 쓸개 빠진 3·1절 기념사는 米 국무부의 적극적 지지와 박수갈채 대환영을 받았다. 그만큼 米國에 크나큰 이익이 된다는 것이다. 프라이스 국무성 대변인은 "공통된 가치관을 바탕으로 일본과 더 협력적 미래지향적 관계를 위한 비전을 제시했다." "윤 대통령과 기시다 총리의 양국관계 개선 노력에 박수를 보낸다"라고 말했다.

米 전략문제연구소(CSIS) 빅터 차(한국석좌)는 "윤 대통령은 한일관계 돌파구 마련을 위한 협력에 대한 보답이 없음에도, 대일관계 개선을 위한 투지를 발휘하고 있다." "米國에 더할 나위 없는 이익"이라고 강조했다.

일본 당국자 또한 기쁨을 감추지 못하고 모두 쌍수를 들어 환영했다. "내셔널리즘이 고조되는 자리에서 굳이 일본과의 협력을 국민에게 설명한 것은 의미 있고 평가할 만하다." "윤 정권과 협력해 징용문제 해결을 서둘러야 한다"라고 논평을 했다.

일본 언론들도 최대 현안인 강제동원 문제를 언급하지 않은 것에 주목을 표하고, "전시 한국인 징용 보상과 같은 첨예한 문제에 대해 구체적인 언급은 하지 않았다"라고 보도했다. 징용공 소송문제에 대해 직접적 해결책을 언급하지 않은 데 대해 반가움을 감추지 않고 큰 관심을 표했다.

이만하면, 이번 3·1절 기념사가 얼마나 대단한 사대매국 친일친미에 빌붙었는가를 짐작하고도 남음이 있는 것이다. 대한민국의 국위와 국격, 실익을 모두 다 함께 묶어서 일본과 米國에게 가져다 바쳐 버린 것이다.

바이든의 협박, 기시다의 음흉한 미소가 쓸개 빠진 윤석열의 세치 혓바닥으로 하여금, 국위 국격, 나라와 민족의 실익을 모두 합해 싸구려를 부르고, 양식(良識) 있는 세계의 모든 인민대중들로 하여금 차가운 웃음을 금치 못하게 만들었다.

우리 국토 분단의 원흉, 원인 제공자 일본.

부족국가 이후 수천 년 키 작은 떼도둑, 왜구.

기저귀(훈도시) 찬 살인, 강간, 납치, 약탈 무리.

임진 7년 대란 왜구의 분탕질, 36년 국권(主權) 강탈 모두 다 잊어 준다고 하자. 해방 후 민족 수난 6·25전쟁, 세기를 두고 당하는 민족 분단의 이 치욕, 수모, 이를 어찌 잊을 것인가. 8천만 동포가 당하는 이 뼈저린 비애와 고통을 어찌 무엇으로 갚아 줄 것인가?

왜(倭), 사과하고 배상하고 반성하지 않는 한 너희는 우리의 영원한 적이고 원수다.

2. 일본과는 한판 전쟁을

23. 8. 25. 현장언론 민플러스

드디어 일본은 후쿠시마 원전 오염수를 바다에 쏟아붓는 반생명 야만행위를 감행하고야 말았다. 그런 의미에서 서기 2023년 8월 24일은 지구촌 역사에 그야말로 큰 사변의 날로 기록될 것이다. 세상이 아무리 막돼먹고 인간의 도덕성이 타락될 대로 타락된 오늘의 현실이라고 해도, 이건 도대체가 생각 있는 인간 부류가 행할 수 있는 인간 행위가 아니다.

인류의 야만성과 포악성을 그대로 드러내는 전쟁행위의 일환으로 벌어진 원자탄 살인극은, 일본이 도발한 미국과의 전쟁에서 역사상 처음으로 벌어진 지구촌의 대참사이고 잔혹한 비극이었다. 1945년 8월 6일 미국의 대형 폭격기 B29에서 떨어져 내린 원자탄에 일본 히로시마 전 도시가 초토화되고 20여만 명의 인명피해가 발생했다. 인류사상 그 유례를 찾아볼 수 없는 대참극이었다.

가해자이건 피해자이건 이 가공할 참사 앞에서 말을 잃고 전율하지 않을 수 없었다. 일본 국민 전체 1억 옥쇄를 부르짖으며 극악스럽게 전쟁에 매달리던 일제가 두말을 잊고 무조건 항복, 두 손을 바짝 들었다.

일제의 패망, 그 뜨거운 맛을 보고 일본 침략 군국주의가 두 무릎을 꿇은 지 78년이 되었다. 당시 가공할 살인 무기 원자폭탄을 개발, 연거푸 두 발을 떨어뜨려 무수한 일본 국민을 도살, 무차별 살육을 감행한 아메리카 자본제국주의자들은 요즘 음흉하게도 표정을 일시에 전혀 다르게 바꾸어 일본 제국주의자들의 등을 두드리며 손을 맞잡고 추파를 던지며 웃음 띤 얼굴로 세계 패권 전략의 앞잡이로 내세우려 드는 것이다.

이에 간교한 일본이 군국 일본, 승승장구하던 과거 침략 제일주의에 대한 몽상을 버리지 못하고, 동상이몽(同床異夢) 격으로 미국에 속마음을 감추고 거짓 밀월관계 유지에 적극 호응하는 몸짓을 보이는 것이다. 이 결과물이 북, 러, 중 견제 적대시 정책에 서로 배가 맞고, 후쿠시마 오염수 바다 방류에 미국이 IAEA를 동원하고 적극적으로 찬성, 발을 벗고 나서는 것이다.

두 국제 강도, 세계의 2대 폭력 침략주의자 일본과 미국이 서로 번갈아 가며, 자연생명의 요람이고 인류 생활 터전인 지구공간에, 무섭고 치명적인 핵 방사능이라고 하는 독극물을 오염시킨 최초의 무뢰한(無賴漢) 살인 범죄자가 되었다. 미국은 소위 '전쟁 종식'을 원한다는 명분으로 핵 방사능 오염물질을 이 우주 공간에 터뜨려 자연 파괴, 인간의 생명 대량 살상, 지구 멸망 최초의 원인 제공자가 되었다. 이어서 일본은 자연재해이긴 하지만, 일본인들의 생활 편익을 위해서 지은 원자력 발전소의 파괴에 의해, 발생한 방사능 오염수를 지구 생명의 탯집인 바다에 쏟아부은 최초의 야만적 인류 범죄자가 되었다.

미국이나 일본이나 불법을 좋아하는 폭력을 숭상, 힘과 포악성에 의지하여 국제분쟁을 일삼는 나라들이다. 미국이 가는 곳에는, 피바람이 부는 전쟁이 있다. 문명 파괴, 인간의 목숨을 대량 도륙하는 전쟁 현장에는 반드시 미국이 있다.

　미국은 사람 목숨의 대량 살육을 전제하고 목표로 하는 거대한 무기공장들을 대량 보유하고 있다. 미국의 사회조직 자체가 사람을 대량으로 죽이고 문명 파괴, 생활 환경 파괴를 목적으로 하는 전쟁만을 벌여야 하는 근원 시스템이다.

　일본 역시 원숭이처럼 흉내 잘 내는 흉내꾼 근성이 있어서 아메리카 상업자본주의 행태의 나쁜 버릇만 본을 따서, 상품의 대량 제작 판매에 맛을 들인 '경제 동물' 국가이다. 지구촌 자연환경 파괴, 공해 배출 일등 국가이다.

　쉽게 말해서 양키와 쪽발이가 합작하여 이번에 자연 생명 지구 망해 먹기에 배가 맞아서 획기적인 사고를 친 것이다. 두 지구촌 깡패 망나니들의 무법자식 포악성이 그대로 드러난 것이다.

　그중에서도 이번 생명 범죄의 당사자인 일본은 우리의 생명을 위협하고 두고두고 우리를 못살게 한 하루 이틀 원수가 아니다. 삼국시대 이전 부족국가 때부터 우리 땅을 넘나들며 살육, 약탈, 분탕질을 일삼아 왔다. 현재에도 우리가 일백 년 식민지 분단의 멍에를 짊어지고, 국제적 고난, 세계적인 압제 치욕을 감내해야 하는 역사 현실의 비극은 모두가 다 일본이 제공하고 들씌워준 결과물이다.

　그런 의미에서 일본은 우리에게 수천 년 고난과 수모를 안겨준 철천지원수다. 숙적 일본, 역사를 잊은 민족은 스스로 살 수가 없다. 지난날의 수모와 치욕을 잊은 민족은 '스스로 함' 자아(自

我), 자활(自活), 자립(自立)이 없다. 불가능하다. 힘이 있어야 남을 용서할 수가 있다. 힘이 없는 민족이 가해자 원수와 손을 맞잡거나 동침(同寢)을 하는 것은 굴종이고 비굴이다. 아첨이고 비렁뱅이 짓이다. 노예 행위이다.

일본인들은 우리를 너무 많이 죽이고 빼앗아 가고 괴롭혔다. 우리 역사의 축을 부러뜨리고 환도뼈를 꺾어 아주 반불구 상태로 만들어 놓았다. 우리가 이렇게 찌그러진 신세가 된 것은 중국인들도 한몫했지만, 결정적이고 최종적인 것은 왜구 왜놈 쪽발이들이다.

동네 골목에서도 주먹 센 녀석이 작고 약한 아이를 까닭 없이 때리고 동물적으로 괴롭히는 일이 있다. 왜구 왜놈 일본이 우리를 죽이고 약탈하고 내내 못살게 짓밟은 것이 이에 해당한다. 죄도 없이 매 맞고 당하는 것이 자랑이 아니다. 바보같이 겁을 먹고 공매 맞고 압제를 당하는 것은 죄악이다.

포악한 폭력배가 무법을 행하고 범법행위에 맛을 들이게 해서는 아니 된다. 체력이 약하다고 마음이 착하다고 이런 폭력배의 불법행위 폭력 범죄에 면죄부를 주는 것은, 공범 행위이고 가해자로 하여금 범죄행위를 유발케 하는 유혹행위가 되는 것이다. 더구나 국가 간 국가, 민족 대 민족 행위에 있어선 결단코 통할 수 없는, 징딩화될 수 없는, 용서받을 수도 없는 절대 죄악이 되는 것이다.

우리는 이제 털고 일어서야 한다. 지난날의 배달민족이 아니다. 제 혼을 되찾고 제자리를 잡아 스스로 우뚝 서야 한다. 우리는 적어도 단군 겨레로 대륙을 호령하던 고구려의 웅혼한 이상과 기상을 가진 민족이다. 큰 '아들' 사내, 겨레의 머슴아가 나와야 한다.

절대 전쟁을 해서는 아니 된다. 다른 나라를 침략 살상을 해서는 아니 된다. 그러나 왜구 왜놈 일본과는 꼭 매듭을 풀어야 한다. 역사의 필연(必然)이다. 명령이다. 왜놈들의 나쁜 버릇을 단단히 고쳐 놓아야 한다.

지금이 바로 그때이다. 우리의 승리가 눈앞에 있다. 잘 생각해 보아라. 승리의 함성은 남북 대통일을 불러올 것이다. 우리 역사 5천 년래의 기회이다.!

3. 정한론은 있는데, 왜 정일론은 없는가?

23. 1. 21. 현장언론 민플러스

지난 13일 미(米) 워싱턴에서 米 대통령 바이든과 기시다 일본 수상이 정상회담을 했다. 이 회담에서 미·일(米·日)은 사실상 일본의 재무장·군사대국화에 완전 합의했다. 일본군의 '적기지 선제 타격' 능력 보유, 방위비 증액, 공격용 토마호크 미사일 도입 등에도 합의를 이루었다.

역사는 되풀이된다는 말이 있는데, 1902년 1월 영·일(英·日)동맹이 떠오른다. 메이지 유신에 성공한 일본이, 당시 세계 패권을 거머쥐고 있던 영국과 동맹을 맺고, 기고만장하여 러시아제국과 한판 승부를 겨룬 것이 러·일전쟁이다.

당시 러시아는 유럽과 아시아에 걸친 광대한 영토를 확보하고, 태평양 지역의 부동항(不凍港)을 찾아 동진(東進)을 계속하고 있었다. 연해주는 물론, 만주와 요동, 조선반도가 그의 세력권에 있었다. 이런 세계적인 대제국 러시아와의 전쟁 승리로 일본인들의 도국근성(島國根性)을 자극하여, 조선 정복을 기정사실화하고 만주 지배를 꾀하기에 이른 것이다. 이로써 동양 평화는 박살이 나고 중국 대륙을 유린(1937년 中·日전쟁), 결국 세계평화를 위협하는 태평양전쟁(1941년)을 유발하였다.

일본인들은 우쭐거리고 촐랑거리길 좋아한다. 강자에게는 굽실거리고 약자에게는 난폭하고 잔인하다. 과거 태평양전쟁(세계 제2차대전) 당시 총칼을 맞겨룬 적이었던 강자 米國을 향해선 더없이 공손하고 비굴하다. 오야봉(두목)으로 섬기고 그들의 종이 되어 조선과 중국, 쏘련을 상대로 고개를 바짝 들고, 동북아 평화, 세계 평화를 깨부수는 전쟁 하수인 노릇을 기꺼이 자처하고 나선 것이다.

도국근성의 왜인들은 지난 세기 그들의 근대화(西歐化), 자본주의화, 식민제국주의화의 롤모델이었던 서세(西勢)를 등에 업고, 동양 평화를 짓밟았던 못된 버릇을 버리지 못하고, 또다시 되풀이하려 드는 것이다.

경제 군사적으로 패권국가 米國의 앞잡이가 되어 조선을 넘보고, 중국과 맞서며, 쏘련을 견제하겠다는 것이, 이번 바이든-기시다 회담의 주요 골자이다.

지금으로부터 78년 전 히로시마와 나가사키에 원자탄 두 방을 얻어맞고 일본은 무조건 항복을 선언하고, 다시는 '전쟁할 수 없는 나라'로 평화헌법을 채택하였다. 비루하고 치졸한 성격의 왜인들은 그들의 살림이 먹고 살 만하게 되자, 틈만 있으면 '전쟁할 수 있는 나라' 제국주의의 부활, 재무장 노래를 불렀었다.

족보 있는 대일본 제국주의의 아들, 대표 전범의 후예 아베 신따로가 정권을 잡자, 급기야 전쟁 미치광이 본색을 감추지 못하고, 입만 벌리면 '전쟁할 수 있는 나라' 재무장 타령을 극성스럽게도 불러댔었다. 아베의 오른팔 수제자 기시다가 이를 실천해 낸 것이다.

米 자본제국 조 바이든 각하의 은전에 힘입어….

현재 일본의 방위비는 GDP의 1%인데 앞으로 2%까지 끌어올려, 남중국해에서 중국과 대결하고, 대만해협이 전쟁상태가 되면 여기에도 米國의 앞잡이가 되어 적극 개입하겠다는 것이다.

그들이 몽매에도 잊을 수 없는 조선반도에 대한 야욕이, 사실은 군비재무장, 전쟁할 수 있는 국가 부활의 가장 첫 번째 이유 중의 하나다.

일인들의 간사스럽고도 음흉한 조선반도 침탈야욕은 어제오늘의 일도 아니고, 대강 짚고 넘어가는 국가 목표도 아니다. 그것은 계획적이고 치밀한 역사와 전통을 자랑하는 근본적인 역사 현안이고 일본족 전체의 거족적 과제이기도 하다.

왜인들 역사 생기고 유사 이래 그들의 숙원이 조선 진출, 조선 침탈, 조선 정벌, 조선 정복이었다. 빙 둘러 사면이 바다요 비좁은 섬에 태어난 그들에게 오직 새 세상, 사람 사는 세상, 넓고 시원한 땅, 대륙 진출은 이상이고 꿈이었다. 그것은 조선을 통해서만 가능했다.

대마도에 가서 그곳 사람들의 신화, 전설, 민담을 들어보라! 모든 것의 근원, 생명의 시원(始原), 삶의 근본, 만복의 근원이 조선으로부터 온다. 바다 건너 조선은 생명의 땅이었다. 그들의 생사여탈 길흉화복이 오직 조선 땅에 달려 있었다. 조선 땅은 왜인들 모두의 근원이고 뿌리였다. 회귀본능(回歸本能)을 유발하는 신성한 모성신(母性神)이었다.

 일본인들은 기회만 있으면 조선 진출을 꿈꾼다. 힘이 조금 생기면 조선 정벌을 들먹거린다. 그들의 역사 사실이 증명하는 대로 심심하면 정한론(征韓論)을 들고 나선다. 征韓論, 지금도 독도(石島)가 저희 땅이라고 생떼를 쓴다.

 '독도'가 무슨 뜻인 줄도 모르는 부류가 있다. 이런 얼치기 부류 때문에, 저 치졸한 왜인들이 자기네 땅이라 우긴다. 독도는 홀로섬(獨島)이 아니고 돌섬(石島)이다. 전라도 여수 돌산도 어민들이 일찍이 해류를 따라 돌섬에 가서 고기를 잡았다. 여수 돌산도 지방 말이 '돌덩이'를 '독뎅이', '돌자갈'은 '독자갈'이다. 돌절구통을 '독도구통'이라 한다.

 일인들의 최근 안보백서(국가안보전략)에는 독도를 '일본 고유의 영토인 다케시마'라는 표현을 썼다. 2013년 판 '국가안보전략'에는 '일본 고유의 영토'라는 수식어 없이 그냥 '다케시마'로 표기되어 있다.

 일본은 지금 대형 호위함 '가가'(248m)를 수식 이착륙 스텔스 전투기 F35B를 탑재하는 항공모함으로 개조 중에 있다. '가가'와 동형인 '이즈모'함은 이미 2021년 6월 F35B의 이착륙이 가능하게 갑판 개조를 끝낸 바 있다. 이 '이즈모'와 '가가'는 평화헌법이 무력화되고, 전쟁할 수 있는 나라가 되어버린 이즈음, 왜인들의 과거 행태로 보아 독도 앞바다에 나타날 수도 있고, 부산진 앞바다로 쳐들어와 1592년 임진왜란의 분탕질을 되풀이할 수도 있다.

아메리카 불한당 조 바이든은 그의 졸개 기시다 후미오에게 "방위력과 외교적 노력을 강화하려는 일본의 대담한 리더십에 찬사를 보낸다"고, 일본의 군국주의 침략 근성을 극구 찬양, 적극적으로 부추겼다.

우리도 이제 당하고만 있을 수 없다. 부족국가 이래 1천7백여 년 동안 '좀팽이 떼도둑(왜구倭寇)'에게 우리는 계속 당하고만 있었다. 당해도 너무 많이 당했다. 그 결과가 7년 대란 임진왜란이요, 국권을 완전히 빼앗긴 일제 강점 36년이었다. 뿐인가, 우리 민족 5천 년래의 최대 비극인 국토분단, 민족분열 78년의 고통 아픔도 모두 다 근원적으로 일본 때문에 덮어쓴 역사의 산물이었다.

이제 우리는 나약하고 빈약했던 어제의 해달(붉돌, 배달倍達) 민족이 아니다. GDP 3만 4천 불에 막강한 군사력을 자랑하는 단군 이래의 경제 군사강국이 되었다.

저들 왜구는 4백여 년 전 왜란 때는 물론이거니와 1870년 전후 정한론을 들고나와, 이등박문이 앞장을 서서 대한제국을 강제 병탄(倂吞), 그들의 소원인 정한(征韓)에 성공하였다.

이제 맞서 싸워야 한다. 천년 숙적, 간사하고 흉악한 살인-수탈-국제범죄자 일본제국과 한판 겨뤄서 박살을 내야 한다.

그렇게나 많은 전쟁을 하고 인류를 학살한 구미(歐米) 열강들은 떵떵거리고 잘살고, 특히 평화로운 아시아 대륙(대동아大東亞)을 전쟁판으로 만들고, 살육, 공포, 억압의 지옥을 만든 일본제국은 '전쟁 징벌'에서 해방, 또다시 칼을 들고 설치는 전쟁광으로 조장되었다.

이를 두고만 보는 것은 국제 범죄다. 인류 평화파괴의 공범자이다. 정의감도, 의기도, 기백도 없는 인간 집단일 뿐이다. 얼·넋이 빠진 종족 무리, 배알이 없는 민족이다. 무엇이 그렇게 무서운가? 고려의 박위, 조선의 이종무, 유정현의 대마도 땅 넘어 일본 열도를 정벌하라.

이 좋은 기회에 정일론(征日論) 하나 들고나오는 사내 하나 없으니, 참으로 한심하고 한심한지고…. 대흥안령 넘어 만주벌 내달리던 고구려의 혼, 저 백두산 호랑이의 포효, 해달겨레의 사나이들이여 가슴을 열어라. 우리 역사 5천 년래의 기회가 왔다. 해달겨레는 이미 홍익인간의 정신으로 만주평원에 대제국을 건설해 세상을 호령하지 않았던가.

3장
도도한 항쟁의 물결

1. 3·1혁명 일백이 주년의 각오

21. 3. 1. 현장언론 민플러스

　1910년 8월 이른바 한일합방 이후 10년 만인 1919년 3월 1일 조선의 자주독립을 쟁취하기 위한 거족적인 민중봉기가 폭발했다. 동학혁명이 발발한 지 실로 25년 만이었다.

　일제는 동학혁명 진압을 내세워 그들의 군대를 조선 땅에 상륙시켰다. 청나라의 출병을 문제 삼아 이에 대항, 조선 침략 야욕의 첫 발걸음을 내디딜 수 있었다. 그 후 청일전쟁 승리의 여세를 몰아 조선을 강점 무력으로 겁박, 사실상 식민통치를 감행하고 있었다. 그러니까 한일합방조약은 하나의 요식 행위이고 국권 강탈을 위한 통과의례에 지나지 않았다.

　지금은 대양문화시대이고 육지와 바다를 가릴 것 없이 항공기나 선박을 이용해서 쉽게 접근하고 왕래할 수 있다. 그러나 19세기 말 20세기 초만 해도 대륙과 바다를 사이에 둔 원거리 접근이나 인적 물적 소통이 쉬운 일이 아니었다.

좁은 섬나라에 갇혀 있던 일본으로서는 바다 건너 대륙 진출이 유사 이래 종족적 꿈이었고 국가적 숙원이었을 것이다. 또 어떤 설(說)에 의하면 조선반도를 통해 대륙에서 건너간 기마민족(騎馬民族)이 일본인의 주류이고, 그들의 조선 땅에 대한 향수 유전자가 두고두고 늘 조선 진출 침략형태로 분출 발산되는 것이라고 한다.

또 다른 설에 의하면 지정학적으로 대륙세력이 강대해지면 항상 조선반도가 압박을 받는다. 그때마다 조선 땅 사회지도급 집단의 일본열도 이동이 이루어졌다는 것이다. 고구려나 백제, 신라가 국난을 당하거나 쇠락하여 역사의 무대에서 사라질 적마다 우수한 지배층 인물집단이 바다를 건너 일본 땅에 자리를 잡았다. 이런 예는 역사에 기록으로 남아 부인할 수 없는 사실이다.

이 우수한 사회집단이 일본 사회의 주류가 되고 지배층이 되어, 그들은 그들 조상의 귀소본능(歸巢本能) 의지에 의해 끈질긴 조선진출 시도가 계속되고 있다는 것이다.

또 한 가지는, 왜인들의 의식 속에 "조선인은 형편없다"는 뿌리 깊은 고정관념이 들어 있다는 것이다. 그리하여 그들은 심심하면 '정한론(征韓論)'을 들먹이고 함부로 조선인을 깔보는 버릇을 버리지 못한다. 왜인들의 "조선인은 형편없다"는 고정관념이 정신적이고 과학적인 근거는 두 가지가 있다.

첫째는 조선인은 자신들의 역사기록 하나도 제대로 갖고 있지 못하다는 것이다. 자기들보다 훨씬 낮은 연대, 4백 년에서 무려 7백 년이 뒤지는 일천한 역사기록을 갖고 있다는 점이다.

그다음은 유사 이래 조선민족은 스스로가 통치하는 자주독립국 건설 경영의 선례나 경험, 심지어는 그럴 능력조차도 없다는 주장이다. 자주성과 주체성이 모자라는 형편없는 열등 민족이라는 것이다.

왜인들의 역사서는 8세기 초(712~720년)에 쓰여진 '고사기(古事記)'와 '일본서기(日本書紀)'가 있다. 조선의 역사서는 '삼국사기'가 고려 인종 23년(1145년)에, '삼국유사'는 이보다 130여 년 뒤 1281년에야 간행되었다.

실제로 삼국사기가 역사기록으로 제구실을 한 것은 이씨왕조가 들어선 1393년 이후의 일이었다. 우리 민족 역사기록이 이렇게 늦고, 우리 민족이 세운 유일한 주체 자주국가이고 웅혼한 이상과 진취적 기상을 가진 고구려가 거꾸러진 후, 일천삼백 년 동안 자주 독립국가를 가져보지 못한 것도 숨길 수 없는 사실이다.

며칠 전에도 일본인들은 독도 침공을 위한 명분 쌓기 기록을 남기려고 '다께시마의 날' 행사를 강행했다. 도대체가 왜라고 하는 족속들은 결코 호락호락한 상대가 아니다. 우리 역사가 이렇게 쭈그러들고 나라살림이 보잘 것 없이 초라해진 근본원인의 절반은 일본에 있다. 현재도 이렇게 나라 통일을 못하고 분단 상황의 고통 속에서 살아야 하는 비극의 원인 제공자가 바로 다름 아닌 바다 건너 섬나라 왜구 일본 제국인 것이다.

미국의 유명대학 교수라는 자가 '위안부는 매춘부였다'라는 망발을 쏟아냈다. 벼락을 맞아도 열 번 스무 번 맞아야 할 정신이상자의 잠꼬대인 것이다. 이처럼 일본인들은 교활한 술수에 능하고 치밀하다.

기미년 3월 1일 만세 봉기 당시 백두산 밑 만주 간도 땅에서도 흰옷 백성들이 들고 일어섰다. 우리의 우방이고 우리 편일 것이라 생각했던 중국 군대가 뜻밖에 시위군중을 향해 실탄 사격에 나섰다. 조선동포가 가장 많이 모여 사는 간도 용정(龍井), 일만여 명이 모인 3월 13일 만세봉기 현장에서 18명이 사살되고 30명의 부상자가 발생했다. 일제의 사전 공작에 의한 교활한 계략에 말려든 중국 군대의 만행이었다. 일본인의 간계가 얼마나 음흉하고 용의주도했으면 일본과 적대관계에 있는 중국군이 조선인 만세 탄압에 앞장을 섰을 것인가.

강자 앞에서 굽실거리고 약자 앞에선 꽃뱀처럼 고개를 바짝 드는 간악한 섬나라 근성을 못 버리는 왜인들이다. 지금도 미국을 등에 업고 중국을 적대시하고 비열하게도 북에 대한 봉쇄 제재에 동조하고 중상모략을 일삼는다. 어떻게 하든지 우리 조선민족의 불행을 꾀하고 남북통일을 반대하는 훼방꾼 노릇을 즐긴다.

그들이 캄캄한 미개사회에서 제대로 옷을 차려 입을 줄도 모르고 사타구니에 걸레 하나 차고 뛰어다닐 때 글과 예절, 종교를 전해 주었다. 뿐만 아니라, 건축술과 도예, 문화, 서예와 그림에 이르기까지 그들의 생활 속에 대륙문화의 빛을 밝혀 주었었다.

생각하면 생각할수록 왜와 우리는 구원(舊怨)이 많다. 전년을 두고 일본은 우리에게 너무 많은 악행을 범했다. 중국 한족(漢族)이 우리에게 끼친 악행도 몸서리가 쳐지지만, 일본인들이 우리 역사에 드리운 검은 그림자는 이에 비할 바가 아니다. 사특하고 간사스럽고 잔혹하고 무자비했다.

중국인들은 우리를 변방 제후국 우리 안에 가두고 가축처럼 짜

먹고 우려먹었다. 이에 비해 일인들은 날 선 일본칼로 찌르고 귀를 베고 코를 잘랐다. 그리고 우리의 숨통을 끊었다. 참으로 잔인무도한 섬나라 족속들인 것이다.

오래전 묵은 구원은 다 그만두더라도, 그들이 주범인 태평양전쟁 이후 우리가 당하는 고통 치욕은 범죄자 일본인들이 당하고 감당해야 할 일이다. 이 무겁고 벅찬 냉전의 역사, 이 큰 짐을 피해자인 우리 조선민족의 가녀린 등허리로 감당해야 한다니, 세상의 이치, 국제 도의가 이처럼 불공평한 경우가 어디 있다는 말인가.

국가 대 국가, 민족 대 민족의 역사 문제는 아직도 정의와 이성, 자비가 통하지 않는다. 그저 힘의 논리이고 국부와 무력 종합국력이 곧 정의이고 승자인 것이다. 정의는 강대국의 편인 것이다.

힘센 놈이 어른이다. 정상인의 몸으로 맞선다 해도 일본의 국력 덩치는 우리에게 버겁다. 허리 병신이 된 조선민족이 불구의 몸으로 일본의 몸집을 당해 낼 수 있을까. 더구나 왜인들 뒤에는 코끼리 몸집의 아메리카 코쟁이가 버티고 있질 않은가.

정신 바짝 차려야 한다. 우리 앞을 막아서는 것은 왜와 양키만이 아니다. 이보다 더 무겁고 어지럽게 우리 앞길에 장애를 놓는 것은 거대한 힘의 외세만이 아니다. 우리의 핏속과 살 속에 들어 있는 외세의존 반민족적인 이완용, 김종필, 박정희 같은 매국 바이러스가 문제인 것이다. 우리 민족 내부에 파고든 토착왜구, 무조건적인 저질 숭미주의 패거리들을 철저히 발본색원해야 한다. 썩어빠진 반민족 세력을 찾아 내쳐야 한다. 썩은 살을 도려내야만 한다.

3·1혁명 일백이 주년을 맞아 우리는 옷깃을 다시 여미고 신들메를 고쳐 매고 떨쳐나서야 한다. 장백산 호랑이 넋을 타고 난 조선민족이 아니던가. 순 조선종 장백호, 백두호의 포효소리가 우리 조국산하에 울려 퍼지고 있다. 한달음에 태백준령을 건너뛰어 지리 한라에 이르리니, 6·25 전쟁 때 미군 폭격으로 쫓겨 갔던 지리산 호랑이가 옛터를 찾아들 날도 머지않았다.

일백여 년 전에 울렸던 3·1만세 소리, 조선독립만세 소리가 서울 탑골공원에서, 천안 목천 아우내장터에서, 평양 대동강가에서 다시 울려 퍼져야 한다.

일제의 망령 제국주의, 탈을 바꿔 쓴 코 큰 제국주의 물러가라고!

우리는 우리끼리 냉이국을 끓이든지, 달래국을 끓이든지 간섭 말라고!

우리 일 우리끼리 알아서 할 터이니, 걱정 놓고 물러가라고!

기미년 만세 때는 남북녘 삼천만, 남북녘 삼천리 강산이 한 핏줄 한 덩어리, 큰 하나였다. 이제 우리는 큰 하나로 어우러져야 한다. 남북녘 8천만이 하나 되어 조국 자주통일 독립만세를 외치자. 우리 8천만이 한덩어리로, 스스로의 힘으로 압제의 쇠사슬을 끊고 이 땅에서 기필코 외세를 몰아내야 한다.

3·1혁명 만세!
조선 통일독립 만세!

2. 8·15해방 일혼일곱 해

22. 8. 16. 현장언론 민플러스

어둡고 괴로워라 밤이 길더니
삼천리 이 강산에 먼동이 튼다
동무야 자리 차고 일어나거라
산 넘고 바다 건너 태평양 넘어
아 자유의 자유의 종이 울린다

소설가 박태원이 지은 '해방가'의 제1절이다. 2절과 3절의 내용은 이보다 더 감격적이다. 일제 강점 36년 만에 조국 해방을 맞은 조선 민족의 감격과 기쁨, 유구한 역사 민족으로서의 긍지와 독립 의지가 넘쳐난다. 앞으로 억만년 더욱 빛나는 역사, 민족해방을 위해 이 한목숨 바쳐 투쟁할 것을 거듭거듭 밝히고 드높이 천명하는 노래이다.

이렇게 맞은 해방이었다. 삼천만 조선 민족은 감격하였고 삼천리 조국 강산은 환희에 잠겼었다. 새 나라 건설, 완전한 민주적 독립국가 건설, 오직 인민에 의한 인민을 위한 인민의 정부를 세워야 한다는 각오와 희망에 들떠 있었다. 가는 곳마다 사람이 사는 곳마다 동포동포 우리 동포, 귀국 동포, 전재동포(戰災同胞), 해외동포, 동포 찾기 동포 사랑 기운이 넘쳐났다.

애국부인회, 애국청년단, 애국소년, 애국자, 애국 나라사랑운동으로 온통 세상이 뜨거웠다. 해방을 맞은 삼천리강산 방방곡곡엔 새 나라 건설, 민족자주 독립국가 건설에 꿈이 부풀어 있었다.

이제야말로 수천 년 묵은 봉건 잔재를 털어버리고, 악독한 일본제국주의의 사슬에서 벗어나, 백성이 주인이 되는 참다운 민주 독립 국가를 세워야겠다는 각오와 희망에 불타올랐다.

1902년 영일동맹(英日同盟)을 계기로, 서구 자본제국의 앞잡이가 된 일본이, 2년 후인 1904년 대러시아 전쟁에 승리, 기고만장 기세가 등등하였다. 이런 일본이 호시탐탐하던 조선을 병탄(倂呑)하였는데, 이렇게 쉽게(?) 물러가리라곤 아무도 예측할 수 없었다.

악독한 일제, 포악하기 이를 데 없는 잔악무도한 그들의 조선 통치는, 전 세계 식민 통치 사상 그 유례를 찾을 수 없는 야만 행위였다.

서구 자본제국주의자들과 공통적인 식민지 억압정책이나 자원 수탈행위야 말할 것이 없지만, 친일 매국 반역자들을 동원해 근본적으로 역사왜곡, 동조동근(同祖同根)을 내세워 일본족(倭族)으로의 동화, 조선민족 말살 정책을 시행하였다.

뿐만 아니라, 인륜 범죄인 처녀공출(위안부), 조선 고유의 말과 글, 생활, 풍속 모두를 없애고 일본화하는 데 지능적이고 체계적인 강압 정책을 폈다. 창씨개명(創氏改名)으로 조선인의 조상을 모독하고 핏줄의 연면함을 부정하는 만행을 감행했다. 나이 어린 보통(초등)학교 학생들을 동원해 일본군 기마부대에 공급하는 마초(馬草)를 베게 하고, 산에 올라 소나무 관솔을 채취해 송탄유(松炭油)를 짜서 '나라'에 바치게 했다.

심지어는 농사짓는 농우를 공출로 끌어가고 면직원과 경방단(소방대)을 동원 시골 고샅에 돌아다니는 똥개들까지 다 때려잡아

가는 '개토벌'을 강행했다. 추운 북지(北地) 주둔 군대의 군화를 만드는 데 쓰기 위함이었다.

교회당의 놋쇠 종을 헌납이란 이름으로 빼앗아 가기도 했고, 일반 가정의 놋대야, 놋화로, 놋요강, 놋식기(밥, 국그릇), 놋숟가락, 놋젓가락까지 빼앗아 가는, 이 세상에서도 유별나게 더럽고 추잡스런, 온갖 주접을 다 떨었다.

이렇게 극악스럽고 흉측스런 일제가 두 손 들고 물러갔으니, 삼천리강산 전 조선 땅이 기쁨과 환희, 희망으로 들뜰 수밖에 없었다. 이에서 더 좋은 일이 세상에 어디 있겠는가 말이다.

그러나 참으로 세상일이란 알 수 없었다. 꿈에라도 생각할 수 있었던가? 어디 상상이나 할 수 있었던 일이었던가? 일제가 패망하고 해방의 기쁨도 잠시, 그해 9월 8일, 무려 7만 2천여 명의 미국 군대가 인천에 상륙, 새 나라 건설의 꿈과 희망에 부풀어 있던 해방의 나라 조선 땅을 짓밟았다.

이들은 그들의 포고문에 명시된 대로 적지에 진군하는 점령군이었다. 조선은 전승국도, 전승국과 어깨를 겨룬 우방도 협조자도 아니었다. 조선의 독립해방을 위해 피를 흘려 싸운 독립군도, 조국 해방투쟁에 혁혁한 공을 세운 수많은 유격군 부대들의 전공(戰功)도, 상해 망명정부의 존재도 무시되었다.

초록은 동색이라고, 일본제국주의나 아메리카제국주의나 약소국, 약소 민족을 통치 억압하는 수단 방법은 동일했다. 승냥이의 발톱을 벗어났는가 했는데 범의 아가리에 들게 된 것이다. 별 세 개 '하지'가 일제 총독관저에 들어앉아 조선반도 남녘을 미제 식민지 통치지역, 극동 전략의 전초 기지화를 위한 군정 통치를 시작한 것이다.

그동안 일제에 빌붙어 관리(官吏), 밀정 프락치로 활약한 자들과 친일 사업자본가, 친일 사회 저명인사들을 앞장세웠다. 일본왕의 적자(赤子) 신민(臣民)을 자처하고, 혈서를 써서 충성을 맹세하고, 조선 독립 유격군 토벌에 공을 세운 자들까지 모두 반역자들의 세상이 되었다.

분하다. 분하고 분하다. 미제 강점 77주년을 맞는다. 조선반도 남녘 땅은 아직도 아메리카 제국주의자들의 식민 통치 지역으로 구차한 목숨을 이어가고 있다. 36년 동안 일본 군대가 똬리를 틀었던, 서울 용산 땅엔 미제 코쟁이 군대가 그대로 게트림을 하고 앉아있는 것이다.

고대국가 시절 중국 한(漢)나라의 사군(四郡) 설치 이후 외국 군대의 나라 땅 점령이 이처럼 오랜 적이 없었다. 일제 36년에 미제 77년, 물경 일백십삼 년에 걸친 한 세기 일백 년을 훨씬 넘는 기나긴 세월이었다. 이제 잠을 깨야 한다. 만주 땅에 잠든 고구려의 웅혼한 꿈, 연해주(沿海州)에 묻혀 있는 대조영의 웅대몽(雄大夢)을 불러내야 한다.

미국은 제2차 세계대전 이후 하루가 멀다 하고 지구를 빙빙 돌며 신나게 전쟁판을 벌이고 있다. 러시아도 크림반도를 먹더니 지금은 우크라이나 전쟁에 한창 열심이다. 일본은 전쟁하는 나라, 전쟁할 수 있는 나라를 만들기 위해 안간힘을 쓰고, 그렇게나 안달이 나서 제국주의로의 회귀, 재무장에 혈안이 되었다. 중국 역시 군사 굴기로 옛 중화 제국의 존엄과 영광을 위해 꿈틀거린다.

지구상의 일류국가 자주권을 가진 위대한 역사와 업적에 빛나는 거대 '세계국가'들은, 모두가 다 자국의 주권과 세계 패권을 향해, 원대한 이상(理想)과 큰 목표와 꿈을 갖고 있다. 그 국가적 혹은 민족적 꿈과 이상을 실현하기 위해 힘을 기르고, 원대한 목표와 포부를 쟁취하기 위해 씩씩한 기상을 키운다.

이상이 없는 민족은 죽은 민족이다. 국가적 꿈이 없는 나라는 생명력이 없어서 진취적이지 못하다. 21세기 새천년 오늘의 역사 현실에서도 국가 대 국가 사이엔 힘이 정의이고 국가 서열의 제1기준이 된다. 국토의 크기도 가능한 한 넓어야 하고 사람의 머릿수도 많아야 한다. 사람이 있어야 무슨 일이건 해낼 수 있다.

넓은 국토를 원함은 국력의 바탕이 되는 자연 자원에 대한 욕심 때문이다. 사람 수가 많기를 바라는 것은 살아 있는 정신의 덩어리, 거대한 민족혼을 염두에 두고 하는 말이다. 정신이 죽은 민족, 얼·넋이 빠진 민족은 강한 나라의 짓밟힘을 당하거나, 국권을 잃고 국체가 허물어져 영원히 사라져 버리는 것이다.

오늘 조선반도 남녘의 현실은, 1910년 8월 대한제국이 국권을 상실하던 국치(國恥)를 연상케 한다. 이 나라 대한민국은 지금 어디로 가고 있는 것인가? 친일 사대매국 숭미(崇米)주의자들의 어릿광대 놀음에 속아 이렇게 아무렇게나 나라를 내팽개쳐 놓아도 된다는 말인가?

쏘련한테 속지 말고 미국을 믿지 마라.
일본이 일어난다. 조선아 조심해라.

해방 공간 길거리에 떠돌던 아이들의 노래 한 토막이 떠오른다.

3. 광주는 피바다, 민중이 총을 들다

22. 5. 18. 현장언론 민플러스

우리겨레는 고래로 배달민족, 백의민족으로 자칭 타칭(他稱)하며 예의 바른 평화민족으로 전해져 왔다. 조선시대에 와서는 공자(孔子) 숭상과 유학을 종교화하여 유교로 받드는 경향을 보였다. 따라서 이와 같은 사회 풍조는 소극적이고 피동적인 생활문화에 젖은 정적인 사회를 만드는 데 크게 기여했다.

서양인들이 보기에 '고요한 아침의 나라' '은자(隱者)의 나라'로만 보이기에 충분한 요건을 가지고도 남음이 있었다. 그야말로 천년 이천 년 전의 삶을 그대로, 급할 것 하나 없이 천천히 살아가고 있었다.

무명 바지저고리를 입고 상투를 틀고 긴 담뱃대에 갓을 쓴 남자들, 치마저고리를 입고 쪽머리에 수건을 눌러쓴 여인들과 댕기를 땋아 내린 아이들이 있었다. 그들은 깊은 산속에 자리 잡은 절간에 모셔 놓은 부처님의 미소처럼 조용하고 편안한, 동적이 아닌 고요하고 정체적인 삶을 살고 있었다.

서양에서는 거의 볼 수 없는, 동양에서도 이웃의 중국이나 일본 심지어 소걸음처럼 느리게 변화하고 반전하는 님빙나라(동남아)들이나 인도 등지의 생활문화보다도 더 침체되고 정체된 일상 속에서 살고 있는 조선인들이었다. 고요한 아침의 나라 은자들이 살고 있는 별 볼 일 없는 나라 조선 땅에 맨 먼저 욕심을 낸 것이 성질 고약한 미국인들이었다.

기독교 선교사를 앞세우고 유리그릇, 천리경, 비단, 자명종 등을 싣고 와선, 우리의 쌀, 홍삼, 사금, 호표피 등과 물물교환을 하자는 것이었다. 물론 이것은 아메리카 인간사냥꾼들의 침략과 약탈을 위한 사전 탐색의 한 술책이었다. 이들은 종교 전파를 가장한 선교사와 공포를 자아내는 우수한 선진 무기인 함포를 이용하여 약한 나라를 침략 약탈하는 데 큰 재미를 보고 있었다.

1866년 평양 대동강에서 있었던 미국 배 셔먼호 사건은 서구 자본제국주의자들의 조선 침략의 서막이었다. 영국인들은 홍콩을 동양의 진주라 불렀다. 미국인들은 실속 있게도 동양의 진주를 조선으로 보았다. 가쓰라-태프트 밀약에 의하여 조선을 일본에 내주고 대신 필리핀을 차지한 바 있었지만, 그 속심으론 언젠가 조선을 식민지로 움켜쥐고픈 야망에 부풀어 호시탐탐 기회를 노리고 있었다.

마침 세계 제2차대전이 끝나고 기회가 오자 조선 전체를 한입에 삼키고 싶었으나 쏘련의 참전으로 어쩔 수 없이 38선 이남 조선 땅 반 토막을 게걸스럽게 집어삼키는 데 성공했다. 미국이 동양의 진주 아니 동아시아 지역의 보배로운 근거지, 쏘련과 중국 포위의 튼튼한 발판, 극동의 요새지요 전초기지인 우리 조선 땅을 그렇게 쉽게 호락호락 내줄 수가 없는 것이다.

1980년 5월 18일 광주는 피바다가 되었고 민중민주 대열은 총을 들었다. 착하기만 하고 남을 해할 줄 모르는 조선인들은 무기를 들고 봉기할 생각을 잘 하지 않는다. 지배자가 누르면 짓밟히고 강한 놈이 압제하면 그대로 당하는 게 거의 체질화되어 있는 상태였다.

고려 땐 묘청의 서경 천도를 위한 혁명봉기가 있었고, 조선에 들어선 평안도 상놈 관서인(關西人) 홍경래가 무쇠 칼을 두들겨 벌려 뽑아 들고 일어선 봉기가 있었다. 뿐인가 전라도 개땅쇠 전봉준이 죽창을 멀끔하게 깎아 들고 창의(唱義), 혁명군을 일으킨 선례가 있긴 했다.

그게 언제 적 일인가. 그게 다 일천 년, 이백여 년, 일백여 년 전의 일이 아니던가. 아 그게 일천 년, 이백여 년 문제가 아니고, 이천 년, 삼천 년이 지나도 인간의 유전인자는 변함없이 다시 되살아나고, 씨종자처럼 그대로 전해지는 것이 인생 현상이 아니던가.

시대를 거슬러 오르면 고주몽도 있고 광개토호태왕, 을지문덕, 양만춘이 있고, 고려 땐 민족의 도통(都統) 최영이 있었다. 그러니까 일반 민중이 기가 차고 먹이 차면 참다 참다 더 참을 수가 없으면 식칼이라도 들고일어나는 수밖엔 다른 도리가 없는 것이다.

태풍이 일 년에 한두 번 불어 세상을 뒤엎고 정화하듯, 민중봉기로 바닥사람들이 일어나 혁명의 불길을 태워 올리는 것은 세상을 더럽힌 사대 매국노들을 쓰레기 소각장으로 보내기 위함이라.

빛고을 뭉뚱산 뭉뚱뫼 꼭대기는 알고 있을 것이다.

지금으로부터 42년 전 5월 18일 피바다가 된 광주의 모습을⋯.

그해 5월 27일 밤 자정 전님 도청 사수 옥쇄를 앞둔 참상을⋯.

제7공수, 11공수, 3공수여단 계엄군대의 치사하고 더러운 시민학살 쥐새끼 작전을⋯.

이것들은 모두 하수인이었다. 어쩌다가 잘못 걸려 광주 '폭동' 진압 작전에 차출된 출생지가 경상도인 김춘추, 김인문, 김유신의 후예가 있었을는지 모른다. 그들에게는 죄가 없다.

웃기게도 그것도 별이라고, 냄새나는 분성(糞星)을 두 개, 세 개 얻어 차고 설쳐대던 전두환, 노태우, 정호용, 최세창, 박준병, 박희도 등 학살 명령 주범들이 뒤에 있었다. 더 정확히 보자면 냄새나는 국산 별들이야 뭐 허수아비, 코쟁이들 각본에 의해 조작되고 암시에 의해 놀아나는 로봇 놀음이 아니던가.

이 분성들은 자신 휘하 병졸들에게 총으로 쏘던가, 심심하면 대검으로 찌르던가, 더 심심하면 기관총 사격으로 재미를 붙이던가, 여자를 붙잡으면 정조를 짓밟아도 좋다는 명령을 내렸다. 천하에 무도한 자들, 해방공간 제주 4·3항쟁을 그렇게 진압했고, 여순봉기, 산으로 간 민족주의자들, 반일(反日) 애국사상가들, 모두 그렇게 죽이고 야산대 빨치산 그렇게 토벌하고 모두 죽였다. 동양의 진주, 보배 덩어리 조선을 움켜쥐고 놓지 않으려는 아메리카 자본 제국의 묵시와 암시, 음흉한 명령에 의한 살인극이고 반인륜 동족 학살 굿판이었다.

광주 봉기에 북조선 인민군이 개입했다는 낭설도 미국 항공모함이 조선 동해에 진입하기 위한 사전 포석이었다. 미국의 끄나풀 정보사령관 전두환을 지원하기 위한 미국 군대의 엄호는 대단하고 대규모적이었다. 북의 움직임을 가상한 태평양상의 괌 기지 전략자산들이 조선반도를 향해 발진 준비를 하고 있었다. 냄새나는 별들은 그들 종주국 상전들의 빈틈없는 대규모 지원에 기고만장, 사기충천, 용기백배, 전라도 광주를 피바다로 만들었다.

지역감정은 순전히 식민종주국의 약소 민족 분열공작 제1호로 오랜 옛날부터 쓰이는 제국주의자들의 이이제이(以夷制夷) 술책이었다. 석두(石頭), 돌머리들은 예외 없이 걸려든다.

아니다. 인간이 덜되고 민족 양심에 털 나고 사대매국 반민족 성향을 근본적으로 타고난 반역자들이 이에 앞잡이 노릇을 한다. 우리 민족 내부의 적이다.

우리 민족의 핏속에 이런 더럽고 야비한 유전자가 있다. 삼국통일이 아닌 '삼국 망해 먹기'에 앞장선 당나라 하수인들 말이다. 식민종주국 제국주의의 앞잡이들 말이다. 냄새나는 별 네 개 전두환은 죽을 때까지 반성도 하지 않았고 발포 명령도 내리지 않았다고 부정했다. 그것은 어떤 의미에서 하수인 전두환의 솔직한 양심고백인지도 모른다. 모든 것은 분성들의 상전인 코쟁이 어른들의 명령과 암시, 묵시에 따른 것이었기 때문이다.

미국(米國), 아메리카 제국은 사죄해야 한다. 3공수, 7공수, 11공수는 한국군 최정예 부대에 속한다. 이들을 왜 38선에서 빼돌려 광주에 보냈는가를…. 용산 주둔 미8군 사령관 재가 없이는 한 발자국도 움직일 수 없는 한국군 특수 작전부대이다.

북의 인민군대 개입 소문을 퍼뜨리고, 이를 명분 삼아 남한 근해에 항공모함을 진입시키고, 괌 기지의 전략자산에 조선반도를 향한 발진 대기 명령을 내린 데 대해 참회하고 반성하라. 5·18현장을 지휘한 한국군 냄새 별들에게 용기를 북돋아 주고 사기를 진작시킨 데 대한 시민학살범죄 교사(敎唆) 방조를 인정하라.

광주 그날, 시민군 헬멧을 쓴 미지의 '김 군'도 나타나 스스로 본명이 차복환임을 밝혔다. 42년 전 계엄군의 대검에 찔린 강대현 씨도 문제의 대검을 들고 나타났다. 사진을 찍어 프랑스 AFP, 미국의 AP통신 등에 광주의 진실 참상을 알린 한국 이름 임대운(데이비드 돌린저)이라는 미국인도 5·18회고록을 간행했다. 역사의 진실은 때가 되면 골방에서 행한 일이 지붕 위에서 소리치게 되는 것이다. 미국은 손바닥으로 하늘을 가릴 수 없다는 동양 속담의 교훈을 배우라.

5·18광주는 부르짖는다. 피의 함성, 절규, 포효(咆哮)! 다시 기회가 오거든 냄새나는 분성들 말고 곧바로 아메리카 제국을 맞상대하라. 다시 또 기회가 오거든 금남로 도청 말고 총자루 굳게 잡고 높고 넓은 뭉뚱산 푸른 숲 우거진 산으로 가라.

5월은 푸르구나, 우리 강산 좋을시고….

4. 74세의 무장봉기

22. 7. 29. 현장언론 민플러스

의병장으로 널리 알려진 면암(勉菴) 최익현(崔益鉉, 1833~1906) 선생 이야기다. 최익현 선생의 강직성과 우국 애민 정신은 세상에 널리 알려진 대로이다. 선생의 의병 활동과 투쟁은 우리 민족 역사에 연면히 이어오는 자주, 애국 애민, 민중 정신, 나라의 미래를 여는 개혁 활동과 맥을 잇는다.

우리 민족의 진취적인 기상, 역동적인 민중 정신은 사대모화(事大慕華) 사상에 젖은 조선 시대에 들어와서 크게 위축되었던 것이 사실이다. 그러나 의적(義賊) 임꺽정(林巨正)의 활동, 홍길동전에 등장하는 여러 인물과 사건들에서 당시의 시대상을 미루어 짐작할 수 있다. 정사(正史)가 전해주지 않는 민중사(民衆史)는 구전(口傳)이나 야사가 전한다.

민중이 창칼을 꼬나들고 일어서는 것이다. 나라의 위기, 민생이 파탄 났을 때 바닥 백성들이 집단으로 무장봉기에 이르는 것이다.

조선 중기 1589년 정여립의 반란, 1811년 홍경래 폭동, 1862년 진주 봉기, 같은 해 함평 민란 등 바닥사람 기층민중의 집단 무장투쟁은 계속되었다. 우리 민중은 죽은 것 같으면서도 살아 있었고, 없는 것 같으면서도 우리의 민족혼, 얼·넋은 역사의 깊은 혈맥 속에 흐르고 있었다.

오천 년 역사의 긴긴 흐름 속에서 바닥 민중이 제 눈을 뜨고 제대로 일떠선 것은, 1894년의 동학 인민봉기였다. 자주의식, 주체성, 독립 정신에 최초로 민족 집단 자의식이 눈을 뜬 것이다. 그것이 '척왜척양(斥倭斥洋) 보국안민(輔國安民)'이었다.

농민들의 생활 파탄, 탐관오리 징치(懲治)는 처음 동학 봉기의 한 원인은 되었을망정, 동학군 창의(倡義)의 주제이거나 앞에 내세우는 큰 명분은 아니었다. 외세에 의해 망해가는 나라의 자주독립과 강대국의 농간과 압제 아래 신음하는 기층민중 바닥백성들의 생존권 보호가 동학 봉기의 우선 급선무였다.

목표이고 목적이고 내세운 대의(大儀)였다. 나라가 망하는데 탐관오리 징치가 어디 있고, 바닥백성들이 다 죽어 가는데 농사가 어디 있고 농민 생활이 어디 있겠는가. 우선 나라가 서 있고 농민들의 삶, 생존권이 보호되어야 한다.

최익현 선생이 의병 창의의 깃발을 높이 들고 집단 무장투쟁에 돌입한 것은, 녹두장군 전봉준의 동학군 창의의 주제와 명분과 궤(軌)를 같이한다. 철저한 외세배격과 민족의 자주독립, 애국 애민, 민중 정신의 구체적 실현이었다.

나라가 힘이 없어서 병인양요, 신미양요를 겪고 병자수호조약과 같은 치욕적인 불평등 조약을 체결해야 하는 수모를 당했다. 이러한 시대 환경이 동학군 창의를 불렀다. 최익현 선생이 74세의 노구를 이끌고 집단 무력투쟁에 돌입한 것은, 나라의 운명이 실로 풍전등화와 같은 시기에 이르렀기 때문이었다.

1905년 을사보호조약이 체결되어 외교권을 박탈당하고, 사실상 나라의 자주권을 빼앗겨 '대한제국'은 이름만 남고 실제로는 망해버린 나라가 되었다. 몸에 숨만 붙어 있는 식물인간 상태, 대한제국 나라 형편이 그렇게 되어 버렸다.

나라는 그냥 집단이 아니다. 사람만 많이 모여들어서 국가가 되는 것은 아니다. 무리 군중 사람의 떼거리만 모인다고 나라가 서는 것이 아니다. 나라가 서는 것, 건국(建國)이란 집단의 주체의식, 여러 개인들의 독립 의지, 생명체 고유의 내 몸 의식의 집단화, 동류(同類) 동족 의식의 거대 조직으로 일어서는 것을 말한다.

의병장 최익현 선생의 나라는 최소한 혈통이 같은 조선 민족의 집단자아(集團自我), 혈족 덩어리로서의 주체성, 독립 의지에 투철한 사회적 거대 인격체였다. 외세의 지배를 받거나 주체적 국권(國權) 주권이 침해를 받는 국체(國體)나 국권은 나라가 아니다. 이를 용납할 수 없는 것이다. 절대로 이를 용납해서는 아니 되는 것이다.

나라가 설 때 임금이나 군주를 내세우는 것도, 혈족 주체 집단의 의지를 한 개인의 인격으로 압축하여 상징화한 것이다. 나라를 구성한 낱개 인격체들의 집단 자아 '우리민족' '우리나라'에 자신의 생명, 개인의 인격, 모든 정신적 물질적 자산을 귀속, 거기 융합 거대조직공동체화한 것이다. 나라 공동체는 스스로 일어선 자주 국체 독립 국격의 극대(極大)이고, 인민과 백성 개인은 나라 공동체 자주독립 국체를 극소화한 것이다. 그러니까 국가 공동체의 극소 세포는 살아 있는데 극대 거대 공동체는 망해서 죽은 것이다.

최익현은 조선 민족 혈족공동체의 지극히 작은 한 단위세포인 극소의 힘을 모아, 아니 목숨을 바쳐서 전체, 극대, 대(大)를 살리기 위해 분연히 떨쳐나선 것이다. 일흔네 살의 나이에…. 당시의 일흔넷은 오늘의 팔십 대 후반에서 구십 대 중반의 나이에 해당한다.

자연 수명은 늘어났는데 애국 애민 주체적 자주의식, 제가 소속한 나라의 통일독립 의지, 외세 강점 77년으로부터의 해방, 민족이 하나 되는 분단 극복 열망지수(熱望之數)는 바짝 쫄아들고 말았다.

오죽했으면 일흔넷의 늙은 나이에 장정들을 불러 모아 총칼 무장을 하고 생사를 가르는 무장투쟁에 돌입했을 것인가. 정규군을 지휘하기에도 한참 늦은 나이인데 하물며 비정규군 유격대일까 보냐? 그래도 최익현은 죽은 나라를 살려내기 위해 빼앗겨 버린 국권, 자주독립권을 되찾기 위해 그대로 보고만 있거나 앉아만 있을 수도 없었다. 늙은 몸이라도 제 한 목숨을 나라에 내놓을 수밖에는 다른 방법이 없었다.

면암 최익현 선생. 망해가는 나라 앞에서, 우리의 주체적 자아 공동체의 우리나라가 강대국에 수모를 당하는데, 몸이 늙었다는 핑계로 그냥 투쟁을 마다할 수 있을 것인가. 총칼 맞세워 싸워야 할 전투 마당을 피해 가고 말 것인가! 꽃다운 스무 살짜리 청춘보다도 더 뜨거운 우국단충(憂國丹忠)이 범람하는 파도처럼 가슴으로 밀려오는데 이를 어찌할 것인가.

선생은 비록 포로의 몸이 되어 적지 대마도 감옥에 갇히는 바 되었으나, 끝끝내 조선인의 기개를 보여 절조 있는 최후를 맞았다. 의병장으로서 한 치의 흐트러짐이 없는 장엄한 모습이었다.

지금 우리의 국제환경은 심상치가 않다. 미국은 한국 강점 77년이 되었는데 제 나라로 돌아갈 생각을 않는다. 오히려 종속적 친미주의자들을 앞세워 이 땅을 영구 분단, 국제분쟁의 전초 기지화하고, 세계 패권 전략의 돌격대로 내몰 계획이다. 따라서 일본의 재무장, 군국주의화도 심상치 않다.

한국은 고령화 속도가 빨라서 노인 인구가 많다고 한다. 시대는 바야흐로 사람을 부른다. 군계일학(群鷄一鶴)이니, 닭이 천 마리면 봉(鳳)이 한 마리라는 옛말이 있다. 늙은이 중에 누가 있어 시대의 부름에 부응할 수 있을 것인가? 나라, 민족, 자주, 통일, 분단 극복, 외세 강점….

4장
생각을 바꾸자, 비정상에서 정상으로

1. 부끄러운 서울대 출신 1만인 선언

22. 3. 7. 현장언론 민플러스

모처럼 진정 어린 '양심선언'이 뉴스에 보도되었다. 지금 한창 기세를 올리는 사대매국 적폐 세력의 대통령 후보가 서울대 출신인 것을 부끄러워하는 동문들의 순수하고 정직한 마음을 솔직하게 털어놓은 것이다.

서울대 출신들이 권력에 빌붙어서 민중을 오도하고 민족의 진로를 흐리게 하거나 사회 발전 변혁에 장애를 놓는 일이 어제오늘의 일은 아니다. 박정희 군사정권 초기에는 군부 출신들이 세상을 망해 먹었지만, 유신 이후부터 유신정우회(維政會)를 중심으로 이른바 사회 엘리트를 자처하는 서울대 출신들이 대거 정관계(政官界)에 몰려들면서 국정운영에 많은 문제를 야기시켰다. 학계(學界)나 법조, 문화계는 물론 매판자본에서 차관경제가 호황을 누리자 재계(財界)와 대기업 요직에도 그들의 진출이 눈부신

바 있었다.

이런 현상은 전두환 노태우 때에도 마찬가지였고 김영삼의 문민정부 이후 여러 정권을 거쳐 오늘에 이르기까지 계속되고 있다. '군대 출신은 무식하다'는 세평(世評)과 여론을 무마하기 위한 군부파쇼 도당들의 방책이었고, 문민정부 이후의 대통령들은 대학 공부를 제대로 하지 못한 사람들이어서 그렇다.

군사정권이나 문민정부들 모두가 다 소아병적인 못난 열등의식의 발로였다. 도량이 모자란 속 좁은 집권자들의 학벌 열등의식은, 외국 유학 경력의 대학교수, 고등고시(사법시험)에 합격한 판검사 변호사 출신들을 선호했다.

한때 서울대 총장 자리는 국무총리 감투와 곧바로 연결되는 관행이 당연시되는 사회 풍조가 유행하였다. 서울대학은 국립이어서 등록금이 여러 사립대학에 비해 액수가 많이 헐하다. 대학도서관을 비롯해서 각종 연구와 실험 실습 시설은 물론이고 교수진 역시 한국 최고의 수준을 자랑한다. 이뿐만이 아니라 장학금 혜택도 다른 대학들에 비해 월등하다. 학문의 국제교류와 세계 유수 대학에의 유학 기회는 물론 정관계(政官界), 경제, 사회, 문화계를 총망라 한국 사회 전체를 장악하고 있는 동문들의 인맥 혜택 또한 여타 대학의 추종을 불허한다.

서울대학은 대학 적령기 또래 젊은이들의 선망 대상이다. 서울대학은 출세가도(出世街道)의 첫 관문이고 신분 상승의 일 단계에 오르는 보증수표이기도 하다. 좋게 보면 학문연마의 우수 교육기관이고 사회 엘리트 인재 양성 배출의 빛나는 요람이지만, 또 다른 면에서 보면 지식사회의 계층화 차별화를 부추기는 요인이 되기도 했다.

　인간 능력의 여러 분야 중 한 갈래인 암기력 위주의 비좁은 인간 평가로 원만하고 융통성 있는 전인적(全人的) 인간, 포용적이고 다양성 있는 사회구성체 운영에 문제가 있었던 것도 사실이었다. 우리 사회가 보다 인간적이고 사람 냄새 풍기는 규모 있는 평등사회로 나아가거나 보다 활력 넘치는 폭넓은 공정사회 건설로 나아가는 데에 실패의 한 요인이기도 했다.

　암기력 위주의 인간형 엘리트들의 국정운영은 사회조직의 경직화 외곬으로 편협화를 불렀다. 법(法)은 사람 삶의 원활한 질서 생활의 흐름을 위해 있는 것이고, 이 원칙에 따라 집행 운용되어야 한다. 법은 사람을 살리기 위해 있는 것이고 막힌 것, 장애가 되는 것을 뚫고 제거하기 위한 도구이고 수단이다. 법조문에 매달려서 사람을 죽이거나 사람의 생활을 억압해선 안 되는 것이다. 사람을 살리는 쪽으로 사람의 삶을 물 흐르듯 흐르게 만드는 데, 법 제정의 목적이 있다.

　암기력 제일주의 인간형에 의해 운영되는 한국 사법계의 현실은 일반 민중의 법 운영 정서와는 너무나 거리가 멀다. 암기력 위주의 편협 사회, 암기력 우선 기능의 기형적 사고능력 소유의 엘리트들에 의해 운영되고 이끌어지는 사회, 너무 각박하고 삭막하다.

　인간은 기계가 아니다. 인간의 심장엔 피가 흐른다. 그것도 더운 피가 흐르고 있는 것이다. 인간은 다양한 가능성의 존재다. 종합인격체이다. 인간 두뇌의 사고 뇌세포는 무한 기능, 무한 상상력을 지닌다. 암기, 기억 뇌세포는 그 수많은 무한 기능 뇌세포

중 하나에 속한다.

　암기력 위주의 리더에 의해 이끌려 가는 우리 사회는 정치 문화의 저질화, 맹목적 편의·안일주의, 황금만능의 무자비한 경쟁, 지식 편차에 의한 계급 차별, 학벌 위주의 기형성에 의해 우월의식과 열등의식으로 갈등 사회로 조성되었다.

　무엇보다도 심각한 거대 부조리는 우리 사회에 만연한 사교육 열풍이다. 오로지 서울대에 들어가기 위한 비정상적인 학습방법 편법교육이 과외 학원 수강으로 대표되는 사교육 병폐이다. 인구 절감, 결혼 포기, 가정 경제 피폐 등의 주요 원인은 두말할 것도 없이 내 집 마련과 자녀 교육비 부담이다. 내 집 마련은 지하방이나 월세방에서라도 산다지만, 아이들 교육비 그 웬수놈의 학원 과외비 사교육비는 어찌해야 하는가? 나라의 미래이고 희망인 젊은이들이 결혼은 그만두고 연애도 제대로 못 하고 머뭇거리는 망조 세상이 되어버렸다.

　한창 청춘을 구가하고 앞날 삶의 꿈에 부풀어 있어야 할 젊은이들이 모두 기가 죽어서 풀기가 없다. 우리 사회 전체가 병이 들어도 아주 큰 병이 들어서 활력을 잃어가고 있다. 세상을 떠들썩하게 유행하는 코로나19 변종 오미크론에 걸리면 기침을 하고 열이라도 나는데, 증상이 잘 나타나지도 않고 아주 속 골병이 드는 한국의 사교육 열병은 겉으론 얼른 표가 잘 나지도 않는다. 참말이지 이거 정말 쥐도 새도 모르게 서서히 나라 망해 먹을 서울대 입학을 위한 입시 공부, 사교육 열병을 어찌 다스려야 할까.

　이런 무서운 나라 망해 먹기 사교육 열풍의 원인 제공을 한 그 이름도 빛나는 서울대 출신들의 '부끄러운 1만인 선언'은 아주 많이 늦은 감이 있으나 그래도 참으로 정직하고 정의감 넘치는 참회의 목소리인 것이다. "지도자로서의 역량은커녕 시민으로서의 소양과 상식마저 결여한 동문 출신" 대통령 후보를 부끄러워한다면서, "청와대를 굿당으로 만들게 할 수는 없습니다."라고 그들은 토로한다.

검찰 독재의 망상에 사로잡혀, 주 120시간 노동과 최저 임금제의 폐지, 약자에 대해 처벌을 당연시하고 남녀와 세대, 지역 갈등과 대립을 부추기는 혐오와 반목의 정치를 결단코 용납할 수가 없다는 것이다. 또한 북에 대한 선제 타격, 사드 추가 배치를 주장하고 전쟁의 참화를 불러올 위험천만한 인물에게 우리 사회의 안전과 평화를 저당 잡힐 수는 없다. 이번 선거의 유력후보가 서울대 동문들의 자랑과 긍지가 아니라 수치와 불명예가 되고 있는 현실이 더할 수 없이 참담하다는 양심 고백을 하고 있는 것이다.

1960년대 후반에 '엘리트'란 외래어가 한창 바람을 탔었다. 이 선택받은 지식인들이 군사정권과 결탁, 얄팍한 머리를 돌려 일신의 영달을 꾀하는 사례가 많았다. 이를 두고 세인(世人)들은 '엘리트'를 '이리떼'라 바꿔 부르며 냉소를 보냈다. 암기력 위주의 지식과 학벌을 팔아 파쇼권력에 빌붙어서 민중 억압, 민중 착취를 합리화하는 정책이나 이론을 제공하는 무리들 중 미안하게도 서울대 출신이 압도적으로 많았음은 이미 세상이 다 아는 바다.

속칭 일류대학, 서울대 출신들은 긍지와 함께 지적(知的) 자존심을 가져야 한다. 국가 사회로부터 제공받은 여러 혜택에 대해 다시 국가 사회에 되돌려 주어야 한다는 지식인다운 보은 의식이 있어야 한다. 지적으로 선택받고 신분 상승의 기회를 얻은 데 대한 윤리적 사명 의식이 있어야 한다.

한말(韓末) 꼿꼿한 지식인이었던 구례(求禮) 출신 황매천(黃梅泉)은 경술 국치(國恥)를 당하여 '글 아는 죄'로 죽는다는 유언을 남기고 스스로 독을 마시고 순절하였다. 글 아는 죄, 지식인의 자리가 그만큼 어려운 자리이다.

자타가 공인하는 한국 최고의 대학 서울대 출신 1만 명의 양심고백은 아직도 이 땅에 지적 양심과 지성의 윤리가 살아 있다는 한 줄기의 빛이다. 양심봉기(良心蜂起) 지성반란(知性叛亂)에 참가한 부끄럽지 않은 자랑스런 1만인의 건승을 빈다.

2. 노동민중 바닥사람의 시대를

22. 3. 22. 현장언론 민플러스

이제 더 이상 속을 수 없다. 5년마다 한 번씩 벌어지는 대통령 선거 푸닥거리도 지난 9일 끝이 났다.

그리고 보면 김대중 노무현 문재인까지 '민주화운동' 세력이 권력을 잡은 정부를 3번씩이나 겪었다. 김, 노, 문 3개의 정부는 통일지향 민중세력에 적대적이진 않았다. 정책적으로 행동으로 실천 실행하지 않았어도, 감언이설로 겉은 번지르르하게 매우 우호적이었다. 이에 속은 것이다.

설마가 사람 잡는다고, 설마 이번에는… 설마설마 이번에야말로… 이렇게 집권자 집권당(운동권, 386 또는 586)을 믿고 그들의 선거 공약에 또는 그들의 민중 정신에 신뢰를 보내고 있었다.

설마하니 보수꼴통 사대매국 친일친미세력 집권자나 집권당보다야 낫겠지, 어디가 달라도 다르겠지 하고 찍어주고 또 찍어주고 기다리고 기다렸다.

4·19혁명 이후 박정희한테 당하고 중앙정보부에 끌려가 죽고 고문당하고 감옥살이, 전두환의 군화 발길에 밟혀 죽고 학살당하고 짓이겨지고, 30여 년 만에 겨우 김대중 정권이 들어섰다. 김대중 대통령은 본인 당사자가 너무 많은 핍박과 억압, 죽을 고비를 몇 번 넘긴 분이어서 누구보다도 민주화와 사회 개혁에 대한 엄청난 기대를 모았었다.

김대중 대통령은 수완과 경륜, 뛰어난 통찰력으로 금강산 관광, 개성공단 사업, 이산가족 문제 등 수많은 업적과 금융위기 IMF와 같은 국란(國難)을 단시일 내에 기적적으로 극복하였다. 한국인 최초로 전 세계 정치 거물들의 선망의 대상인 노벨평화상을 수상하여 한국인의 긍지를 높이고 땅에 떨어진 국가 위상을 일으켜 세웠다.

무엇보다도 청사에 길이 빛날 업적은 분단 이후 최초로 남북정상회담을 성사시키고 김정일 국방위원장과 6·15남북공동선언을 발표한 것이다. 이 땅의 주인인 우리민족끼리 서로 힘을 합쳐 자주적으로 나라의 통일 문제를 해결해 나가자고 남북 두 정상이 두 손을 굳게 마주 잡았다.

이처럼 분단 역사상 남측 정치계 불세출의 큰 인물이었음에도 불구하고, 6·15남북공동선언의 핵심 골자인 '낮은 단계의 연방제 통일'을 위한 법적 토대(의회를 통한)를 마련하지 못했다. 뿐만 아니라 박정희 역도의 기념관을 짓는 데 땅을 마련해 주고 5백억에

달하는 예산을 지원해 주는 우를 범했다. 모처럼 찾아온 좋은 기회, 가장 좋은 정치 환경, 민중의 절대적인 지지 성원에도 불구하고 언론 개혁, 중앙정보부 폐지 혁파, 반민주 반민족 세력 청소에도 손을 쓰지 못하고 말았다.

역대 대통령 중 가장 소탈하고 민중적이었던 노무현 대통령은 권위주의 허례허세 형식주의 타파에 큰 공을 세웠다. 다른 대통령들이 엄두를 못 냈던, 종주국 점령군대가 틀어쥐고 있는 국권통수권(전시작전권)을 되찾기 위해, 기한을 정하여 적극적으로 덤벼들었다. 미국 대통령과 사진 찍기 위해 미국을 방문하진 않겠다고 제법 배짱을 내미는 모습을 보이기도 했다.

김대중 대통령의 족적에 따라 북을 방문하여, 민족의 평화 번영 통일을 위해 힘과 뜻을 모으기로 합의하고 어떠한 전쟁도 반대, 종전선언, 평화 체제 구축에도 합의했다. 남북 간의 긴장 해소와 공동 번영을 위하여 경제 문제에도 상당한 깊이와 실행 가능한 구체적 세부 사항, 실무적인 문제도 합의를 보았다.

그러나 자주평화통일을 위한 '제도적 뒷받침'은 시도도 못 하고 끝나고, 평소의 소신이었던 검찰 개혁은 평검사들과의 담판에서 "이거 막 가자는 거요"라는 유행어를 만들어 냈을 뿐이다. 공약 사항으로 내걸었던 국가보안법 폐지 역시 손도 못 대고 말았다.

집값 땅값이 천정부지로 치솟았고 임시직 기간제 양산으로 서민 생활, 노동 현장은 더욱 불안하고 열악해졌다. 도시빈민, 영세 자영업자, 일용직 노동자들의 삶은 바닥을 기고, 늙은 목숨 이어가는 농민들의 모진 삶은 허리 펼 날이 없었다.

촛불 궐기로 기사회생 살판이 난 문재인과 386(586), 경솔하게 까불다가 노무현 정부 5년 동안 열린우리당 다 망해 먹고, 침 뱉고 나간 옛집 민주당 처마 밑으로 난민 신세가 되어 다 몰려들었다.

　문재인과 386들을 이렇게 만든 장본인은 학생 때부터 밀정질하고 그 공로로 청와대의 추천을 받아 재벌회사에 취직, 승승장구한 인물이었다. 그는 재벌 총수 왕회장을 협박해 거액의 퇴직금을 거머쥐고 정치계로 뛰어들었고, 서울시장 당선에 운 좋게도 대선까지 뛰어들었는데, 이 별 보잘것없는 인격자에게 패배의 쓴잔을 마셨다.

　이 인물은 재임 중 미국 대통령 아들 부시의 푸들 노릇을 충실히 하다가 유신공주(維新公主) 박근혜에게 보수 적폐 권력을 넘겨주는 데 성공했다. 세상사 새옹지마라고 유신공주는 졸지에 대통령이 되었는데 또한 졸지에 촛불 궐기로 권좌에서 쫓겨나 감옥소 가서 콩밥 먹는 신세가 되었다. 이 모두가 다 희대의 사이비 종교인 최태민 목사를 존경하고 사랑한 죄로 그 목사의 딸 최순실에게 코를 꿰어 제정신을 못 차린 탓이었다.

　일이 이렇게 되자 거의 폐족 수준에 있던 문재인과 386들이 살판이 난 것이다. "영원한 비서실장", 그 자리가 세상 제일 큰 벼슬로 알고 김지덕지 횡횰경이었는데, 또 어쩌다 보니 인붇ㄴ 콧물같이 찌질한 당이어서 도토리 키재기를 하다가, 그중 제일 인물인 문재인이 대통령이 되었다. 따라서 586들이 분에 넘치는 감투 하나씩을 얻어 쓰게 된 것이다.

　마침, 통 큰 김정은 위원장이 아량을 보여 4·27판문점 선언을 하게 되었고, 그해 9월에는 평양을 방문 9·19선언을 하게 되었다.

북은 문재인의 말을 믿고 같은 피를 나눈 민족 성원의 한 인격자로 전폭적인 애정과 신뢰를 보냈다. 5천만 남녘 동포를 대신한 그 대표 자격으로 북을 찾은 남녘 대통령 문재인을 더없이 극진하고 정성을 다한 예우로 거리 환영을 베풀어 주기도 했다. 이것은 전적으로 헤어져 살고 있는 남녘 민중에 대한 동포애와 민족이 하나 되는 조국통일 염원의 발로였다.

그중에서도 9월 19일 평양 능라도 5.1경기장에서 있었던 남쪽 대통령 문재인의 평양 시민에 대한 현지 연설은 그야말로 우리 민족 8천만 겨레의 감동과 지지 성원을 자아낸 일대 사건이고 한편의 역사 드라마였다. 김정은 국무위원장의 직접 소개로 문재인이 능라도 5.1경기장을 가득 메운 15만 평양 시민을 향하여 감격스러운 연설을 하였다. 그 누구도 예상하지 못했고 상상할 수도 없었던 극적인 장면이 펼쳐진 것이다.

문재인은 환호하는 평양 시민과 북녘 동포들을 향하여 "이 땅에 더 이상 전쟁은 없을 것이며 새로운 평화의 시대가 열렸음을 8천만 겨레와 전 세계에 엄숙히 천명한다."고 기염을 토했다. 이에 앞서 문재인은 4·27판문점 선언에서도 똑같은 말을 했었다. 우리 민족의 운명은 우리 스스로 결정한다는 민족 자주의 원칙을 확인한다고 했다.

국제 체육 경기대회 공동 출전, 이산가족 문제 해결, 민족경제 공동 번영, 끊어진 철도 도로 연결, 비무장지대의 평화지대화, 종전선언 평화협정 체결, 남북 정상의 정기적 회담과 직통전화 개설, 민족 중대사 수시 논의를 약속했다.

9·19평양공동 선언에서는 민족자주와 민족자결을 재확인, 확

고한 평화 공동 번영을 위해 일관되고 지속적인 노력, 온겨레의 여망과 지향에 따라 통일을 위해 노력할 것을 확약했다. 개성공단, 금강산관광사업 정상화, 서해 경제특구와 동해 관광공동특구 조성, 김정은 국무위원장의 서울 답방에도 합의했다.

그러니까 문재인은 1945년 분단 이후 모든 남북문제 민족 현안을 한꺼번에 다 풀어줄 해결사가 된 것이다. 좋은 말은 골라서 다 하였다. 사람 속일 줄 모르는 평양 시민과 북녘 동포들은 이 우유부단하고 무능하기 짝이 없는 남녘 대통령의 말을 제 마음 같은 줄 알고 그대로 다 믿었다. 15만 평양 시민들은 기립 박수를 치고 감격의 환호성을 지르며 난리가 난 것이다.

남녘 대통령 문재인의 약속은 순전히 헛약속이고 새빨간 거짓말이었다. 청와대와 국정원에 숨어든 밀정 밀대 요원들의 조종으로 앵무새처럼 짓거리고 자못 감동을 먹은 것처럼 표정 관리를 연출한 것이다. 그가 남녘 군대 특전사 출신이었음은 겉으로 보이는 외모와 달리 엉뚱한 데가 있을 수 있음을 간과할 수도 없는 노릇이다.

만약 그가 미국의 부동산 건달 트럼프의 사주를 그대로 받아들였다면 동정이 가긴 하지만 안타깝게도 지능 지수에 문제가 있는 것이다. 문재인과 586들은 민족 문제, 대북 문제에서만 그렇게 부도덕하고 가증스러운 짓을 한 것이 아니고, 남쪽 내부 문제에도 용서할 수 없는 반민족 반역사적인 일만 골라서 실천하고 실행했다.

김천에 사드 배치 허용, 천문학적인 고가의 첨단 살인 무기 도입, 유신 적폐 공주 박근혜 사면 복권, 종교 빙자 혹세무민 정치 브로커 전광훈 석방, 태극기 미국기 쌍 깃발 부대 불법 집회 관용, 그 반대로 도시빈민 영세 자영업자, 플랫폼 노동자, 민주노총의 생존권 집회는 철저하게 탄압했다. 양경수 민주노총 위원장의 체포, 강제 연행, 구속 집행이 이를 증명해 주고도 남는다.

언론재벌들의 사대매국 반민족 반통일 보도와 폭력, 반평화 전쟁조장 선동행위 방치, 발호하는 토착왜구들의 민족정기 모독행위 방치, 예를 들자면 끝이 없다. 분단 이후 수많은 애국자, 민족주의자, 신념의 정치인, 소신과 역사의식 자기주장을 가진 사회인사, 민중적이고 양심적인 인물들을 불법 살해하고 탄압한 살인 악법 국가보안법은 문재인 정부 5년 차인 오늘도 신주 모시듯 그대로 존치하고 있다. 이것은 유엔헌장에 명시된 전 세계의 모든 문화시민 모든 민주국가의 일반 국민들이 누리는 인간의 기본권, 사상의 자유, 표현의 자유를 박탈 억압당하고 있다는 증거가 아니고 무엇이겠는가.

초헌법적 살인 몽둥이가 된 국가보안법은 아직도 우리가 사는 이 땅이 제국주의자들의 식민지 '똥땅'임을 여실히 증명해 주고 있다. 원래 이런 살인 악법은 식민지 통치에만 필요불가결한 탄압 도구이다. 이런 반인륜, 반민주, 반민족, 반통일 악법의 존재는 문재인 정권과 586 패거리들의 정치 철학과 역사의식이 얼마나 반동적이고 썩어 빠진 수준인가를 말해 주고 있는 것이다.

이제 더 이상 속을 수도 참을 수도 없다. 180석의 의석을 만들어 주고 10만인 국회 청원으로 밀어주어도 반통일 망국 악법 국가보안법 하나 폐기하지 못하고 외세의 눈치나 보고 쩔쩔매는 문재인과 586 졸장부들을 어찌 더 믿을 수 있다는 말인가.

노동민중 바닥사람들이 나서야 한다.

노동민중 바닥사람들이 앞장을 서야 한다.

평등세상 통일로 가는 길을 활짝 열어야 한다.

시대는 부른다. 노동민중 바닥사람들을….

외세의존 사대매국 반민족 반통일 친일친미 잡패 무리들을 타도하고 외세 몰아내기 투쟁의 깃발을 높이 들어야 한다.

운동의 계절은 가고 바야흐로 투쟁의 계절이 도래했다. 노동민중 바닥사람들이 열어젖히는 새 세상 새 시대여 오라!

3. 사람은 왼발, 오른발 두 발로 걷는다

22. 6. 22. 현장언론 민플러스

일찍이 군사정권 시절의 민주 논객 리영희(李泳禧. 1929~2010) 선생은 '새는 좌우의 날개로 난다'라는 논리를 편 바 있다.

이 글이 쓰여진 것은 1988년 9월이었고, 책 제목으로 세상에 널리 알려진 것은 94년 7월이었다. 일반 사람들은 시야가 낮고 좁아선지 공중에 나는 새를 보기보다는 우선 걸어 다니는 제 발등이 실감 나게 더 잘 보이는 것이다. 그래선지 세상에 태어나서 한 돌이 될 부렵 두 발을 세워 일어신 다음부디, 사람은 한쪽 발만으론 걸어 다닐 수가 없다는 만고의 기본 이치를 몸소 깨닫게 되는 것이다.

사람의 몸통 인체(人體)엔 보통 아홉 개의 구멍이 있다고 한다. 모든 것이 한 개로는 불안하고 안전하지 못하여 두 개씩이 마련되어 있다. 인체의 아홉 구멍도 모두 다 두 개씩인데 밥이 들어가는 구멍만 단 한 개의 구멍으로 구성되어 있다.

　인체 구성 중 팔과 다리는 외형 구성의 매우 크고 명확한 구획 구성에 속한다. 인체의 외형은 머리, 몸통, 팔다리이다. 머리(얼굴, 뇌) 부분은 외형과 내용이 아주 조밀하고 세밀한 정밀 구성이다. 몸통은 겉모양은 밋밋하고 단순 조형으로 빚어졌으나 그 속, 가슴과 뱃속은 기기묘묘한 기관(器官)들로 가득하다.

　그러니까 팔다리는 이들과는 반대로 나뭇가지가 쭉쭉 제멋대로 뻗어난 것처럼, 매우 외형이 강조된 구획들이 확실하고 뚜렷하다. 내용은 별로 볼 것이 없고 그 역할 기능에 따라 겉 생김이 강조된 꼴이다.

　팔다리는 사람의 활동, 사람의 생명을 유지하는 데 가장 필요한 생체의 움직임을 담당한 육체 부서이다. 육체의 움직임, 이것은 생명의 성장, 생명을 불어 넣어 주는 것과 동시에, 삶의 지혜, 인간 생활 능력을 유지 발달시킬 수 있는 지속적인 추동력을 갖춘 기본 작용인 것이다. 팔과 다리의 움직임은 외형 성장 발전의 기본인 동시에 속 내용, 정신의 형성 발전과 생각·사상의 강도(强度)를 높이는 작용이 된다.

　인체의 양 날개인 왼팔 오른팔은 다리 왼발과 오른발의 움직임 원리와 똑같은 순차적 동작에 의해 몸통 전체를 앞으로 밀어내는 전진 기능을 갖고 있다. 왼발 오른발 두 발이 움직여 앞으로 나아가면, 왼팔 오른팔 두 팔은 필수적으로 그 전진 동작에 따라 보조 기능으로 자동 작동한다. 두 팔이 움직여서 두 발이 자동 작동하는 동작은 어떠한 경우에도 순기능으로 반응하지 않는다. 그러나 왼발 오른발 두 발이 앞을 향하여 전진 동작에 들었을 경우, 왼팔 오른팔의 전진 동작은 순기능으로 자동 작동하기 마련이다.

이것은 전진 본능이다. 그래서 인간은 왼발 오른발 두 발로 걷는다. 왼발과 오른발에 의한 순차적 본능 동작에 따라 인간은 새로운 땅을 밟는다. 미래의 시간을 향해 앞으로 전진한다.

단기 4283년(1950년) 한국전쟁이 터지고 분단의 역사는 전쟁의 포성에 놀라 단 한 발자국도 전진하지 못하고 그대로 멎었다. 4286년(1953년) 분단선엔 포성이 멎고 전쟁 당사자들은 서로 숨 고르기를 위한 휴전 선언 이후, 무려 69년이 흘렀다. 이것은 순전히 세계자본지배를 위한 미국(米國)의 위법 부당한 불법적 야만행위로, 휴전의 연속이 아닌 정전의 가면을 쓴 전쟁상태의 지속이다. 지루한 불안이 피를 말리는 냉전 '전쟁고문(戰爭拷問)' 현상이 계속되고 있다.

이는 두말할 것도 없이 米 자본제국의 표상인 오른쪽 발 혼자서 세계지배 뜀뛰기를 하고 있기 때문이다. 米 아메리카 자본제국은 태생적으로 전쟁을 유발하지 않고는 존재할 수 없는 국가이다. 요즘 하루가 멀다 하고 米國 각지에서 벌어지는 무차별, 불특정 '묻지 마' 총기 난사 살인 사건은, 인명 경시, 무더기 총살, 사람 죽이는 것을 장난으로 아는 그들의 습성을 증명한다. 대량학살, 대량 파괴, 집단 살인을 일삼는 전쟁 애호국가의 진면목을 그대로 보여주고 있다.

米國은 전쟁을 하지 않고는, 사람을 집단으로 죽이지 않고는 국가체제를 유지할 수 없는 자본제국이다. 전 세계를 무력 지배하고 패권국으로서의 권위를 위한 식민지 지배, 피지배국의 자원 수탈, 가상 적국을 만들고 이를 파괴하기 위한 무력 확장 등, 끊임없는 인류 멸망을 부르는 신무기 개발에 혈안이 되고 있는 것이다.

　세계평화와 인류의 행복을 짓밟는 폭력국가로서 악의 문화, 죽음의 문명을 추구하는 米國. 전쟁을 못 해서 안달이 난 아메리카 자본제국. 米國은 세계 정복의 야욕을 실현하기 위해 거대한 군수 공장들을 米 대륙 각지에 건설해 놓았다. 이 거대한 무기 공장들에선 사람을 대량으로 죽이는 가공할 첨단 무기들이 대량 생산된다. 이렇게 생산되는 첨단 무기들의 생산 단가는 가히 천문학적인 숫자이다. 세계 평화와 지구의 미래, 인류의 행복을 위해선 인색하기 짝이 없는 米 자본제국주의자들은, 사람을 죽이고 지구환경파괴 전쟁으로 인한 질병과 가난을 자초하며, 인류에게 대재앙을 주는 데에는 돈을 물 쓰듯 써 대는 것이다.

　좌와 우, 왼발과 오른발은 그 움직임이 조화의 원리이다. 왼발과 오른발은 순차적으로 작동하는 협조 본능이다. 한쪽 발 저 혼자서만 뜀뛰기를 한다면 앞을 향해 가는 전진 동작이 불가능하다. 설령 그것이 가능하다 해도 모둠발 뛰기나 까치발 뛰기는 비정상 작동이며, 몇 발 못 가서 발이 풀어지거나 거꾸러지고 마는 것이다.

　좌와 우, 왼쪽과 오른쪽은 앞서거나 뒤서는 우열(優劣)의 선(線)이 아니고 둘 다 똑같은 평행의 선이다. 옆으로 서서 좌우로 나란히이다. 왼발과 오른발은 각자도생이면서 한 몸 전진이다. 서로 대립각을 세우면서 앞으로 나아가고 한 쪽은 별수 없이 뒤로 물러나야 한다. 이렇게 앞서거니 뒤서거니 발길을 옮기다 보면 어느새 몸통 전체는 쉼 없이 전진 전진… 작동이 계속되고 있는 것이다.

　세상에 생명이 태어나고 그중에서도 제 스스로 세상의 모든 일을 주체적으로 처리 대응하는 능력, 사유의 소유자 인간이 존재하듯, 인체 기능의 다양성과 그 오묘함 또한 대단히 경이로운 생명 생성 원리이다. 눈이 코의 기능을 대신해서도 아니 되고 코가 눈의 위치를 차지해서도 아니 되는 것이다. 인체 기관의 기능 변경이나 위치 수정은 곧 자연 순리의 반역이다.

생명체의 생김새나 각 기관의 위치나 기능은 자연 적응, 자연과의 동거에 최선 최고의 모양새이고 최선 최고의 위치와 기능 현상이다. 떨거지 잡종들이 인디언의 피바다 위에 건국한 이제 겨우 2백여 년 역사를 가진 깡패 폭력국가가 좌지우지할 그런 간단하고 안이한 사항이 아니다.

왼쪽 발에 비해서 힘이 세고 기능이 발달한 오른쪽 발이라고 해서, 한쪽 왼발이 없어도 저 혼자서 유아독존(唯我獨尊)일 수 없고 독자적으로 살아갈 수도 없다. 미래의 땅 새로운 역사를 향해 앞으로 나아갈 수도 없고, 생명의 생장, 생각 사상을 키워낼 수도 없다. 생명, 생각 사상의 근거지는 오로지 인간의 몸통일 수밖에 없다.

모든 생명 있는 자연물에는 암수가 있다. 인간 개체에도 여자와 남자가 있다. 모든 생명 있는 자연물이 암수가 조화를 이루듯 인간 생활의 자연현상에서도 남녀는 절대적 조화 개체이다. 한 몸이면서 개별체이고 개별체이면서 한 몸이다.

좌와 우, 왼쪽과 오른쪽을 인위적으로 바꾸어 놓을 수는 없다. 지구를 하늘 위에 올려놓고 해와 달을 땅 쪽으로 끌어내릴 순 없다. 이것은 우주 반역이다. 지구의 멸망 자연의 종말이다.

※ 자본제국은 세상에 나오지 말았어야 할 16세기 말의 귀태(鬼胎)였다. ※ 자본제국이 가야 할 길은 뻔하다. 인류의 멸망, 지구의 종말을 향해 숨차게 달려가고 있으니 말이다.

5장

새 시대, 새 세상을 향해

1. 한 해의 저물녘에서

20. 12. 29. 현장언론 민플러스

또 한 해가 저문다. 속절없는 시간의 흐름이다. 언제나 한 해의 저물녘에서 뒤를 돌아다보면 어렵고 힘든 한 해였다는 느낌이 든다. 그렇지만 2020년 올해처럼 하루하루가 살얼음판을 걷는 심정으로 살아온 해도 드문 것 같다.

전대미문의 악성 돌림병으로 우리뿐만이 아니고 전 세계적으로 돌림병에 대한 공포와 전염의 위험 속에서 너무 고통스런 나날을 보냈었던 것이다. 물론 이번처럼 치사율이 높은 악성 돌림병이 전 지구적으로 휩쓸고 인류의 생명을 위협하며 인간생활에 고통을 안겨 준 경우가 지난날 전혀 없었던 것은 아니다.

조선시대나 일제강점기에도 염병(장티푸스)이나 호열자(콜레라)라는 무서운 돌림병이 있었다. 6·25전쟁 직후에는 뇌염이라고 하는 악성 돌림병이 돌아 학교들이 휴학을 하고 세상을 공포 속으로 몰아넣었었다. 그 외로도 홍역, 마마(천연두), 하루거리(학질)라고 하는 고약한 전염병이 창궐했었다.

이처럼 인간의 생명을 앗아가는 치명적인 후유증을 남기는 악성 돌림병은 주기적으로 찾아와 인류의 생명 활동을 위협하고 위축시키는 일을 끊임없이 되풀이하였다. 오죽했으면 가장 무서운 욕이 "염병 앓다가 땀 못 내고 죽을 놈"이었을까. 또 너무 무서운 일을 당하거나 못 견디게 고통스런 일을 당하는 걸 "아주 학질을 뗐다."라고 표현을 했었다. 뿐만 아니라 큰 불행을 당하거나 액운을 만났을 때 "홍역을 치렀다."고 말을 한다.

모든 인간에게 귀천이나 빈부를 가리지 않고 기필코 한번을 치르고 넘어가는 "홍역"이라는 역병 역시 악성 돌림병이다. 얼마나 치사율이 높았으면 "홍역을 하고 나야 내 자식"이라는 말이 있었고, 홍역을 앓고 살아남아야 그제사 민적(民籍)에 올리는 풍습이 전해왔을까.

전염병의 역사는 생명의 역사, 인류의 역사와 시원(始原)을 같이 한다. 인간이 몸뚱이로 생명을 싸안고 있는 한 병마는 인간을 공격한다. 인간이 생명을 소유하는 욕망을 포기하지 않는 한 바이러스의 공격은 숙명이다. 인간의 근본 속성인 집단 생활, 사회 공동체 활동은 돌림병균의 시장바닥이고 5일상 터가 된다. 어차피 인간은 악성 바이러스들의 공격적 포위 속에서 그것들과 살을 비비며 살아야 한다. 그리고 살아남아야 한다.

선과 악의 출발이 동시적이듯 생명체의 생존도 건강과 질병이 늘 함께 있는 것이다. 경자년(庚子年) 지난 한 해는 인간의 지혜, 의술과 인간 생체의 저항 능력이, 악성 괴질 병원균과 끊임없이 싸워 온 나날이었다.

생명은 저항이다. 싸워 이겨야 한다. 지구상의 여러 완전 자주 독립국가들은 한결 가벼운 몸으로 무한(武漢) 독감으로 시작된 코로나19와 힘겨루기를 하고 있다. 이른바 선진국이란 나라들은 발 빠르게 코로나19 바이러스에 대항, 이를 제압할 수 있는 백신을 만들었다.

전염병 예방 제압에도 선진성과 자주성으로 대표되는 국력이 필수였다. 세계는 지금 코로나19 이후의 인간사회 지구촌 문명의 양태가 어찌 전개될 것인가에 대해 걱정이 태산 같다. 대부분의 예측이 전면적인 변화, 생활양태의 방향전환, 최소한 현재대로의 생활문명이 아닐 것이라는 데 의견을 같이하고 있다. 세상이 이렇게 뒤숭숭할수록 힘이 약한 비정상적인 우리 사회가 문제이고 걱정인 것이다.

세계의 여타 주권국가들은 자주적으로 제 나라 사회가 봉착한 수많은 문제들을 스스로 판단하고 해결한다. 인간 개개인은 자주적 인격체이고, 이런 개체 인격들로 구성된 사회공동체는 주체적으로 위기에 대처하고 스스로의 힘과 지혜로 이를 극복 승리를 쟁취한다.

이에 비해 우리 사회는 반자주적 대외의존적 타성과 지극히 후진적 사고방식에 젖은 사회체제하에 있는 것이다. 따라서 우리 국가사회가 당면한 위기상황, 심각한 현안에 대해 능동적이고 주체적인 대처 능력에 크나큰 헛점, 바닥 한계를 드러내고 있는 형태이다.

현대사회에서 일반적으로 가장 큰 병, 치료가 어려운 난치병을

암이라고 한다. 이 무서운 암의 발병원인도 유전 영향과 함께 정신의 시달림, 스트레스에 의한 발생율이 가장 크다는 설이 있다. 의지, 신념, 정신이 제대로 살아 있으면 생물학적 각 신체부위 세포의 이상 현상인 암의 발생을 막아낼 수 있는 것이다. 또 이런 변이세포의 이상을 치료할 수도 있다는 말인 것이다.

이처럼 살아있는 정신, 제 앞에 닥친 일들을 제 스스로 처리할 수 있는 건전한 독립정신, 자주의지야말로 물질집단이나 제도 현물사회(現物社會)를 지배할 수 있다. 주체적 자주의지가 없는 사회야말로 동물사회인 것이다. 그렇기 때문에 동물집단은 무리를 이루되 군집본능의 혈연 범주를 벗어날 수가 없다.

인간은 국가를 세우고 사회를 운영한다. 이것이 인간다움의 꽃이고 가장 인간다움의 영광인 것이다. 인간 개인의 '나'가 모여서 공동의 '나'를 세우는 것이 국가이고 사회다. 인간은 하늘과 땅 사이에 우뚝 서 있는 단 하나의 유일 존재다. 그 무거운 하늘을 받치고 서서 삼라만상의 우주를 열었다. 빙빙 돌아가는 땅덩어리를 딛고 서서 끊임없이 생동하는 존재인 것이다. 이것이 곧 계속되는 생명활동이다.

생명은 쉼이 없다. 쉬지 않는다. 심장은 밤잠을 자지 않고 뜀뛰기를 한다. 누가 돌려주는 심장이 아니다. 인간의 가슴은 제 스스로 뛴다. 이 세상의 유일존재 내가 '나'이기 때문이다. 이런 너와 내가 태어나 만나는 자리가 우리나라 우리 사회인 것이다.

너와 내가 스스로 서지 않고는 이 무서운 괴질 코로나19를 막아낼 길이 없다. 어디 다른 데 기댈 생각으로는 우리들 목을 조여 오는 이 악성병원균을 물리칠 도리가 없는 것이다. 우리 스스로가 제정신 똑바로 차리고 꿋꿋하게 곧추서 있을 수만 있다면 문제는 간단하다.

우리는 그동안 험상스럽고 흉악하기로 이름난 염병, 호열자, 천연두, 학질을 다 이겨내고 살아남았다. 그 지독한 일본뇌염도 이겨낸 바 있다. 눈이나 귀로 나오는 병균도 아니고 입으로 나오는 병균도 아닌, 코로 나오는 채 스물(20)도 안된 19 바이러스쯤이야 물리치지 못할 이유가 없다. 스스로 곧추서고 깨어 있어서 중생(重生)하고 새롭게 거듭나야 한다.

우리는 지금 아메리카제국 1945 자본바이러스에 걸려 신음 중에 있다. 하루도 빠짐없이 시시각각 우리의 목을 조이고 생명을 위협당하고 있는 것이다. 우리는 이 억압의 현상, 암흑의 현상에서 깨어나야 한다. 우리가 새롭게 살아나는 길은 자주독립 통일의 길 외엔 다른 길이 없다. 우리 스스로가 깨어나 곧추서서 이 아메리카 제국주의라고 하는 죽음의 괴질을 물리치고 진정한 해방의 날을 앞당겨야 한다.

승리는 얻어지는 것이 아니고 싸워서 쟁취하는 것이다.

2. 통일세력에 고한다

22. 12. 9. 현장언론 민플러스

시대는 많이 변했다. 흔히들 아날로그 시대는 가고 디지털 시대가 도래했다고들 말한다. 김대중 정부가 들어서고 새천년, 감격의 밀레니엄을 외친 지도 어느덧 20여 년이 흘렀다. 해방 공간의 혼란과 6·25전쟁 시기의 공포와 슬픔의 시대를 겪었다. 박정희 군사도당에 의한 억압과 폭압의 시대를 비롯한 수십 년간의 군사파쇼 암흑의 기나긴 굴속을 뚫고 나와 이른바 문민, 국민, 민주정부를 세운 지도 30여 년이 지났다.

※ 군정에 의한 외세 점령군 통치에 이은 친미사대 이승만 반공 백색정권이 무너지면 나라가 좀 제대로 될 것이라고 생각을 했었다. 그러나 4·19혁명 이후 변한 것은 없었다. 4월혁명은 미완의 혁명으로 역사의 큰 숙제가 되어 남았다.

군사파쇼 정권이 부서지면 '멸공' '반공' 시대가 가고 새로운 세상이 열릴 것이라고 큰 기대를 하고 있었다. 민중 세상, 노동자 농민의 시대가 찾아올 것이라고 모두 그렇게들 생각했었다. 김대중 정부는 어쩔 수 없이 김종필과 합작(DJP연합)을 하여 정권을 잡았다. 하지만 노무현 정부는 자타가 공인하는 민주화운동에 의한 운동권 세력이 거머쥔 정권이었다. 근본이 모자란 철부지들의 열린당 놀음으로, 이명박근혜 따위들에게 10년 동안 정권을 내어주었다가, 촛불봉기 덕택에 문재인이 같은 어정충이가 정권을 잡았다.

김대중 정부는 6·15선언과 개성공단 건설, 금강산 관광 활성화를 얻어냈으나, 6·15신인의 핵심인 시대를 바꾸고 통일 성업의 길을 열어젖히는 주요 사업들은 입으로만 되뇌는 데 그칠 수밖에 없었다. 기초를 닦고 첫길 첫들머리 제일 관문을 열어놓은 김대중 정부에 이은 노무현의 열린당 정권은 북의 통 큰 양보로 10·4공동선언의 행운을 얻었다.

전체 8천만 우리겨레의 숭고한 염원에 따라 '통일 문제는 그 주인인 우리민족끼리 서로 힘을 합해서 해결해 나가기로' 굳게 합의한 6·15선언의 바탕 위에서 이루어진 것이, 10·4공동선언이다. 8개 큰 항목과 30여 개의 작은 항목으로 이루어진 10·4민족선언이 발표된 것이다. 노무현 정부가 얻어낸 분에 넘치는 행운이었다.

실로 나라 분단 60여 년 만에 들려온 통일의 봄소식이고 시대와 역사 의지가 이른바 민주화운동세대에게 안겨준 민족사의 대전환을 요구하는 복음(福音)이었다. 8개 항 30여 개의 소목(小目) 중에는 분단 이후의 모든 민족현실 현안이 다 들어 있었다. 김대중 정부의 6·15선언은 '현실현안 우선 해결'의 대원칙을 밝혔다면, 열린당 정부의 10·4선언은 구체적이고도 세부적인 현안 해결 방책(方策)들을 제시하고 있다.

너무 시원시원하고 통일의 앞날이 환하게 열려오는 설레임으로 남북 모든 겨레가 기쁨과 환희에 들떠 있었다. 그러나 철부지 열린당 정권은 근본이 제대로 된 것들이 아니어서, 반세기를 두고 기다렸던 통일의 봄, 분단의 얼음벽을 깨부술 수 있는 이 천재일우의 기회를 허송세월, 혓바닥 장난으로 끝을 내고 말았다.

노무현 정부의 2차 끝물 조무래기들이 등장한 문재인 정부는 그야말로 나라와 민족사랑, 분단 극복, 통일 염원 하나로 뭉친 북녘의 대결단으로, 4·27판문점 선언의 한 축이 되었다. 5천 년 민족사에서 빛나는 영광의 자리에 오를 수 있는 절호의 특별한 기회를 얻어 안았던 것이다.

그해 9월 문재인은 평양을 방문하여 파격적인 길거리 환영을 받았다. 북녘 동포들의 열렬한 환영은 그야말로 분에 넘치는 대접이었다. 뿐인가, 19일 저녁 대동강변의 능라도 5.1경기장을 가득 메운 15만 평양 시민들 앞에서 연설할 기회가 주어진 것이다.

그야말로 문재인 일생일대의 영광이고, 남녘 동포에 대한 사랑이고 아니 민족사의 대변혁을 알리는 극적인 장면이 펼쳐지고 있었다. 북녘 평양 인민들의 나라 사랑, 통일 염원이 얼마나 뜨겁고 이 세상의 그 무엇과도 바꿀 수 없는 절절한 염원인가를 너무도 잘 보여 주고 있었다. 모든 것을 용서하고 모든 것을 다 떠안을 수 있는 민족적인 아량을 실천적으로 보여주고 있었던 것이다.

능라도 5.1경기장은 통일 염원으로 용광로처럼 펄펄 끓고 있었다. 박수와 환호, 만세 소리가 평양의 밤하늘을 뒤흔들고 남북녘 하늘 널리 널리 천둥소리가 되어 울려 퍼졌다. 그 후 남쪽으로 돌아온 문재인과 민주당은 민족의 염원인 통일을 위해서 어떤 태도로 어떤 일을 얼마나 실천 실행에 옮겼던 것인가? 8천만 겨레와 역사 앞에서, 전 세계 인류가 지켜보는 가운데 제 입으로 약속한 선언을, 문재인과 그 추종 민주당 좀팽이들은, 미국 코쟁이 얼굴만 쳐다보다가 5년 세월을 빈손으로 다 보내고 말았다.

문재인이 좋은 말만 골라서 '엄숙하게' 내뱉은(선언) 항목만 해도 무려 53개 항에 이른다. 문재인과 그 추종 민주당 조무래기들은 노무현의 정치적 정신적 사회이념의 계승자임을 자처 자임해 왔나. 김대중 정부의 6·15선언은 그만두더라도 노무현 얼린당 정부가 선언한 30여 개 항목을 합하면, 그들이 실천 실행해야 할 민족통일 과업이 무려 일백 항목에 달한다.

민주화운동 동지들의 피와 땀을 가로챈, 사이비 가짜 민주화운동 어정충들이 대통령, 장관, 국회의원 벼슬 감투를 눌러쓰고, 아메리카 자본제국의 남녘땅 식민 통치를 합리화하고 원활하게 하는 합법적 협력자 노릇을 충실히 이행하는 데만 신명을 다 바쳤다. 남북 하나 되기 위한 법률적 제도적 장치를 하겠다고 맹세를 해 놓고, 돌아서선 UN 기구에서마저 폐기를 권장하는 반통일 살인 악법 국가보안법 하나 '살처분'하지 못하고 말았다.

문재인과 민주당 떨거지들 믿다가 순진한 촛불봉기 통일세력들은 또 한 번 '죽 쒀서 개 주고' 마는 꼴이 되었다. 4·19혁명, 촛불봉기, 모두 변혁의 주체는 헛물을 켜고 빈손만 털고 말았던 것이다. 누구를 탓하랴, 근본적으로는 이 땅에 태어난 바닥민중의 사회의식, 의식의 척도, 의식 수준의 문제인 것이다.

민주화운동 시대는 갔다. 운동의 시대는 아날로그 시대 군사정권과 함께 사라져 갔다. 디지털 시대 통일투쟁 시대가 새로운 지평 위로 떠 올랐다. 운동은 군사파쇼 타도에 유효했고, 군사파쇼 도당은 식민종주국 제국주의의 앞잡이 정권 꼭두각시 조직 집단이어서, 운동 수단으로 타도가 가능했다.

오늘 우리의 현실은 ※ 자본제국 식민종주국인 외세와 직접 맞서야 하는 투쟁의 시대를 맞이했다. 운동과 투쟁은 다르다. 운동은 처음부터 빈손으로 나서는 집단행동이다. 반면 처음부터 무기를 들고 무장을 하고 나서는 것이 투쟁이다.

근대적 개념의 운동은 톨스토이의 시혜적(施惠的) 자각(自覺)에 바탕을 둔 자본 해체운동과 인도의 간디가 주창한 '사티아그라하' 또는 무저항(비폭력) 등의 소극적 집단 항의 행위, 우리의 3·1만세운동, 중국의 5·4운동에 그 기원을 둔다.

투쟁은 홍경래의 무장봉기, 전봉준의 동학혁명, 야산대(빨치산), 제주4·3항쟁, 여순항쟁 등에서 그 예를 찾을 수 있다.

디지털 시대는 고도의 전자 문명시대를 예고한다. 간악하고 강대한 외세와 직접 맞닥뜨려야 하는 통일 투쟁은 고도의 지혜, 지략, 용기가 필요하다. 간악하고 강대한 외세를 압도할 수 있는 강력한 투쟁 수단과 초인적인 담력을 요구한다. 자비와 평화 비폭력은 내가 강자일 경우 그럴 때만 상대에게 베풀 수 있는 은전(恩典)이 되는 것이다. 식민종주국과 맞서야 하는 우리 민중의 입장에선 염두에 둘 일은 아니다.

재래식 운동 수단만으로 통일 성취는 가능하지 않다. 통일 쟁취 가능한 투쟁 수단에 눈을 떠야 한다. 통일 세력은 통일 세력다운 면모를 가지고 일떠서야 한다. 땅을 기어다니는 운동 세력의 구각을 벗고 하늘을 날아오르는 투쟁 세력으로서의 새로운 전열을 가다듬어야 한다.

투쟁 대오, 대결단, 오늘의 통일 세력에겐 오직 한길 통일전선이 있을 뿐이다.

3. 세상이 달라졌다

24. 2. 28. 현장언론 민플러스

전무후무한 대환란이었던 세계 제2차대전의 끝은, 인류에게 희망을 준 것이 아니고, 히로시마와 나가사키에 떨어진 원자폭탄에 대한 공포와 끊임없이 제기되는 세계 제3차대전에 의한, 인류 멸망과 지구 종말의 위협이었다.

이런 대재앙에 대한 불안과 공포는, 동서냉전으로 인한 강대국들의 패권 전쟁이 가장 큰 직접적인 원인이었다. 그중에서도 영국의 봉건 식민 제국주의 노선을 승계하여, 무력 침략 약탈 제국주의 수법에, 자본지배의 피종속국 사이비 통치제를 더한, 아메리카 자본제국의 세계 지배 야욕이 제일 큰 문젯거리였다.

폭력, 무력 제일주의, 전쟁 만능주의를 바탕으로, 돈 숭배 자본 지상주의, 사람 위에 돈이 있는 저질문화, 동물 사회를 지향하는 것이 아메리카 제국주의다. 북아메리카 대륙의 쓸만한 땅을 거의 다 차지한 거대한 영토와 석유를 비롯한 자원 부국, 3.4억을 헤아리는 인구, 이를 배경으로 힘을 키운 게 미국이다.

그들은 인디언 토벌과 서부 침략 강탈 시기에 배운, 살인 방화 약탈 강간 등 온갖 분탕질 협잡질 흉악 범죄의 집단화 사회화를 거쳐서, 거대한 범죄 제국화에 성공(?)을 거둔 것이다. 아메리카 자본제국주의 사회 전체가 인간 대량 살육의 근거지, 거대 괴물 전쟁 공룡이 된 것이다. 악의 문명, 죽임의 문화, 지옥을 부르고 멸망을 부르는 이상한 돌연변이 인간 별종이 나타난 것이다. 그들은 괴물이다.

필요 이상의 상품 생산에 열을 올리고 과잉소비가 이들의 미덕이다. 인간 본성을 파괴하는 퇴폐, 향락, 환각을 즐기고 증오와 질투 폭력은 이들의 기본 바탕 심리이다. 그래서 이들은 사람을 죽이기 위해서 언제나 가상적을 만든다. 인간의 대량 살육을 위한 전쟁을 하지 않고는 못 사는 나라이다.

18세기 중엽 영국의 산업혁명 아래서, 증기기관 전기기계 발명으로 크게 힘을 얻은 이 괴물은 세계 1·2차대전을 겪으며 포악성을 연마하고 근육질의 몸집을 획기적으로 불렸다. 이 흉측스러운 거대 괴물이 1945년 9월 종전과 함께 신성한 조선반도에 불법 상륙해 강제 점령을 감행한다.

　이에 조선 민중은 벌떼처럼 일어나 저항했다. 밤마다 남녘 산봉우리엔 봉화가 타오르고 지하로 스민 유격대들은 무장투쟁의 불을 댕겼다. 제주 4.·3항쟁과 여순봉기가 이것이다. 이의 연장선상에서 한반도로 확산되고 결국 1950년 6월 전쟁이 발발했다.

　미국은 폭력 제국주의의 습성대로 야수적 본정을 드러냈다. 청일전쟁과 러일전쟁의 전승국으로, 승승장구 기고만장하던 대일본 제국을 때려잡은 천하제일 초강대국이 아닌가. 아메리카 자본제국주의가 전 세계를 손아귀에 넣겠다고 입에 피거품을 물고 달려든 것이다. 신생 조선민주주의인민공화국은 결연히 맞서 싸웠다.

　감히 누가 그 결과를 예측했으랴. 1953년 7월 27일 미국은 어쩔 수 없이 정전협정에 도장을 찍지 않을 수 없었다. 세계 제일의 거인, 미(米) 야만 제국주의가 인구 일천이백만에 약 12만 평방킬로 국토 면적을 가진, 극동 소국(?) 앞에 보기 좋게 무릎을 꿇은 것이다. 미국의 대외전쟁 역사상 최초로 패배의 쓴잔을 들었다.

　북과의 대결에서 米 제국의 치욕은 여기서 끝나지 않았다. 1968년 12월 최신예 첩보 함정 푸에블로호가 동해상에서 인민군에 의한 전격적인 번개작전에 나포된 데 이어, 1969년 3월 EC-121기가 격추를 당한다. 미국은 속수무책인 양 두손 두발을 다 들었다. 그들의 국제범죄 행위를 북이 밝힌 대로 글자 하나 빼지 못하고, 인정할 수밖에 없었다. 국제적 망신이자 치욕이었다. 그들은 모든 것이, 세계 제1이라는 건방진 망상을 가지고 있었다. 그런데 북을 쉽게 보고 까불다가 양코 콧방망이를 한 대 호되게 얻어맞은 것이다.

　북은 어제의 궁색스런 봉건 이씨왕조 같은 나라가 아니었다. 米자본제국주의가 서구의 썩은 제국주의에 뿌리를 둔, 반인륜 반문명 반문화 반지구를 추구하는 인종 집단이라면, 북은 그런 미국에 단호히 맞서 싸우려 하였다.

　악은 언제나 쉽게 번창한다. 강성해 보인다. 양키 문명은 그동안 전 세계를 풍미했다. 뉴욕의 월가는 명실공히 세계의 금융 수도로 전 세계 경제를 주물럭거렸다. 맨해튼가의 102층 엠파이어 스테이트 빌딩은 전 세계를 발아래 두고 자본제국주의의 영광을 상징했다. 이스트 강변의 유엔본부는 米 제국의 세계 제패의 상징이었다.

　오늘까지의 인류의 공포는 무엇보다도 로키산맥의 사나운 독수리의 두 발톱에 움켜쥔, 7천여 개의 핵탄두의 위협이었다. 이 괴물, 이 포악스런 거대 공룡은 아가리에 피거품을 물고 전 세계 인류를 위협해 왔다. 쏘련과 중국도 이 전쟁 괴물의 위협에 풀이 죽어 고개를 숙였었다.

　아, 그러나 북은 굴하지 않았다. 세기를 두고 공포의 공룡, 이 전쟁 괴물과 정정당당하게 맞서 대등하게 맞짱을 떴다. 전 세계에서 유일하게 미제(米帝)와 맞수로 우뚝 서 있었다.

　오천 년 고난의 민족, 아메리카 자본제국의 쇠사슬에 매인 지 79년, 이제 그 종말이 왔다. 북서풍이 거세게 부는 새해 정월 하늘이 울렸다. 천둥소리가 우르릉 우르릉, 붉돌 민족의 일백 년 식민지 종속의 잠을 깨우는, 뇌성벽력을 예비하는 하늘소리가 우르릉거렸다.

우뢰소리는 더욱 크게 울려댄다. 조선반도 멀리 아메리카 대륙 저 멀리, 지구를 한 바퀴 돌아 다시 우르릉 우르릉 울려댄다.

뇌성벽력이 몰려온다. 이 일대 사변적 폭풍은 세계 질서를 바로 잡고, 역사의 새 방향, 새 길을 열어젖힐 것이다. 천지개벽의 거센 태풍이 지나면, 동녘 하늘은 더욱 밝아질 것이고, 극동의 붉둘 나라엔 새 아침을 여는 하나의 붉은 태양이 대지를 박차고 솟아오를 것이다.

해달나라 붉둘 민족 만세!